U0617587

BLUE BOOK

智 库 成 果 出 版 与 传 播 平 台

北京社会心态蓝皮书
BLUE BOOK OF BEIJING SOCIAL MENTALITY

北京社会心态分析报告
（2020~2021）

ANNUAL REPORT ON BEIJING SOCIAL MENTALITY (2020-2021)

北京市社会心理服务促进中心 / 研创

社会科学文献出版社
SOCIAL SCIENCES ACADEMIC PRESS（CHINA）

图书在版编目（CIP）数据

北京社会心态分析报告.2020－2021／北京市社会心
理服务促进中心研创.－－北京：社会科学文献出版社，
2021.10
（北京社会心态蓝皮书）
ISBN 978－7－5201－8789－3

Ⅰ.①北…　Ⅱ.①北…　Ⅲ.①社会心理－研究报告－
北京－2020－2021　Ⅳ.①C912.6

中国版本图书馆 CIP 数据核字（2021）第 167071 号

北京社会心态蓝皮书
北京社会心态分析报告（2020～2021）

研　　创／北京市社会心理服务促进中心

出 版 人／王利民
责任编辑／陈　颖
文稿编辑／桂　芳
责任印制／王京美

出　　版／社会科学文献出版社·皮书出版分社 （010）59367127
　　　　　地址：北京市北三环中路甲 29 号院华龙大厦　邮编：100029
　　　　　网址：www.ssap.com.cn
发　　行／市场营销中心 （010）59367081　59367083
印　　装／天津千鹤文化传播有限公司

规　　格／开本：787mm×1092mm　1/16
　　　　　印张：23.25　字数：348 千字
版　　次／2021 年 10 月第 1 版　2021 年 10 月第 1 次印刷
书　　号／ISBN 978－7－5201－8789－3
定　　价／158.00 元

本书如有印装质量问题，请与读者服务中心（010－59367028）联系

主要编撰者简介

张青之 北京市民政局二级巡视员，北京市社会心理工作联合会会长。毕业于陆军学院，先后就读于装甲兵指挥学院、中国人民解放军国防大学、中国科学院以及美国芝加哥大学，获军事硕士学位，大校军衔。先后在总后勤部政治部担任院校教育组组长，总后勤部干部轮训大队副大队长等职，担任全军"5·12"汶川地震救灾心理专家组组长。曾任北京市委社会建设工作办公室副巡视员，北京市委宣讲团专家。专著有《新时期军警官心理健康指南》《后勤保障部队战时心理调适指导手册》《信息化战争心理防护》《军队抗震救灾心理教育和服务》等。

摘　要

　　本书是北京市社会心理服务促进中心"北京社会心态研究"课题组组织编写的第八部"北京社会心态蓝皮书"。本书主要包括四部分：总报告、社会心态篇、心理健康篇和社会心理服务篇。总报告阐明了社会心态的内涵、北京市居民社会心态现状以及社会心态培育存在的问题。社会心态篇从社会认知、社会情绪、社会价值观以及社会行为四个层面考察了北京市居民的主观幸福感、社会安全感、获得感、环保意识、对新冠肺炎疫情防控措施的评价、社会焦虑、集体主义价值观、亲社会行为、亲环境行为以及中国抗疫精神的现状及相关因素等。心理健康篇探讨了北京市居民的心理健康和手机成瘾现状。社会心理服务篇探讨了北京市居民对社会心理服务的需求现状以及北京市社会心理服务供给现状。

　　基于以上调查，我们期望能够进一步了解北京市居民的社会心态和心理健康现状，查明北京市社会心理服务建设现状，进而为北京市建设社会心理服务体系，培育自尊自信、理性平和以及积极向上的社会心态提供理论依据。

关键词： 社会心态　心理健康　社会心理服务　北京市

目 录 ◥▨▨▨▨

Ⅰ 总报告

Ⅱ 社会心态篇

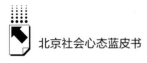

Ⅲ 心理健康篇

Ⅳ 社会心理服务篇

皮书数据库阅读**使用指南**

总 报 告

General Report

B.1

北京社会心态结构及社会心态建设

杨智辉 刘嘉 张濯*

摘　要： 社会心态的建设与培育一直是我国大力推进和发展的重要内
　　　　容，本研究通过四个方面对北京市社会心态进行概述与梳
　　　　理：首先，厘清社会心态的内容及结构；其次，探讨北京市
　　　　社会心态的现状；再次，进一步了解和探索保障社会心态培
　　　　育建设的社会心理服务建设现状；最后，针对社会心态培育
　　　　存在的社会心态无规范评估标准、缺乏理论框架，培养实践
　　　　关注面过窄、针对性不足，消极社会心态治理问题缺乏研
　　　　究，专业人员数量严重不足等问题提出针对性的建议。

关键词： 北京市居民　社会心态　社会心理服务

---

* 杨智辉，博士，北京林业大学人文社会科学学院教授，博士生导师，主要研究方向为心理咨
询与治疗、生态环境与个体发展；刘嘉，北京林业大学人文社会科学学院在读博士研究生，
主要研究方向为社会与生态环境心理学；张濯，北京林业大学人文社会科学学院在读硕士研
究生，主要研究方向为临床心理学。

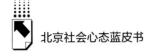

社会心态的形成基于特定的环境和文化背景，对经济发展和社会稳定有重要的影响。社会的转型往往伴随着社会心态的转型，人们对社会现实的认知和感受决定了社会心态的方向。引导社会心态向积极的方向发展是我国的重要任务之一。

一　社会心态的内涵与结构

（一）何谓社会心态

19 世纪中期人们开始对社会心态进行研究，其初始被看作一种社会现象，关注个体与群体之间的相互影响[1]。学术界对于社会心态的概念界定并不统一，国内认同度较为广泛的是杨宜音对社会心态的定义：社会心态是在一定时间内整个社会群体中广泛存在的社会情绪、社会共识及社会价值观；可通过社会成员的社会生活感受、对未来的信心、社会动机及社会情绪得以表现[2]。杨宜音借鉴了北美及欧洲社会心理学中"群体中的个体"和"个体中的群体"两种研究视角探索社会心态的结构和内涵[3]。马广海在此基础上将社会行为倾向加入社会心态的一部分，他强调了社会心态的特殊性，将社会心态与社会心理进行区分，表明社会心态是与重大社会变迁相联系的，是一个动态的过程[4]。王俊秀认可了杨宜音对社会心态特征描述的全面性，认同社会心态是一个静态和动态结合的过程，他在马广海的基础上将"社会需要"纳入形成社会心态的五维结构[5]。王益富和潘孝富认为由"知情意

---

[1]　Gravatt, A. E., Lindzey, G., Aronson, F., "The Handbook of Social Psychology", *Mental Health*, 2013, 6（2）: 86~86.

[2]　杨宜音：《个体与宏观社会的心理关系：社会心态概念的界定》，《社会学研究》2006 年第 4 期，第 117~131、244 页。

[3]　李东坡：《复杂社会条件下社会心态培育研究》，兰州大学博士学位论文，2015。

[4]　马广海：《论社会心态：概念辨析及其操作化》，《社会科学》2008 年第 10 期，第 66~73、189 页。

[5]　王俊秀：《社会心态：转型社会的社会心理研究》，《社会学研究》2014 年第 1 期，第104~124、244 页。

行”所建构的社会心态结构无法界定测量的指标，过于宽泛。基于此他们提出了社会心态的六维结构：生活满意度、社会压力感、社会公平感、社会安全感、政府信心感及社会问题感，认为这六个维度便于操作且可从不同的方面反映我国民众的社会心态[①]。

（二）社会心态的结构

社会心态的结构是复杂多样的，民众的社会心态形成是一个循序渐进的过程，并不是一蹴而就的。笔者认为不论是国家层面提出的"自尊自信、理性平和、积极向上"的社会心态，还是研究者们从"知情意行"所构建出来的社会心态的结构，都反映了社会心态的本质内容：社会心态是在社会发展中在群体中形成的群体概念，它是民众基于对社会现象和社会事件的感知与评价进而形成了一种社会态度，由此而塑造社会观念和社会行为的过程。首先民众通过一系列的社会活动形成了对社会的基本认识并且达到了一种个人所持有的社会心理状态，社会心理状态反映的是当下民众形成的个体状态的总和（例如：社会焦虑、心理健康程度、手机成瘾程度等）；他们在此过程中产生了一些社会心理需要，心理感受和社会需要反映了民众的社会需求（例如：获得感、安全感、幸福感等），它们是社会发展的动力和助力；而社会需要和社会心理状态促使民众形成了基本的政府认知，特指对政府能力和胜任力的社会认知；基于一定的社会需要和社会认知，民众会形成一定的社会价值观和社会行为，社会价值观反映的是民众最终形成的一种社会观念（例如：集体主义价值观），社会行为反映的是民众基于一定的社会需要和社会态度表现出来的反馈给社会本身的行动（例如：亲社会行为等）。从社会心理状态到社会价值观及社会行为是一个动态的发展过程，其中既可交互影响也可呈现递进关系，图1对社会心态的框架和结构进行梳理，其中各维度选取了本次调查重点关注的较有代表性的内容来反映各维度包含的内容。

---

① 王益富、潘孝富：《中国人社会心态的经验结构及量表编制》，《心理学探新》2013年第1期，第79～83页。

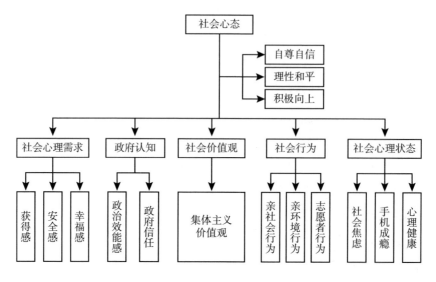

图1　社会心态的内容和结构

（三）社会心态的性质

社会心态在社会进步中不断变化和发展，有其特殊的性质。第一，社会心态有其可塑性。社会心态并不是一成不变的，在客观现实和社会生活的影响之下人们的社会心态和价值观念会逐渐发生一些变化，虽然价值观形成后较为稳固不易改变，但是经过长时间的影响和动摇，也会有一个变化的过程，社会心态的变化若没有经过较好的引导和培育可能会致使社会态度和价值观溃散与损伤，对社会发展来说是不可估量的伤害。目前我国处在社会转型的关键时期，社会不确定性逐渐增加，民众的社会心态逐渐模糊，可着力引导和培育人们维持相对完整的价值观念并且发展新的积极向上的社会心态。

第二，社会心态有其群体性。社会本身就是群体组成的，一个人的价值观念和态度并不能促使整个社会心态的变化，社会心态是在群体中生根发芽所形成的具有社会功能的概念。当群体中的价值观念朝向良好健康的方向发展时，随之而来的是群体认知、态度及行为的变化，这将对国民生活起到极大的促进作用。

第三，社会心态有其弥散性。社会心态是对国民心理状态的一种展现。心理状态往往由社会事件所引发，逐渐变为一种情绪状态和认知态度，由此继续发展形成一种覆盖性的氛围，使人们对待日常生活事件的态度和认识发生变化，最终形成对待生活事件的价值观念和行为。引导民众理性对待生活事件带来的结果和困难，不要将不好的心理影响"泛化"到日常生活中，可有效制止社会心态的颓势发展，进而向良性循环靠拢。

第四，社会心态有其稳固性。社会心态虽然在社会的变迁中不断发生着调整和变化，但是它基于价值观念和态度而建立，一旦形成便可持续稳定相对较长的时间，若没有重大事件或其他影响，便可稳定持续在社会中。正是由于这种稳定性，国家和社会需要在变化和改革中及时引导民众的社会心态，稳定的良性的社会心态会是国家经济政治文化的强有力的助力，也会是社会进一步发展的根基。

二 北京市居民社会心态现状

通过对北京市居民的社会心态调查，发现北京市社会心态现状主要有以下几个特征。

（一）居民社会心理状态整体平衡，但社会问题不容忽视

1. 北京市居民十年间心理健康呈连续下降趋势，亟须提升

本次调查采用《自测健康评定量表》中的自测心理健康评定子量表测量北京市居民的心理健康状况，此量表被北京市社会心理服务促进中心在2011年、2017年、2019年分别用来调查了北京市居民的社会心理健康水平[①]。自测心理健康评定子量表分为三个维度：正向情绪、心理症状与负向

---

① 北京市社会心理服务促进中心编《北京社会心态分析报告（2019～2020）》，社会科学文献出版社，2020。

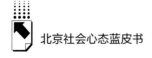

情绪和认知功能；整体得分越高表示个体的心理健康状态越好，其中"心理症状与负向情绪"维度分数越低表示心理症状越明显，负向情绪越高。

调查结果如图2所示，北京市居民的心理健康水平2011～2019年呈现连续下降的趋势，在2020年心理健康水平有所上升。与2011年的调查结果相比，2020年居民的心理健康分数呈下降趋势，由2011年的80.87分下降到了67.56分（百分制）；与2019年的调查结果相比，2020年居民的心理健康分数由2019年的60.52分显著提高至67.56分（$t = 15.322$，$p < 0.001$）。其中正向情绪和认知功能两个维度分数相对稳定，正向情绪维度由2011年的84分小幅下降到80分（百分制），认知功能由78分小幅下降到74分（百分制）。但是心理症状与负向情绪维度分数由79分大幅下降到56分（百分制，此维度分数越高表示心理症状与负向情绪越少），这表示北京市居民近10年来产生了较多的社会不良情绪和一定的心理症状。这其中可能的原因是社会发展和民众需求之间产生了一些矛盾。近年来，我国经济快速发展，绝大多数民众脱离贫困，其中达到小康生活的民众越来越多；根据马斯洛需要层次理论可知，人们不再为温饱问题困扰时会产生更高层次的心理需求，较多民众开始探索自我并产生了较多的心理困惑，进一步关注自身的身体与心理健康的发展。

图2　北京市居民心理健康水平变化趋势

资料来源：北京市社会心理服务促进中心编《北京社会心态分析报告》（2017～2018、2019～2020），社会科学文献出版社，2018、2020。下同。

2020 年，对北京市居民心理健康水平的调查表明，北京市居民的心理健康水平仍然处于相对较低的水平（与 2011 年、2017 年相比）①，但较 2019② 年有了显著的提高。其中可能的原因有以下几点：一是近年来国家将民众心理健康作为国家日益关注的重点内容，社会心理服务的建设和发展也被多次重点强调。2020 年新冠肺炎疫情突如其来，严重威胁到中国民众身心健康。在面对重大疫情时人们一般会产生群体焦虑、社会恐慌、人际关系恶化等消极社会心理，甚至引发社会动荡。并且在重大疫情发生时，人们还会产生不良躯体反应。而国家迅速采取有效手段，北京市多地启动之前建立的社会心理服务站，全国开通 300 多条免费心理服务热线，极大程度上缓解了民众的焦虑抑郁情绪及控制了社会恐慌的蔓延。二是国家对疫情蔓延的有效控制减少了民众的不确定性恐慌。杜仕菊、谢金等指出人们所具备的社会认知决定了其产生的行为反应，并且人们的焦虑恐慌情绪随着疫情事件不确定性的增加而增大，不确定性是人们认知结构不断进行扩展的结果③④。国家在疫情之初就对武汉采取强势的管控手段，调动全国医疗力量控制疫情的扩散，很好地维持了社会稳定，绝大多数民众对国家政府的行动较为满意并持肯定态度。我国尽全力做到疫情信息"公开公正"，民众能够随时获取疫情信息，很大程度上降低民众的恐慌情绪，从而维持了社会安稳。三是近些年来对北京市居民的心理健康调查均采用了横断面的研究方式，虽保障数据量充足，但同时横断面数据具有一定的不稳定性，其中或许会有一些样本存在误差。为降低这种误差，本研究采取的调查与抽样方式涵盖了北京市各个区县，涵盖了各个年龄段的人群，尽最大可能保障了样本反映的真实性和有

---

① 北京市社会心理服务促进中心编《北京社会心态分析报告（2017～2018）》，社会科学文献出版社，2018。

② 北京市社会心理服务促进中心编《北京社会心态分析报告（2019～2020）》，社会科学文献出版社，2020。

③ 杜仕菊、程明月：《风险社会中的社会心态表征与重塑》，《甘肃社会科学》2020 年第 4 期，第 52～59 页。

④ 谢金、周卓钊：《重大疫情应对中社会心理分析与社会心态调整研究》，《长沙大学学报》2020 年第 3 期，第 24～29 页。

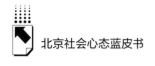

效性。

调查结果显示：北京市居民 30 岁以下的人心理健康明显低于 30 岁以上的人群，达到统计学上的显著差异。其中不同年龄群体的认知功能无差异，但是 30 岁以下的年轻人正向情绪、负向情绪得分较低，表明其在生活工作中有更多的负面情绪。年轻人是国家未来发展的中坚力量，其社会心理健康状况需要国家进一步重视。

2. 居民社会焦虑呈现群体特征，特殊人群需进一步重视

社会焦虑是由个人焦虑发展到社会焦虑的过程，是一种对社会不确定性因素的担忧和紧张，过度的社会焦虑会产生一定的社会问题。社会转型加剧了社会中的不确定性因素，居民面对巨大的生活压力、贫富差距等社会问题，出现了一种社会焦虑弥漫的现象。在这种条件下，若对民众社会焦虑的状态不加以引导和干预，可能会产生一些不良的社会结果。2020 年新冠肺炎疫情也为全球带来了极大的不确定性和不稳定性，我国民众产生了许多焦虑恐慌的情绪。有研究者针对民众对此次疫情产生的焦虑情绪进行调查，结果显示公众焦虑情绪发生率为 26.83%[1]。

本次调查采用郭燕梅编制的《社会焦虑问卷》来测量北京市居民的社会焦虑现状。结果表明，北京市居民的社会焦虑得分为 63.06 分（百分制），处于中等偏上水平，其中社会焦虑水平较高的人群占比 17%。2015 年中国综合社会调查数据结果显示，68.7% 的参与者表示有过焦虑感受，说明我国居民焦虑情况十分普遍[2]。

2020 年调查结果进一步表明高社会焦虑的人群有群体特征。以年龄来进行划分，20 岁以下的年轻人社会焦虑的程度最高，得分为 70.05 分，随着年龄的递增社会焦虑得分呈现逐渐下降的趋势（50 岁以上稍有增加），40 岁以上的人群社会焦虑平均分不超过 62 分（见图 3）。

---

① 黄亚玲、郭静、黄非、李聿铭：《新冠肺炎疫情期体育行动消解社会焦虑的社会学审视》，《成都体育学院学报》2020 年第 4 期，第 8～15 页。
② 凌巍：《社会转型期公众社会焦虑影响机制及缓解对策研究》，《改革与开放》2019 年第 19 期，第 57～61 页。

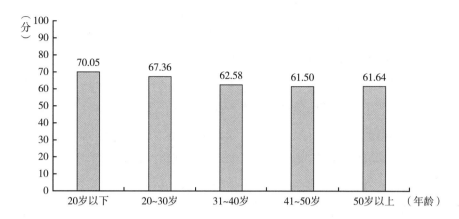

图3 2020年不同年龄段的北京市居民社会焦虑得分

并且接受不同教育程度的群体社会焦虑也呈现群体性特点，文化水平较高（硕士及博士学历人群）的人群社会焦虑水平较高，平均分达到67.22分。以职业来划分，学生群体的焦虑水平最高，达到72.59分，其次是失业或无业人群。社会焦虑所呈现的群体特征同时展示了一些社会问题，说明生活质量、社会压力等因素对群体社会心态的影响是需要国家进一步针对性引导和梳理的。

3. 手机成瘾成为现实问题，需防范民众过度使用手机App

科技日新月异地进步，智能手机带来方便与快捷的同时，也为国家和社会带来了新的问题。越来越多的人在日常工作学习中无法离开手机，与传统电脑网瘾不同之处在于手机成瘾有很强的广泛性和隐蔽性，在生活中很难注意到自己已经有了手机成瘾的现象。手机成瘾顾名思义，是指个体由于对智能手机的过度使用且对该种使用行为无法控制而导致其社会功能受损，并带来心理和行为问题的一种新型的行为成瘾①。世卫组织曾在报告中指出：用手机社交、网购、打游戏都会上瘾，过度使用电子产品将严重危害人的身心健康。有研究调查显示中国大学生中约有21.3%的人存在

---

① 刘勤学、杨燕、林悦、余思、周宗奎：《智能手机成瘾：概念、测量及影响因素》，《中国临床心理学杂志》2017年第1期，第82~87页。

手机成瘾问题①。

本研究采用《手机成瘾量表》调查北京市居民的手机成瘾现状。量表共分为六个维度。①戒断行为：指不能使用手机时心理或行为上的负面反应；②突显行为：指智能手机的使用占据了思维和行为活动的中心；③社交安抚：指智能手机在个体社交活动中所起的作用；④消极影响：指智能手机的过度使用造成工作学习效率下降；⑤App 使用：指过度使用智能手机应用程序；⑥App 更新：指智能手机使用者对于应用程序更新的过度关注。调查结果显示，北京市居民的手机成瘾整体得分为处在中等偏下水平，与上年相比整体得分有所下降。与 2019 年手机成瘾的调查结果相比较，北京市居民在手机成瘾各个维度上的分数明显下降，其中"App 使用"维度的得分偏高为 3.28 分（5 分制），处在中等偏上的水平，也就是说北京市居民在日常生活中对手机应用程序的使用较多。通过与上年的比较可知，北京市居民的手机成瘾略有下降，但是各维度的分数还是普遍在中等偏上的水平，手机成瘾是需要进一步关注的现实问题（见表1）。

表1　2019 年与 2020 年手机成瘾总分与分维度数据比较

项　　目	年份	平均值	标准差	P 值
戒断行为	2019	3.08	0.86	0.002
	2020	2.99	0.94	
突显行为	2019	3.13	0.93	<0.001
	2020	2.95	1.04	
社交安抚	2019	2.90	0.98	<0.001
	2020	2.49	0.94	
消极影响	2019	3.10	0.91	<0.001
	2020	2.90	1.01	

① Long, J., Liu, T. Q., Liao, Y. H., et al., "Prevalence and Correlates of Problematic Smartphone Use in A Large Random Sample of Chinese Undergraduates", *Bmc Psychiatry*, 2016, 16 (1)：408.

续表

项　目	年份	平均值	标准差	P 值
App 使用	2019	3.29	0.92	<0.001
	2020	3.28	0.97	
App 更新	2019	3.02	0.98	<0.001
	2020	2.66	1.07	
手机成瘾总分	2019	3.08	0.76	<0.001
	2020	2.91	0.81	

（二）居民社会心理需求良好，社会安全与人民幸福是国家治理着手点

中央深改组在第二十三次会议中首次提到获得感，习近平总书记指出要让改革带给群众更多的获得感。随后在党的十九大报告中习近平总书记将人民获得感、幸福感及安全感"三感"并列提出，"三感"成为衡量社会发展和改革质量的一项重要指标。其中获得感是安全感与幸福感的基础保障，民众的安全感与幸福感逐渐提升。

获得感经常被拿来与幸福感进行比较，有学者提出获得感是一种实际生活中能够享受到的国家制度保障，个人的获得感可分为物质与精神两个方面。笔者认为获得感更多展示的是民众在日常生活中感受和接触得到的以国家制度建设为基础而获得的实实在在的物质保障。本研究使用《北京市社会心理服务需求情况调查问卷》来测量居民的获得感。其中对 11 大类的北京市居民社会服务分别调查，调查结果发现，北京市居民获得感的得分为74 分（百分制），处在较高水平，表明北京市居民在生活中能够体会到较多的获得感。如图 4 显示，北京市居民在 11 种社会服务中了解最多的是生育服务和社会保障服务，80%左右的人听说或比较了解这两项服务；了解最少的是便利服务和安全服务，仅 40%左右的民众听说或了解这两项服务。对于民众了解较少的社会服务需要进一步加强宣传普及，让更多的民众在生活中能够获得实质性的帮助。

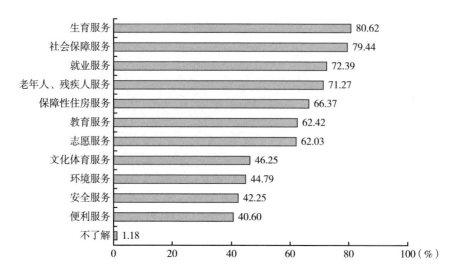

图 4 北京市居民对不同社会服务了解程度

幸福感是长久以来人们一直努力追求的目标，实现幸福是民众生活的期望。主观幸福感是目前研究者广泛关注的幸福感之一，指个体依据自定的标准对生活质量的整体评价，主要包括生活满意度、积极情绪和消极情绪三个指标[1][2]。本研究对主观幸福感的测量使用的是《生活满意度量表》及《积极情绪和消极情绪量表》。调查结果表明，北京市居民的主观幸福感得分为 52.4 分（百分制），处于中等水平。2019 年对北京市居民主观幸福感的调查结果显示，有 43.9%的人认为自己比较幸福，15.9%的人认为自己非常幸福；2020 年的调查结果发现，有 56%的居民认为自己比较幸福，17%的居民认为自己非常幸福。认为自己不幸福的人数占比减少 3.3个百分点，为 2%。两年的数据结果对比发现，居民的幸福感感知比例增加（见图 5）。

---

[1]　Weinstein, NettaRyan, Richard, M. , "When Helping Helps: Autonomous Motivation for Prosocial Behavior and Its Influence on Well-being for the Helper and Recipient", *Journal of Personality and Social Psychology*, 2010, 98（2）, 222 – 224.

[2]　杨莹、寇彧:《亲社会自主动机对青少年幸福感及亲社会行为的影响: 基本心理需要满足的中介作用》,《心理发展与教育》2017 年第 2 期, 第 163～171 页。

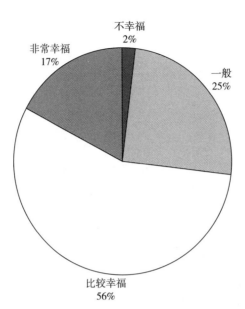

不幸福
2%

非常幸福
17%

一般
25%

比较幸福
56%

图 5　2020 年北京市居民不同程度主观幸福感比例

对安全感的研究起步较早，弗洛伊德认为个体内心由于缺乏关爱和照顾产生的焦虑会使得人们缺少安全感。还有学者将安全感与控制感相联系，认为缺乏控制感会使得个体产生不安全感。社会安全感是个体感知社会不安全的威胁，从而产生的一种情绪反应[①]。本次调查采用《社会安全感量表》测量北京市居民的社会安全感，其中包括公共安全、家庭安全、职业安全、社会稳定、身体安全和社区安全六个维度。调查结果表明，居民的社会安全感得分为 67 分（百分制），处在中等偏上一点的水平。其中家庭安全分数最高，但是社会稳定和公共安全得分较低（见图 6）。

通过对北京市居民获得感、幸福感及安全感的调查可以发现：北京市居民的获得感分数显著高于其幸福感及安全感的得分（见图 7），居民幸福感得分在三者中偏低。调查数据通过分数折算（折算为百分制）来保障三个调查结果数据之间具有可比性。

[①] Warr, & Peter, G., "Is Growth Good for the Poor? Thailand's Boom and Bust", *International Journal of Social Economics*, (2000). 27 (7/8/9/10), 862 - 877.

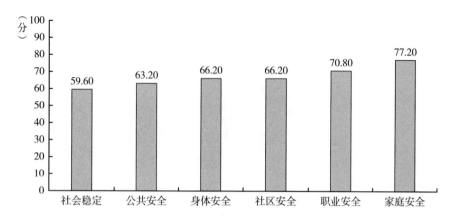

图6 2020 年北京市居民社会安全感各维度数据比较

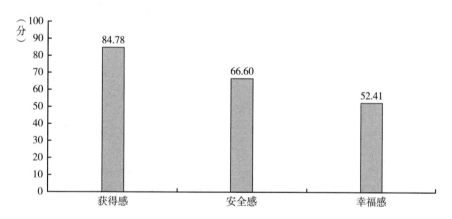

图7 北京市居民获得感、幸福感、安全感数据比较

居民的获得感是发展成为幸福感和安全感的基础和保障，在保障居民基本物质的前提条件下，需要进一步提升居民的生活满意度及对社会安全的感知。例如：北京市居民感受到较强的家庭安全与职业安全，但是对社会稳定性存在一定的担忧，或可针对性地加强对社会安全服务的服务形式及服务内容。

（三）保障民众对政府信任的同时需提升其政治参与信心

政治效能感能够很好地衡量民众对政治参与的意愿、态度或倾向程度。Weissberg 将政治效能感定义为：公民相信自己能够在现有体制下通过努力来改变社会或政治现状。政治效能感表现的是公民对自己所拥有的政治影响力的自信心①。本研究使用《政治效能感量表》来测量北京市居民的政治影响自信心。2017 年有研究者用此量表调查了全国范围内的公民政治效能感，结果发现我国公民的政治效能感得分为 3.4 分（5分制）②，2020 年本研究的调查结果表明北京市居民的政治效能感得分为 3.7 分（5 分制），表明北京市居民的政治参与自信相对于全国人民来说较高。

除了民众对自己政治能力的认知，民众对政府的认知也是影响政治稳定的一大重要因素。政府信任是民众对政府的主观感知和态度，在政府与民众的互动过程中逐渐形成和发展③。在社会转型的关键时期，人民对政府信任感的下降会导致政府功能运行不畅。民众的政府信任感较低是世界上很多国家普遍存在的现象，2016 年对 15 个国家的调查发现，民众对政府的信任度只有43%④。本研究采用《政府信任量表》来测量北京市居民对政府的信任认知⑤。调查结果表明，北京市居民的政府信任感得分为 4.3 分（5 分制），处在一个较高的水平。2017 年全国范围内的政府信任感的调查研究结果表明，民众的政府信任感得分为 3.76 分（5 分制）。通过对比北京市居民的政治效能感和政府信任感可以发现：两者呈现明显的正相关（见图8），民众政治效能感可显著正向预测其对政府的信任程度（$R^2 = 0.362$，$\beta = 0.602$，$p < 0.001$）。

---

① Weissberg, R., "Political Efficacy and Political Illusion", *Journal of Politics*, 1975, 37（2），469－487.
② 李雷文：《中国公民政治信任、政治效能感与非制度化政治参与关系研究》，西南交通大学硕士学位论文，2017。
③ 刘建平、周云：《政府信任的概念、影响因素、变化机制与作用》，《广东社会科学》2017年第6期，第83~89页。
④ 刘建平、周云：《政府信任的概念、影响因素、变化机制与作用》，《广东社会科学》2017年第6期，第83~89页。
⑤ 李雷文：《中国公民政治信任、政治效能感与非制度化政治参与关系研究》，西南交通大学硕士学位论文，2017。

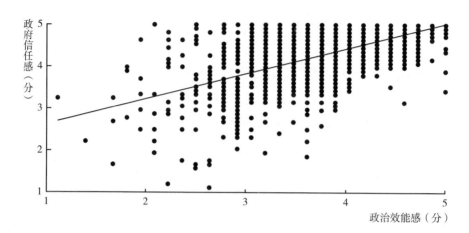

图8　2020 年北京市居民政治效能感与政府信任正相关关系示意

　　与全国相比，北京的居民对政府的信任程度更高，对自己的政治效能感更有信心。进一步对比北京市居民的政治效能感和政府信任感得分可以发现，北京市居民虽然对政府持有较高的信任感（4.3 分），但是自身参与政治活动的认知和信心（3.7 分）相对不足（见图 9）。北京是我国的首都，全国的政治中心，国家发展的同时要求民众的政治参与度也能进一步提升，这是国家政治经济发展的必然结果，政府可进一步加强信息公开等以提升国民的政治参与感。

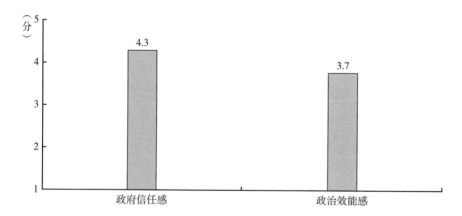

图9　2020 年北京市居民的政府信任感及政治效能感数据比较

（四）多数居民能够理性看待问题，部分居民缺乏乐观精神

应培育自尊自信、理性平和、积极向上的社会心态。有学者认为自尊自信体现在国民对中国特色社会主义道路的自信，对我国马克思主义理论的自信，对我国制度的自信。在本次调查中自尊是一种人格态度，自我尊重，是民众对自己社会角色的自我评价的结果，是通过在社会中不断比较形成的。本次调查使用《自尊量表》与《一般效能感量表》测量北京市居民的自尊自信水平。结果表明北京市居民的自尊自信得分为76.1分（百分制），处在中等偏上的水平，其中有16%的居民自尊自信水平较高，13%的居民自尊自信水平较弱。

对于理性平和，有研究者提出其中包含几种特征：客观理性、理解信任、尊重人性、共生共赢、兼容开放[①]。"理性"在我们的理解中更多的是一种思考的能力，看一个人能不能在遇到问题时沉稳地面对、冷静地判断，然后做出最佳决策。"平和"更多的是指一种平静安宁的态度和性情。本研究使用《心理资本量表》中的包容宽恕、谦虚沉稳、感恩奉献三个维度来测量北京市居民的理性平和水平。研究结果表明：北京市居民的理性平和得分为77.95分（百分制），处在较高水平，其中有16%的居民理性平和处在较高水平。

积极向上也包含了两层意思，首先需要民众能从积极的角度来考虑问题，其次是需要民众能有一个乐观向上的态度。本次调查使用《心理资本量表》中乐观希望、积极进取两个维度来测量北京市居民的积极向上水平。调查结果显示北京市居民积极向上分数为72.88分（百分制），处在中等偏上水平。其中有16%的居民积极向上处在较高水平，但是同时有16%的居民积极向上处在一个较低的水平。

对"自尊自信、理性平和、积极向上"这三种社会心态的调查结果表明（见图10），北京市居民理性平和维度的得分最高，积极向上心态的分数最低，并且积极向上心态处在较低水平的人数比例也比其他两种态度的人数

[①] 刘华山：《刍议"理性平和的中国国民心态"》，载《"改革开放与心理学"学术研讨会——湖北省暨武汉心理学会2008年学术年会论文集》，2008。

比例高。这说明北京市居民面对问题时能够理性平和地对待，但是可能并不能保持相对积极乐观的心态，之后可进一步加强对北京市居民积极向上心态的引导。

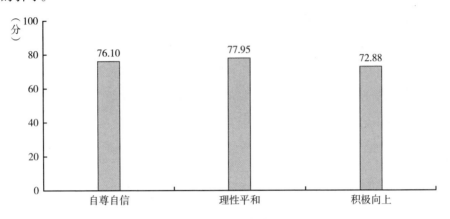

图 10　北京市居民社会心态得分

（五）多数居民认同集体主义价值观，但对传统习俗的认同较弱

价值观是人们在成长过程中形成的一种指导个体或群体行为的重要原则及观念。集体主义价值观中集体主义是 Hofstede（1980）提出的四个关于文化价值的维度中的一个[①]。集体主义指的是人与人、人与群体、人与社会之间的互依性。集体主义价值观是一种以社会、集体、他人为主的价值观念，同时强调人与社会之间的密切联系。坚持集体主义价值观能够更好地树立个体的世界观、人生观。

本次调查采用了 Schwartz 等人编制的价值观量表中的《集体主义价值观量表》测量北京市居民的社会价值观[②]。其中分为五个分维度。①慈善：指

---

① 黄梓航、敬一鸣、喻丰、古若雷、周欣悦、张建新、蔡华俭：《个人主义上升，集体主义式微？——全球文化变迁与民众心理变化》，《心理科学进展》2018 年第 11 期，第 2068 ~ 2080 页。
② 王媛媛：《贫困大学生价值观、自尊及主观幸福感的关系研究》，西南大学硕士学位论文，2010。

维护和提高那些自己熟识的人们的福利。②普遍性：指为了所有人类和自然的福祉而理解、欣赏、忍耐、保护。③遵从：指对行为、喜好和伤害他人或违背社会期望的倾向加以限制。④安全：指安全、和谐、社会的稳定、关系的稳定和自我稳定。⑤传统：指尊重、赞成和接受文化或宗教的习俗与理念。居民在某个价值观维度上分值越高，则表示该价值观类型对其重要程度越高。研究结果表明，北京市居民的集体主义价值观整体处在中等偏上的水平，民众对集体主义价值观念的各维度均表现较高的赞同和认可（见图11）。其中"遵从"维度的得分最高为5.31分（6分制），"安全"的得分为5.15（6分制）也处在一个较高水平；"传统"维度的得分最低，仅有4.46分（6分制）。根据社会价值观的调查结果可知，北京市居民认为遵守规章制度、孝敬父母、文明有礼是非常重要的，其次是家庭安全、国家安全和社会秩序等，而对文化或宗教等习俗的接受与尊重处在相对较弱的位置。

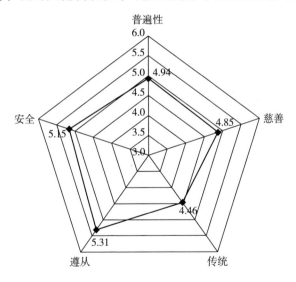

图11　北京市居民集体主义价值观各维度得分

社会价值观是民众基于在社会现象中形成的社会感受和社会态度发展而来的对人与社会关系认识的价值观念，不良的社会价值观会影响个人和集体的利益，使得社会发展不进反退。价值观的引导是国家的重要任务，是维持

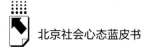

集体与个人利益之间的必要张力，引导群众形成集体主义取向的价值观是我国进一步发展的必经之途。其中需要更加重视的是要引导民众重拾对传统的尊敬与爱护之心，传统文化是国家与文化发展的基石，饮水思源，以其知有本也。

（六）居民倾向实施积极社会行为

1. 民众倾向于主动帮助他人，但是不喜欢"匿名帮助"

2020年一场突如其来的疫情席卷全球，我国在疫情初期就以举国之力协助武汉控制疫情，无论是精神还是物质层面，国民的支援与帮扶意愿极高。这种符合社会期望，对他人及社会的有益行为被统称为亲社会行为。有学者认为亲社会行为和遗传有关，是生物的本能；也有人认为亲社会行为是人们在后天的生活环境中所习得的。无论亲社会行为如何形成，它都是社会中道德与规范所倡导的一种可促进社会和谐与国家发展的行为，对个人、群体、社会都有重大意义。

本次调查采用《亲社会行为测量问卷》测量北京市居民的亲社会行为。问卷包含了六个基本维度：公开性、匿名性、利他性、依从性、情绪性和紧急性。北京市居民的亲社会行为得分为3.65分（5分制），与中值无统计学上显著差异，处于中等水平（见图12）。

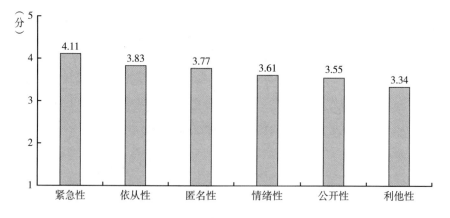

图12 2020年北京市居民亲社会行为各维度数据比较

结果表明北京市居民总体在紧急情况下更容易做出亲社会行为，这与之前学者的调查研究结果保持一致。2020 年疫情期间，天津大学郑春东课题组调查了全国范围内人们的亲社会行为，结果发现 87.1% 的群众表现出了不同类型的亲社会行为，其中所在地疫情越紧张越严重，大家的帮扶意愿越强烈①。

2. 部分居民环保意识较低，提升居民亲环境行为可从唤起其环保意识着手做起

习近平总书记在党的十九大报告中指出，国家现代化建设是人与自然共生的现代化，要推进绿色发展解决突出的环境问题。绿色发展不仅需要国家制定相关政策，建立制度及政策导向，同时需要国民认识到生态建设的重要性并且能够自觉遵守相关规范和理念来约束自己的行为，进一步为改善生态环境做贡献。

环保意识是人们对环境的认识和对环境保护的自觉性，是一种人与自然需要和谐相处的价值理念。现如今环境污染问题日益突出的一个重要原因就是人们对环境保护的认识不到位，不了解环境保护的相关知识，缺乏对自然环境的担忧意识。本研究采用了《环保意识调查问卷》调查北京市居民的环保意识。其中包含了环保行为、环保理念、环保知识三个维度。研究结果发现居民环保意识平均分为 82.3 分（百分制），其中环保意识非常强的人仅占 18.7%，部分居民环保意识较低，认为环保与自己没关系。有 6.7% 的人认为环保与自己无关或相关度很低。

环保意识是亲环境行为的基石，亲环境行为是个体自发为生态环境建设提供自己的帮助，也有研究者认为亲环境行为指对自然环境产生积极影响的行为②。本研究采用《亲环境行为量表》测量北京市居民的亲环境行为水平，结果表明亲环境行为水平较高的人数比例为 15%，居民亲环境行为的平均分为 81.9 分（百分制），整体处于中等偏上的水平。并且环保意识可

---

① 郑春东、刘宁、冯楠、李敏强：《重大公共威胁情境下个体亲社会行为形成机制——以新冠疫情为例》，《管理科学学报》2021 年第 3 期，第 17 页。

② Jensen，Bruun，B.，"Knowledge，Action and Pro-environmental Behaviour"，*Environmental Education Research*，2002，8（3）：325－334.

对居民的亲社会行为起到正向预测作用（见图13），也就是说提升居民的环保意识是促进居民亲环境行为的方法之一。

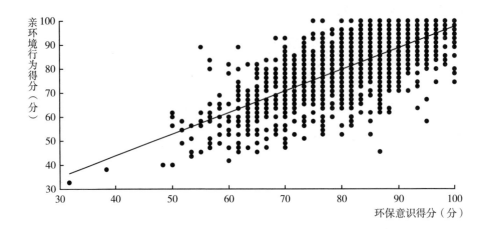

图13 2020年北京市居民环保意识与亲环境行为之间的关系

三 培育社会心态的保障：社会心理服务供需概况

在社会心态建设培育过程中，社会心理服务的重要性不容小觑，社会心理服务的功能包括：宣讲普及积极社会心态理念，普查居民社会心态现状，对重点人群社会心态的特殊关照，危机事件中对群众社会心态的紧急干预等。在当前社会心态复杂多变的关键时期，社会心理服务可为社会心态的培育提供坚实的保障工作和人员供给。2020年初，新冠肺炎疫情突袭而至，疫情成为全国人民心中最关注的事情。疫情给人们带来巨大的不确定性、恐慌感，造成的停工停产、隔离在家，都给居民的心理健康带来了较大的挑战。在本次疫情的应对和处理中，社会心理服务凸显了其重要性。全国各地都设立了防疫心理热线，为在疫情中遭受心理创伤的人们提供心理健康服务。在平日生活中，居民个体也可能遇到各式各样的应激和创伤事件，社会心理健康服务仍然不可或缺。基于此，本研究调查了目前北京市社会心理服务的供给情况，为进一步展开社会心态培育工作奠定基础。

（一）现阶段北京市居民心理服务需求呈现多样化，且需求量较大

1. 北京市居民对社会心理服务需求呈现多样化

本次调研还调查了北京市居民对社会心理服务站的建设需求。超过 50% 的居民认为，非常有必要建立社会心理服务站。30% 的居民认为，可能有必要建立社区服务站。这说明，北京市居民对社会心理服务站的需求还是非常强烈的。对社会心理服务站的各项服务单独分析显示，呼声最高的是免费心理咨询，有近 80% 的居民希望获得免费心理咨询服务。此外，排在需求度第二的是心理健康讲座，有近 70% 的居民希望获得更多的心理健康讲座，这说明民众对于心理健康知识的需求是迫切的。此外，排在第三位的是心理热线，心理热线起到心理干预的作用，效果不容小觑，尤其在防疫阶段，心理热线起到的作用非常重要。面对疫情的反复无常，人们的心理难免受到影响，产生对病毒的恐慌，对生命无常的感叹，在这种大型心理应激事件发生的情况下，心理热线是较好的干预方式，此次疫情也印证了这一理论。在疫情防控期间，全国各地的心理热线为平复全国各地民众的焦虑、抑郁、恐慌等应激状态做出了巨大贡献。心理热线的心理干预方式符合防疫要求，避免面对面的接触和大型聚集。此外，心理健康宣传手册、宣传栏、心理测验与评估、心理团体活动、网络心理咨询等，都受到了较多的关注。这一调查结果显示了社会心理服务的需求多样化，人们对心理健康服务的需求，不仅局限于免费心理咨询，民众对心理健康讲座、宣传手册、宣传栏等知识宣讲类服务也非常感兴趣，此外他们对免费心理咨询、心理热线、网络心理咨询的接受度也较高（见图14）。这从另一个侧面也反映了北京市社会居民对社会心理服务的熟悉度较高，参与度较高，认可度较高，他们已经了解了不同的社会心理帮扶方式，并且已经认可其重要性，认可自己在这方面的需求。值得注意的是，仍有近 10% 的受访者表示希望社会心理服务站可以提供计费心理咨询。这展现了民众对心理健康服务价值的市场认可，但人数占比仍然较少。

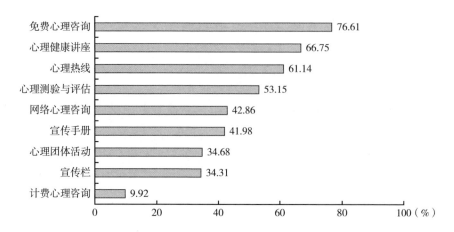

图14　2020年北京市居民社会心理服务站服务方式倾向

2. 居民求助行为显示社会心理服务初具效果

本次调查研究了北京市居民面对心理问题时的态度与行为。在态度方面，有接近50%的居民表示，当他们面临心理问题时，他们可能会采取求助的方式来解决。超过30%的居民表示当他们面临心理问题的时候，他们肯定会求助（见图15）。

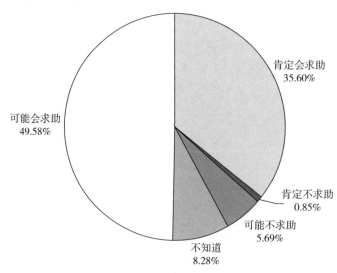

图15　2020年北京市居民社会心理服务求助意愿调查结果

在求助行为方面，此次调查显示北京市居民拥有较多的求助方式，其中占比最高的为寻求亲朋好友倾诉。排名第2位的求助方式为寻找社区卫生服务中心心理咨询，在采访的近2000人中，有59%的居民选择了寻求这一选项，这说明居民对社会心理服务的认可度和参与度均较高，社会心理服务建设初显效果。在面对心理健康问题时，社区服务中心的心理咨询活动，已经成为其求助的热门方式之一。此外，排名紧随其后的为综合医院的心理门诊、私人心理服务机构，还有教育部门的心理服务机构。这说明在社会上，仍有其他组织，例如教育部门和综合医院为居民社会心理服务提供了保障。

（二）北京市社会心理服务供给基本满足，但仍有需求缺口

在本次关于北京市居民所在社区是否有社会心理服务站的调查结果显示，79.4%的居民报告其所在社区有社会心理服务站，而20.6%的居民表示其所在社区没有社会心理服务站。社会心理服务站的覆盖率还有待提高。此外，也应当加强对社会心理服务站的宣传，让更多的人知道它的存在，以发挥其作用和价值。

在专业设施和设备方面，有80.6%的居民表示，其社区的社会心理服务站点具有心理咨询室；通过对部分群众访谈可知部分居民会将社区的活动室、党群服务中心等当作心理服务场所。65.3%的居民表示，其社区的心理服务站点有心理图书借阅室。但是仅有56.5%的居民表示，其所在社区的社会心理服务站具有心理热线服务。心理图书借阅室和心理热线的使用度较低，可能是因为一是其建设和覆盖率不到位；二是宣传不到位，很多人可能并不知道它的存在，以至于没有物尽其用。此外仅有40.5%的人表示其所在社区的心理服务站具有心理测量工具，仅有41.5%的人知道自己所在社区的心理服务站具有讲座教室与讲堂，只有较低比例的人群认为其社会心理服务站点具有这些设施设备。无论什么原因，我们都要加强设备的覆盖率以及宣传力度，以满足北京市日益增长的心理健康需求，为其社会心理服务建设提供完备的硬件支持。

关于居民对现阶段社会心理服务的专业度评价，社会心理服务人员专业

度的调查显示，有15.2%的居民认为，社会心理服务站的服务人员非常专业。55.9%的居民认为，社会心理服务站的服务人员比较专业。仅有3.6%的居民认为，社会心理服务站的服务人员专业水平非常不专业和比较不专业。这说明在服务人员的专业水准这一指标上，北京市达到了较好的水平，但是还需要进一步提升服务人员的整体专业水平（见图16）。

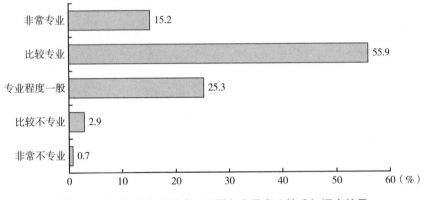

图16 2020年北京市社会心理服务人员专业性感知调查结果

有关居民对现阶段社会心理服务的满意度，本次调查采取北京市社会心理服务需求情况调查问卷，调查北京市居民对现有心理服务的满意度。结果显示，大约有40%的北京市居民对现有的社会心理服务感觉比较满意，有30%的居民对现有的社会心理服务感到非常满意。但值得注意的是，仍有15%的受访者表示其社区内并未提供社会心理服务，仍有10%的居民对于自己所在社区开展的社会心理服务比较不满意和非常不满意。这说明大部分居民对其社区开展的社会心理服务感觉较为满意，但仍有部分社区尚未开展社会心理服务或宣传力度并未达到，以至于其居民无法享受社会心理服务；社会性服务在北京市的覆盖较为广泛，但是有一些地区难以兼顾。需要政府相关部门加大投入力度，建设社会心理服务站点，配备相关的心理健康服务人员。此外还需要做好社会心理服务站点的投诉和反馈工作，来解决民众对社会心理服务满意度较低的问题，继续改进和改善心理健康服务。

四　引导培育北京市居民良好社会心态的建议

（一）利用互联网进行"链式"社会心态培育工作

社会心态有其特征和性质：可塑性、群体性、弥散性及稳固性。由此可见社会心态的培育可采取"点到线、线到面"的方式，群体的社会心态塑造不易，个体的社会心态引导可采取多种方式进行。无论是周边人的影响、媒体的渲染、广告的宣传、国家的倡导都是影响特定的人群，由特定人群的改变带动周围人群的转变。这样的影响是一个链式反应，链式的源头可以很简洁明了，但是带来的影响是复杂多变的。在这样的链式影响中，网络会发挥不可替代的作用，网络的普及及便利性使得它成为社会心态培育的巨大平台，利用网络资源实现社会心态的"链式改变"是培育社会心态的一个重要方向。

（二）设定社会心态的培育原则及目标，使培育工作事半功倍

社会心态培育的工程量巨大，并且多元文化发展下的社会心态涵盖的范围过大，如果没有原则与目标的限制和指引很容易发生培育的偏离。培育原则的确立就像是在做一件事情前的准备工作，它决定了这件事情的成败。社会心态的培育建立，在何种文化观念的基础上进行、以什么样的方式来进行、未来的发展方向如何，都是需要提前考虑的问题。我国社会心态的培育是基于中国特色社会主义发展道路的，这意味着我国长时间都会处在现代化进程中，现代化的社会发展意味着现代化的社会心态培育不能完全抛开传统模式，但是也不能完全依靠传统给人们带来的影响。基于这样的事实基础发展的社会心态才能顺应社会的发展，稳固存在于民众生活中。同时社会心态的培育不能脱离目标而存在，国家为我们指出了社会心态大的方向"自尊自信、理性平和、积极向上"，同时我们需要能够在此基础上对大方向有一个理性科学的认识，对社会心

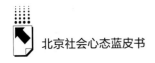
态的结构及量化标准有一个清晰的界定，这样在培育过程中可以少走弯路，事半功倍。

（三）发挥基层组织在社会心态培育中的作用

社会心态的培育对象终究面向的是群众，群众在日常生活中接触更多的是基层的工作人员。基层人员能够在第一时间掌握群众面临的生活困扰及未来诉求，对社区群体的组织活动了解较多。同时基层人员在群众面前亲和力较高，群众对其的信任度较高，可保障群众能够及时表达个体诉求。基层工作人员也可快速将基层组织无法调节和管理的群众问题反馈给上级组织，实现层级递进，在保障问题解决质量的条件下减少一些不必经过重大决策讨论的"小"问题。

（四）规范与道德"双重路径"引领社会心态的发展

社会心态的培育不能单靠道德文化的影响，规范的制定有其必要性。规范的制定可保障人民的基本利益，只有人民基本利益诉求得到满足，才能够更好地引导社会心态。首先需要制度规范，制度规范是国家运行的基础，制度建设得到保障方可为后续的工作奠定基础。其次是行动规范，任何社会行动都需要受到规范的制约，有一定的界限。另外道德文化对民众的影响力不容小觑，传统文化对我国的影响至今根深蒂固，这种影响有时甚至超越了人们的规范意识。国家可以对正确健康的道德观念进行大力的宣传和发扬，民众对道德观念的内心接受度普遍高于对规范的接受度，使得社会心态的培育更加有效。双重路径保障了社会心态培育的科学严谨，同时也保障了其培育效果。

（五）完善人才培养制度，区分人才服务职责区域

无论什么样的社会服务或社会心态培育都离不开专业人员的支持和引导。针对我国国情，社会心态培育可按职责范围和人才培养的目标进行人才的"区域培养"划分。首先，需要明确社会心态专业人才培养的目标，建

立完善的人才培养规范制度。明确人才培养的标准和机制,保障其掌握社会心态培育相关知识,提高人才整体素质及工作的专业性。例如:2018年北京市启动了社会心理指导师培训试点,招收社区工作者、社会组织人员及有社会工作基础的人员,培训其掌握专业的心理学理论和技术,进一步提升社会心理服务人员的专业性。社会心态培育是社会心理服务的一部分,可在其培训范围内专门开设"社会心态指导师"专栏,进一步针对社会心态培育培训专业性人才。其次,社会心态的培育并不是一个专业或一个学科的事情,它涉及非常广泛的专业范围,从社会学到行政管理等,跨学科的研究和探讨有很大的必要性,需要跨学科深入探索社会心态的理论含义及实践方向。最后,任何人才的培养和建设都离不开财政的支持和保障,需要国家或北京市政府专款专项支持,保障社会心态培育人才的财政投入。

(六)完善社会心态培育的政策法规建设

法律保障是任何社会活动展开的基础,强化我国的法制建设,可为培育我国"自尊自信、理性平和、积极向上"的社会心态营造良好的氛围。法律是社会心态培育建设稳步进行的根本,坚持依法治国和依法执政、共同推进,可确保社会心态的培育建立在更加稳定的社会环境中,并且以更加积极的方式引导人们发展良好的社会心态。

社会心态篇
Social Mentality

B.2
2020年北京市居民社会安全感状况调查

项锦晶　张濯　贺猛*

摘　要： 社会安全感体现为个体对社会环境安全度的评价和感觉。社会安全感可以作为社会治安保障、医疗保障、职业保障等的衡量指标。本调查以18～70岁北京市常住居民为调查对象（1756人），考察北京市居民的整体社会安全感及公共安全感、家庭安全感、职业安全感、社会稳定感、公共安全感、社区安全感等六个分维度的现状，并分析北京市居民社会安全感在不同性别、婚姻状况、工作情况等人口学信息上的差异，以及社会安全感与居民生活满意度、积极情绪、消极情绪的相关关系。结果显示，已婚、同居个体的社会安全感高于未婚、离婚或丧偶人群；男性的社会安全感高于女性；拥有正

---

* 项锦晶，博士，北京林业大学心理学系副教授，主要从事心理分析与中国文化领域、表达性心理治疗（沙盘游戏治疗、绘画测验与绘画治疗）、投射测验的应用等方面的科研和教学工作；张濯，北京林业大学心理学系硕士研究生，主要研究方向为临床与咨询心理学；贺猛，北京林业大学心理学系硕士研究生，主要研究方向为临床与咨询心理学。

式工作或离退休人群社会安全感高于拥有临时工作或无业的人群；家庭月收入和学历对社会安全感的影响较不明显。此外，北京市居民的社会安全感与生活满意度、积极情绪以及心理健康呈显著的正相关关系，与消极情绪呈负相关关系。

关键词： 社会安全感　生活满意度　积极情绪　消极情绪　北京市

一　研究方法

（一）调查对象

本次调查在北京市内取样。按照国家统计局对北京市的地区分类，根据每区人数所占比例，进行抽样，调查北京市 16 区，共采集有效数据 1756 份。样本数量和样本分布符合大样本心理调查的要求。表 1 是本次调查样本的人口学信息。

表 1　调查样本的人口学分布

单位：人，%

人口学变量	类别	人数	百分比
地区	昌平	159	9.05
	朝阳	160	9.11
	大兴	168	9.57
	东城	97	5.52
	房山	92	5.24
	丰台	149	8.49
	海淀	147	8.37
	怀柔	80	4.56
	门头沟	79	4.50
	密云	71	4.04
	平谷	74	4.21

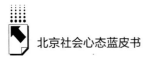

续表

人口学变量	类别	人数	百分比
地区	石景山	86	4.90
	顺义	85	4.84
	通州	144	8.20
	西城	89	5.07
	延庆	76	4.33
月收入	无收入	74	4.20
	2000 元及以下	152	8.70
	2001 ~ 8847 元	858	48.90
	8848 ~ 15000 元	468	26.70
	15001 ~ 20000 元	137	7.80
	20001 元及以上	67	3.80
主观社会阶层	上层	135	7.70
	中层	883	50.30
	中下层	654	37.20
	最下层	84	4.80
教育水平	初中及以下	123	7.00
	中专或职高	217	12.40
	高中	221	12.60
	大专	318	18.10
	本科	763	43.50
	硕士及博士	114	6.50
性别	男	868	49.40
	女	888	50.60
年龄	18 ~ 29 岁	347	19.80
	30 ~ 39 岁	325	18.50
	40 ~ 49 岁	328	18.70
	50 ~ 59 岁	385	21.90
	60 岁及以上	371	21.10
工作状态	学生	132	7.50
	临时工作	105	6.00
	正式工作	1233	70.20
	无业、失业或下岗	56	3.20
	离退休	227	12.90
	其他	3	0.20

续表

人口学变量	类别	人数	百分比
职业	服务业工作人员	134	7.6
	国企职员	323	18.4
	机关干部或公务员	105	6.0
	教师	103	5.9
	私企职员	451	25.7
	外企职员	71	4.0
	医务工作者	59	3.4
	自由职业者	73	4.1
	其他	437	24.9
子女数量	未生育	315	17.90
	一个孩子	1125	64.10
	两个及以上孩子	316	18.00
婚姻状况	未婚	286	16.30
	同居、已婚	1431	81.50
	离婚、丧偶	39	2.20
房产数	无住房	27	1.50
	1套住房	1174	66.90
	2套住房	416	23.70
	3套及以上住房	139	7.90

（二）调查过程及内容

1. 调查过程

首先，通过文献资料初步确定合适的问卷，经专家组和课题组成员反复讨论后，确定最终使用问卷。其次，通过网络平台 Credamo、问卷星、现场发放问卷三种方式，邀请符合条件的居民填写问卷。问卷回收后，筛除未认真填答的问卷。

2. 调查内容

（1）基本人口学变量

本次调查的人口学变量包括性别、年龄、婚姻状况、文化程度、工作状态、职业收入、住址所在区、子女数量、主观的社会阶层等。

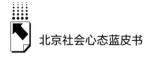

（2）社会安全感

社会安全感量表由王大为等编制,^① 共包含 22 题,采用 5 点计分,1 代表完全同意,5 代表完全不同意。量表共有六个维度：公共安全、家庭安全、职业安全、社会稳定、身体安全和社区安全。得分越高表示社会安全感越高。

（3）生活满意度

生活满意度问卷共包含 5 个题目,该量表由熊承清等人翻译并修订^②,采用 7 点计分,1 表示极其不同意,7 表示极其同意。该问卷用来测量受访者对生活各个方面的满意程度。得分越高代表受访者对自己的生活满意度越高。

（4）积极情绪和消极情绪

自编的积极情绪和消极情绪问卷。共包含 18 道题目,由 9 个对积极情绪描述的词语和 9 个对消极情绪描述的词语组成。采用 5 点计分,1 表示非常轻微或根本没有,5 表示非常强烈。积极情绪的总分越高,代表积极情绪越多。消极情绪的总分越高,代表消极情绪越多。

二 北京市居民社会安全感现状

（一）北京市居民社会安全感的总体状况

在本次社会调查中,北京市居民社会安全感平均得分（换算百分制）为 67.04 ± 13.66,显著高于量表中值 60 （t = 21.59,p < 0.001）。这一结果表明北京市居民的社会安全感处于中等偏上水平。在所有的维度中,北京市居民的家庭安全感最高,社会稳定感最低（见表 2）。

---

① 王大为、张潘仕、王俊秀：《中国居民社会安全感调查》,《统计研究》2002 年第 9 期,第 23～29 页
② 熊承清、许远理：《生活满意度量表中文版在民众中使用的信度和效度》,《中国健康心理学杂志》2009 年第 8 期,第 948～949 页。

表2　北京市居民社会安全感总体情况

项目	得分	项目	得分
社会安全感总分	67.04 ± 13.66	社区安全感总分	66.54 ± 20.09
家庭安全感总分	77.68 ± 15.20	公共安全感总分	63.29 ± 19.22
职业安全感总分	71.29 ± 17.77	社会稳定感总分	60.04 ± 17.68
身体安全感总分	66.84 ± 19.89		

（二）不同群体的社会安全感现状

本研究主要分析不同性别、年龄、婚姻状况、家庭月收入、教育水平、工作状况、住房情况和主观社会阶层的北京市居民的社会安全感现状。

1. 北京市居民社会安全感的性别差异

在社会安全感总分和社区安全感得分上，男性居民和女性居民存在显著差异（$t_1 = -2.54$，$p < 0.05$；$t_2 = 8.45$，$p < 0.001$），北京市男性居民的社会安全感总分和社区安全感得分均显著高于女性居民。在公共安全感、家庭安全感、职业安全感、社会稳定感以及身体安全感维度上，男性居民和女性居民不存在显著差异。

2. 不同年龄北京居民社会安全感差异

将年龄作为连续变量与社会安全感及公共安全、家庭安全、职业安全、社会稳定、身体安全、社区安全等六个分维度做相关分析。结果显示，年龄与社会安全感总分、职业安全感、社会稳定感和社区安全感呈显著正相关（$r = 0.054 - 0.148$，$p < 0.05$）。说明年龄越大，主观感受到的社会安全感越高，但相关系数较小，说明这种趋势并不明显。此外，年龄与公共安全、家庭安全、身体安全等相关性均不显著（见表3）。

表3　年龄与社会安全感的相关系数

项目	社会安全感总分	公共安全感	家庭安全感	职业安全感	社会稳定感	身体安全感	社区安全感
年龄	0.07**	0.03	0.02	0.15**	0.05*	−0.02	0.12**

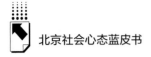

不同年龄段居民的社会安全感得分如表 4 所示。

为了更清楚地呈现各年龄段居民社会安全感的差异，将所有人按照年龄分为 5 组：18 ~ 29 岁、30 ~ 39 岁、40 ~ 49 岁、50 ~ 59 岁、60 岁及以上。单因素方差分析显示，各年龄段的社会安全感总分、家庭安全感、职业安全感、社区安全感得分有显著差异，$F = 3.09 ~ 11.48$，$p < 0.05$。

在社会安全感总分方面，事后检验表明，18 ~ 29 岁居民的社会安全感总分显著低于其他所有年龄段的居民。

在家庭安全感方面，18 ~ 29 岁居民的家庭安全感显著低于除 60 岁及以上的居民以外其他所有年龄段的居民。

在职业安全感方面，18 ~ 29 岁居民的职业安全感显著低于其他所有年龄段的居民。30 ~ 39 岁的居民其职业安全感显著低于 60 岁及以上的居民。

在社区安全感方面，18 ~ 29 岁居民的社会安全感显著低于其他所有年龄段的居民。

表4 不同年龄社会安全感的单因素方差分析结果

项　目	年龄	M ± SD	F
社会安全感总分	①18 ~ 29 岁	64. 27 ± 13. 11	F = 4. 73 ** ① < ②③④⑤
	②30 ~ 39 岁	67. 15 ± 13. 37	
	③40 ~ 49 岁	68. 11 ± 13. 46	
	④50 ~ 59 岁	67. 97 ± 13. 96	
	⑤60 岁及以上	67. 62 ± 14. 02	
公共安全感	①18 ~ 29 岁	62. 13 ± 18. 70	F = 1. 467
	②30 ~ 39 岁	61. 83 ± 18. 71	
	③40 ~ 49 岁	64. 76 ± 19. 07	
	④50 ~ 59 岁	64. 16 ± 19. 86	
	⑤60 岁及以上	63. 45 ± 19. 56	
家庭安全感	①18 ~ 29 岁	75. 55 ± 15. 48	F = 3. 09 * ① < ②③④
	②30 ~ 39 岁	79. 18 ± 14. 24	
	③40 ~ 49 岁	78. 81 ± 14. 54	
	④50 ~ 59 岁	77. 86 ± 15. 79	
	⑤60 岁及以上	77. 18 ± 15. 51	

续表

项 目	年龄	M ± SD	F
职业安全感	①18～29岁	66. 30 ± 17. 82	F = 10. 73 *** ① < ②③④⑤ ② < ⑤
	②30～39岁	70. 67 ± 17. 50	
	③40～49岁	72. 38 ± 17. 60	
	④50～59岁	72. 33 ± 17. 28	
	⑤60岁及以上	74. 45 ± 17. 71	
社会稳定感	①18～29岁	57. 72 ± 16. 73	F = 2. 25
	②30～39岁	59. 57 ± 17. 52	
	③40～49岁	61. 00 ± 17. 26	
	④50～59岁	61. 03 ± 18. 07	
	⑤60岁及以上	60. 76 ± 18. 51	
身体安全感	①18～29岁	66. 55 ± 18. 84	F = 0. 49
	②30～39岁	67. 69 ± 19. 66	
	③40～49岁	66. 99 ± 20. 38	
	④50～59岁	67. 29 ± 19. 93	
	⑤60岁及以上	65. 77 ± 20. 61	
社区安全感	①18～29岁	60. 13 ± 20. 16	F = 11. 48 *** ① < ②③④⑤
	②30～39岁	67. 53 ± 20. 58	
	③40～49岁	68. 25 ± 19. 92	
	④50～59岁	68. 81 ± 19. 15	
	⑤60岁及以上	67. 80 ± 19. 58	

3. 不同婚姻状态的北京市居民社会安全感差异

不同婚姻状态居民的社会安全感得分如图 1 所示。

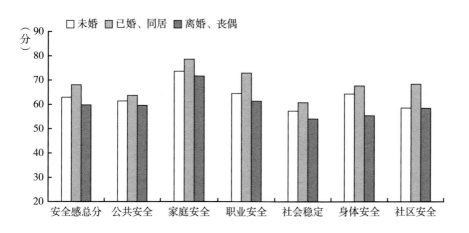

图1 不同婚姻状态个体的社会安全感差异

对不同婚姻状态北京市居民的社会安全感及公共安全感、家庭安全感、职业安全感、社会稳定感、身体安全感、社区安全感六个分维度得分进行单因素方差分析，结果显示，不同婚姻状态北京市居民的社会安全感总分以及除公共安全感以外的5个分维度（$Fs > 6.85$，$ps < 0.01$）得分均存在显著差异。

在社会安全感总分、家庭安全感、职业安全感、社区安全感、社会稳定感方面，事后检验表明，同居或已婚居民的得分显著高于未婚、离婚或丧偶的居民；未婚居民相比于离婚或丧偶居民没有差异（见表5）。

表5   不同婚姻状态的个体社会安全感的单因素方差分析结果

项　　目	婚姻状况	M ± SD	F
社会安全感总分	①未婚	62.94 ± 12.62	F = 22.80 *** ①③ < ②
	②已婚、同居	68.05 ± 13.65	
	③离婚、丧偶	59.81 ± 13.97	
公共安全感	①未婚	61.42 ± 17.90	F = 2.49
	②已婚、同居	63.76 ± 19.48	
	③离婚、丧偶	59.66 ± 18.22	
家庭安全感	①未婚	73.62 ± 15.14	F = 16.51 *** ①③ < ②
	②已婚、同居	78.66 ± 14.95	
	③离婚、丧偶	71.67 ± 18.37	
职业安全感	①未婚	64.50 ± 17.06	F = 34.18 *** ①③ < ②
	②已婚、同居	72.91 ± 17.53	
	③离婚、丧偶	61.37 ± 17.32	
社会稳定感	①未婚	57.30 ± 16.19	F = 6.86 * ①③ < ②
	②已婚、同居	60.75 ± 17.94	
	③离婚、丧偶	54.10 ± 15.88	
身体安全感	①未婚	64.34 ± 18.62	F = 10.04 *** ③ < ① < ②
	②已婚、同居	67.65 ± 19.96	
	③离婚、丧偶	55.38 ± 21.69	
社区安全感	①未婚	58.58 ± 19.63	F = 32.58 *** ①③ < ②
	②已婚、同居	68.35 ± 19.73	
	③离婚、丧偶	58.46 ± 20.72	

在身体安全感方面，离婚或丧偶居民的身体安全感最低，其次是未婚居民，同居或已婚居民的身体安全感最高，离婚或丧偶居民、未婚居民、同居或已婚居民的身体安全感得分逐渐升高。

4. 不同家庭月收入北京市居民的社会安全感差异

家庭月收入划分为6个层级，无收入、2000元及以下、2001~8847元、8848~15000元、15001~20000元、20001元及以上。对不同家庭收入的居民进行安全感得分的单因素方差分析，结果显示不同家庭收入的北京居民，在社会安全感总分、家庭安全感、职业安全感、身体安全感、社区安全感方面均存在显著差异 Fs > 3.28，ps < 0.01（见表6），不同家庭月收入居民的社会安全感得分如图2所示。

表6 不同家庭月收入群体社会安全感得分及其单因素方差分析结果

项　目	收入状况	M ± SD	F
社会安全感总分	①无收入	63.60 ± 12.21	F = 5.26 ** ①<②③④⑤ ②<③④⑤⑥ ③<④⑤
	②2000元及以下	63.10 ± 12.83	
	③2001~8847元	66.88 ± 13.57	
	④8848~15000元	68.49 ± 13.50	
	⑤15001~20000元	69.14 ± 14.32	
	⑥20001元及以上	67.37 ± 15.72	
公共安全感	①无收入	64.59 ± 17.62	F = 1.72
	②2000元及以下	63.29 ± 18.27	
	③2001~8847元	64.27 ± 18.78	
	④8848~15000元	62.62 ± 19.63	
	⑤15001~20000元	60.54 ± 21.05	
	⑥20001元及以上	59.50 ± 21.22	
家庭安全感	①无收入	74.05 ± 12.54	F = 6.52 *** ①②③<④⑤ ②<③
	②2000元及以下	72.86 ± 15.59	
	③2001~8847元	77.48 ± 15.08	
	④8848~15000元	79.38 ± 14.85	
	⑤15001~20000元	80.95 ± 16.03	
	⑥20001元及以上	76.72 ± 15.99	
职业安全感	①无收入	65.23 ± 16.04	F = 14.06 *** ①②<③④⑤⑥ ③<④
	②2000元及以下	62.11 ± 17.50	
	③2001~8847元	71.20 ± 17.45	
	④8848~15000元	74.50 ± 16.88	
	⑤15001~20000元	74.01 ± 18.98	
	⑥20001元及以上	71.84 ± 19.34	

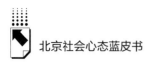

续表

项 目	收入状况	M ± SD	F
社会稳定感	①无收入	58.74 ± 16.82	F = 0.41
	②2000 元及以下	58.68 ± 16.43	
	③2001 ~ 8847 元	60.24 ± 17.51	
	④8848 ~ 15000 元	59.91 ± 17.87	
	⑤15001 ~ 20000 元	61.09 ± 19.23	
	⑥20001 元及以上	60.80 ± 19.30	
身体安全感	①无收入	63.87 ± 19.68	F = 3.29 * ①②③ < ④ ② < ⑤
	②2000 元及以下	63.42 ± 19.06	
	③2001 ~ 8847 元	65.98 ± 19.78	
	④8848 ~ 15000 元	69.19 ± 19.32	
	⑤15001 ~ 20000 元	69.25 ± 21.56	
	⑥20001 元及以上	67.56 ± 22.02	
社区安全感	①无收入	56.49 ± 22.57	F = 15.85 *** ①② < ③ < ④⑤⑥
	②2000 元及以下	59.39 ± 18.92	
	③2001 ~ 8847 元	65.22 ± 20.01	
	④8848 ~ 15000 元	70.28 ± 19.36	
	⑤15001 ~ 20000 元	73.09 ± 18.51	
	⑥20001 元及以上	71.24 ± 17.99	

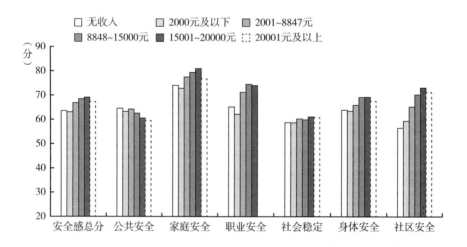

图 2 不同家庭月收入个体在社会安全感上的差异

在安全感总分方面。事后检验显示，无收入的群体社会安全感得分显著低于家庭月收入在2001～20000元的群体，但是和家庭月收入在20001元及以上的群体没有显著差异。家庭月收入在2000元及以下的群体，社会安全感总分低于所有家庭月收入在2000元以上的群体。家庭月收入在2001～8847元的群体，其社会安全感总分低于家庭月收入在8848～15000元、15001～20000元两个区间的群体。

在家庭安全感方面，家庭月收入在无收入、2000元及以下、2001～8847元这三个区间的群体其家庭安全感均低于家庭月收入在8848～15000元、15001～20000元这两个区间的群体，此外，家庭月收入在2000元及以下的群体其家庭安全感显著低于家庭月收入在2001～8847元这一区间的群体。家庭月收入在8848～15000元、15001～20000元、20001元及以上这三个区间的群体，其家庭安全感无显著差异。

在职业安全感方面，家庭月收入为无收入、2000元及以下的群体，其职业安全感显著低于家庭月收入在2000元以上的所有群体，此外家庭月收入在2001～8847元这一区间的群体，其职业安全感显著低于家庭月收入在8848～15000元这一区间的群体。

在身体安全感方面，家庭月收入在8848～15000元这一区间的群体身体安全感大于家庭月收入在无收入、2000元及以下、2001～8847元这三个区间的群体，但此三个群体之间，身体安全感无显著差异。家庭月收入在15001～20000元的群体其身体安全感显著高于家庭月收入在2000元及以下的群体。

在社区安全感方面，家庭月收入为无收入和2000元及以下的群体，其社区安全感显著低于家庭月收入在2000元以上的所有群体；家庭月收入在2001～8847元群体，其社区安全感低于家庭月收入在8848元及以上的群体。

5. 不同教育水平北京市居民社会安全感差异

对北京市居民按照不同教育程度，进行社会安全感总分及其各维度得分的比较。因教育水平为小学程度的人群仅有13人，所以将其与教育水平为初中的人群合并，此外教育水平为博士的人群仅为17人，因此将其与教育水平为硕士的人群合并为一类，统称为研究生。结果显示在不同教育程度人群中仅有社区安全感、身体安全感和公共安全感方面存在显著差异，$Fs > 2.27$，$ps < 0.05$。不同受教育程度居民的社会安全感得分如表7所示。

表7　不同教育水平群体社会安全感得分及其单因素方差分析结果

项　目	教育水平	M ± SD	F
社会安全感总分	①初中及以下	65.72 ± 13.15	F = 1.70
	②中专或职高	66.95 ± 14.18	
	③高中	67.02 ± 12.93	
	④大专	68.95 ± 13.67	
	⑤本科	66.60 ± 13.94	
	⑥研究生	66.30 ± 12.42	
公共安全感	①初中及以下	63.85 ± 19.03	F = 2.66* ⑥<②③④
	②中专或职高	63.90 ± 18.53	
	③高中	64.22 ± 19.28	
	④大专	65.77 ± 19.06	
	⑤本科	62.33 ± 19.48	
	⑥研究生	59.18 ± 18.63	
家庭安全感	①初中及以下	75.77 ± 14.39	F = 2.22
	②中专或职高	77.03 ± 15.09	
	③高中	75.25 ± 15.73	
	④大专	78.41 ± 15.48	
	⑤本科	78.47 ± 15.17	
	⑥研究生	78.38 ± 14.18	
职业安全感	①初中及以下	74.53 ± 15.89	F = 2.21
	②中专或职高	70.11 ± 18.90	
	③高中	70.08 ± 18.08	
	④大专	73.17 ± 16.79	
	⑤本科	70.57 ± 17.99	
	⑥研究生	71.93 ± 17.62	
社会稳定感	①初中及以下	58.86 ± 17.22	F = 1.58
	②中专或职高	61.47 ± 18.00	
	③高中	61.09 ± 16.99	
	④大专	61.53 ± 17.74	
	⑤本科	59.14 ± 17.92	
	⑥研究生	58.51 ± 16.87	

续表

项 目	教育水平	M ± SD	F
身体安全感	①初中及以下	61.95 ± 19.98	F = 2.27 * ①<②③④⑤
	②中专或职高	65.93 ± 20.99	
	③高中	67.30 ± 19.11	
	④大专	68.78 ± 19.84	
	⑤本科	66.80 ± 19.90	
	⑥研究生	67.84 ± 18.65	
社区安全感	①初中及以下	62.87 ± 19.63	F = 3.55 ** ①②⑤⑥<④ ①<③
	②中专或职高	65.41 ± 20.95	
	③高中	67.39 ± 18.24	
	④大专	70.29 ± 19.15	
	⑤本科	65.77 ± 20.70	
	⑥研究生	65.73 ± 19.55	

在社区安全感方面，事后检验表明，教育水平为大专的群体，其社区安全感得分显著高于除了高中学历以外的所有人群；高中学历人群的社区安全感显著高于初中学历及以下的人群；其他不同学历人群之间社区安全感没有显著差异。

在身体安全感方面，事后检验表明，教育水平为初中及以下的人群，其身体安全感得分显著低于教育水平为中专或职高、高中、大专、本科的人群。

在公共安全感方面，事后检验表明，受教育水平为中专或职高、高中、大专的人群，其公共安全感均高于受教育水平为研究生的人群。

6. 不同工作状况北京市居民社会安全感差异

本次调查中的人口学变量工作状态，分为正式工作，临时工作，无业、失业或下岗，离退休，学生，其他。本次调查中其他仅含有3位被调查者，所以不将其纳入分析。结果显示不同工作状态的北京市居民在社会安全感总分、家庭安全感、职业安全感、身体安全感、社区安全感等方面均存在显著差异，$Fs > 3.80$，$ps < 0.01$（见表8），不同工作状况居民的社会安全感得分如图3所示。

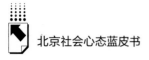

表8　不同工作状况群体社会安全感得分及其单因素方差分析结果

项　目	工作状况	M ± SD	F
社会安全感总分	①正式工作	67.76 ± 13.71	F = 5.223 *** ②③ < ①④ ⑤ < ②
	②临时工作	63.81 ± 12.09	
	③无业、失业或下岗	63.28 ± 14.01	
	④离退休	67.88 ± 14.45	
	⑤学生	63.05 ± 11.72	
公共安全感	①正式工作	63.25 ± 19.49	F = 0.829
	②临时工作	65.27 ± 17.97	
	③无业、失业或下岗	62.38 ± 17.17	
	④离退休	64.29 ± 19.82	
	⑤学生	60.81 ± 17.40	
家庭安全感	①正式工作	78.44 ± 15.00	F = 4.610 *** ②③ < ①④ ⑤ < ①
	②临时工作	73.95 ± 15.09	
	③无业、失业或下岗	70.43 ± 7.75	
	④离退休	78.24 ± 16.14	
	⑤学生	75.19 ± 13.10	
职业安全感	①正式工作	72.21 ± 17.42	F = 18.507 *** ④ < ① ②③⑤ < ① ①②③⑤ < ④
	②临时工作	62.22 ± 15.87	
	③无业、失业或下岗	64.05 ± 18.89	
	④离退休	76.86 ± 17.66	
	⑤学生	63.48 ± 15.92	
社会稳定感	①正式工作	60.41 ± 17.92	F = 0.841
	②临时工作	59.02 ± 15.41	
	③无业、失业或下岗	57.02 ± 17.59	
	④离退休	60.37 ± 18.53	
	⑤学生	58.28 ± 15.62	
身体安全感	①正式工作	68.11 ± 19.73	F = 3.807 ** ②④⑤ < ①
	②临时工作	62.16 ± 19.00	
	③无业、失业或下岗	63.45 ± 20.50	
	④离退休	64.43 ± 21.31	
	⑤学生	64.09 ± 18.15	
社区安全感	①正式工作	67.95 ± 20.03	F = 8.491 *** ⑤ < ①③④ ② < ①④
	②临时工作	61.65 ± 17.73	
	③无业、失业或下岗	64.88 ± 19.17	
	④离退休	67.14 ± 20.19	
	⑤学生	57.17 ± 19.30	

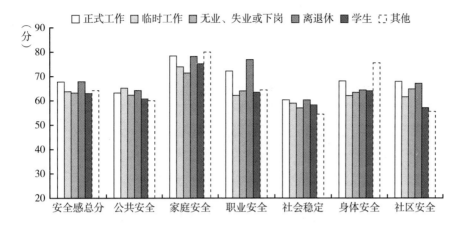

图3　不同工作状况群体在社会安全感上的差异

　　在社会安全感总分方面，事后检验表明，拥有正式工作的人群和离退休人群的社会安全感总分显著高于拥有临时工作和无业、失业或下岗的人群。此外拥有临时工作的人群，其社会安全感总分高于学生群体。

　　在社区安全感方面，事后检验表明，学生群体的社区安全感低于除拥有临时工作群体以外的所有群体，拥有临时工作的群体其社区安全感低于拥有正式工作或离退休的群体。

　　在身体安全感方面，事后检验表明，拥有正式工作的人群其身体安全感显著高于除无业、失业或下岗人群以外其他所有人群的身体安全感。

　　在职业安全感方面，事后检验表明，拥有正式工作的人群，其职业安全感显著低于离退休的人群。但拥有正式工作的人群，其安全感高于除离退休人群之外的其他所有人群。离退休人群的安全感显著高于其他所有人群。

　　在家庭安全感方面。事后检验显示，临时工作人群和无业、失业或下岗人群的家庭安全感，低于正式职工和离退休人群的家庭安全感。拥有正式工作的群体，其家庭安全感又显著高于学生群体。

　　7. 不同住房情况北京市居民社会安全感差异

　　拥有不同房产数的人群仅在职业安全感和社区安全感方面有差异，

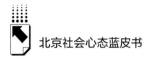

$F_S > 4.17$，$p_S < 0.01$（见表9），不同房产数居民的社会安全感得分如图4所示。

表9　拥有不同房产数人群社会安全感得分及其单因素方差分析结果

项　目	主观社会阶级	M±SD	F
社会安全感总分	①无住房	62.05±11.54	F=2.03
	②1套住房	66.87±13.80	
	③2套住房	68.01±13.42	
	④3套及以上住房	66.56±13.47	
公共安全感	①无住房	59.51±23.96	F=0.96
	②1套住房	63.50±19.05	
	③2套住房	63.62±18.95	
	④3套及以上住房	61.25±20.42	
家庭安全感	①无住房	73.33±14.54	F=1.00
	②1套住房	77.60±15.35	
	③2套住房	78.31±14.60	
	④3套及以上住房	77.37±15.78	
职业安全感	①无住房	67.65±19.63	F=4.28** ②<③
	②1套住房	70.40±17.79	
	③2套住房	73.85±17.12	
	④3套及以上住房	71.80±18.57	
社会稳定感	①无住房	58.15±16.57	F=0.76
	②1套住房	59.74±17.93	
	③2套住房	61.13±17.27	
	④3套及以上住房	59.69±17.03	
身体安全感	①无住房	60.74±19.77	F=0.92
	②1套住房	67.02±19.85	
	③2套住房	66.59±20.13	
	④3套及以上住房	67.24±19.54	
社区安全感	①无住房	53.09±15.96	F=5.04** ①<②③④
	②1套住房	66.47±20.48	
	③2套住房	68.04±19.72	
	④3套及以上住房	65.28±17.48	

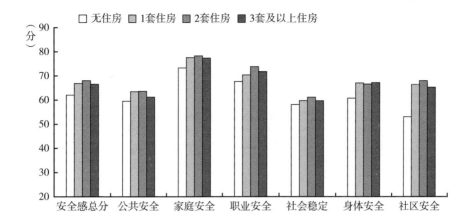

图4　拥有不同房产数人群的社会安全感差异

在职业安全感方面，拥有 1 套房产的人群，其职业安全感显著低于拥有 2 套房子的人群。

在社区安全感方面，无住房人群，其社区安全感显著低于拥有 1 套房产、2 套房产和 3 套及以上房产的人。但拥有 1 套房产、2 套房产和 3 套及以上房产的人群之间社区安全感不存在显著差异。

8. 不同主观社会阶层北京市居民社会安全感差异

在本次调查中，将主观社会阶层作为人口学变量纳入调查，主观社会阶层指的是个体认为自己处于社会的哪个层级。可选择的范围有上层、中层、中下层、最下层。这部分将探讨个体的主观社会阶层对其社会安全感的影响。单因素方差分析结果显示，对于主观社会阶层不同的群体来讲，其在社会安全感总分和社区安全感、身体安全感、社会稳定、职业安全感、家庭安全感方面均存在显著差异，$Fs > 2.82$，$ps < 0.05$（见表10）。不同主观社会阶层居民的社会安全感得分如图5所示。

在社会安全感总分方面，不同主观社会阶层的个体存在显著差异。事后检验显示，认为自己处于社会上层和社会中层的群体，其总体社会安全感高于认为自己处于社会中下层和社会最下层群体。

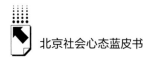

在家庭安全感方面，不同主观社会阶层的个体得分显著不同，事后检验结果显示，主观社会阶层为上层和中层的群体，其家庭安全感显著高于主观社会阶层为中下层和最下层的群体，主观社会阶层为中下层的群体，其家庭安全感显著高于主观社会阶层为最下层的群体。

表10　不同主观社会阶层群体社会安全感得分及其单因素方差分析结果

项　目	主观社会阶级	M ± SD	F
社会安全感总分	①上层	73. 29 ± 19. 22	F = 14. 98 *** ③④ < ①②
	②中层	70. 22 ± 14. 84	
	③中下层	68. 54 ± 13. 38	
	④最下层	65. 00 ± 13. 65	
公共安全感	①上层	65. 78 ± 20. 78	F = 1. 50
	②中层	63. 24 ± 19. 39	
	③中下层	63. 24 ± 18. 78	
	④最下层	60. 16 ± 17. 98	
家庭安全感	①上层	80. 96 ± 16. 24	F = 22. 03 *** ③④ < ①② ④ < ③
	②中层	79. 81 ± 14. 20	
	③中下层	75. 13 ± 15. 24	
	④最下层	69. 94 ± 17. 67	
职业安全感	①上层	77. 73 ± 17. 40	F = 35. 91 *** ④ < ③ < ② < ①
	②中层	74. 30 ± 16. 88	
	③中下层	67. 03 ± 17. 64	
	④最下层	62. 38 ± 18. 03	
社会稳定感	①上层	61. 75 ± 19. 68	F = 2. 83 * ④ < ①②
	②中层	60. 85 ± 17. 85	
	③中下层	59. 06 ± 16. 96	
	④最下层	56. 51 ± 17. 42	
身体安全感	①上层	70. 52 ± 21. 75	F = 16. 86 *** ③④ < ①②
	②中层	69. 53 ± 18. 95	
	③中下层	63. 11 ± 19. 91	
	④最下层	61. 75 ± 20. 83	
社区安全感	①上层	69. 49 ± 20. 99	F = 3. 28 * ③ < ①②
	②中层	67. 47 ± 19. 65	
	③中下层	64. 97 ± 20. 25	
	④最下层	64. 29 ± 21. 07	

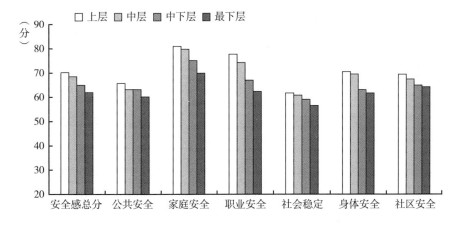

图5 不同主观社会阶层群体在社会安全感上的差异

　　在社区安全感方面，不同主观社会阶层的个体得分不同，事后检验显示，认为自己处于社会上层和中层的群体其社区安全感显著高于认为自己处于社会中下层的群体。

　　在身体安全感方面，不同主观社会阶层的个体得分显著不同，主观社会阶层为上层和中层的群体，其身体安全感显著高于主观社会阶层为中下层和最下层的群体。而主观社会阶层为上层和中层的群体之间没有差异。

　　在社会稳定感方面，不同主观社会阶层的人群得分具有显著差异，事后分析显示，主观社会阶层为上层和中层的群体社会稳定感显著高于主观阶层为最下层的群体。主观社会阶层为上层、中层、中下层的群体在社会稳定感方面得分没有显著差异。

　　在职业安全感方面，不同主观社会阶层的个体，得分显著不同，事后分析表明，职业安全感随主观社会阶层的降低而降低，主观社会阶层为上层的群体，职业安全感最高，主观社会阶层为最下层的群体，其职业安全感最低。

三　北京市居民社会安全感与其他心理指标的相关分析

　　本研究不仅关注北京市居民社会安全感现状，也关注居民社会安全感与

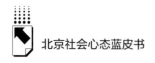

生活满意度、积极和消极情绪、心理健康指标之间的相关性。见表11。

总体上讲，生活满意度与社会安全感总分及其分维度均分均呈现显著正相关关系，这可能预示着人们在基本安全感满足之后，更容易产生对生活上的追求，以至于生活满意度升高。相比较而言，职业安全感与生活满意度的相关系数最大，这可能表明，人们的职业安全感越高，其对生活的满意度也就越高。

积极情绪与社会安全感总分及其分维度均分均呈现显著的正相关关系，这说明人们的安全感满足之后会有更多更快乐的情绪出现。相比较而言，人们的社会安全感总分及其分维度均分与消极情绪呈显著的负相关关系，这说明未满足的社会安全感，会导致人们出现更多的消极情绪，例如担忧等。

社会安全感总体上和心理健康呈现显著的正相关关系，较高的社会安全感伴随着较高的心理健康程度，其中心理健康同社会安全感维度中家庭安全感、职业安全感相关性排前两位，说明人们的心理健康和家庭、职业的关系最大。

表11　社会安全感和生活满意度的相关关系

单位：分

项　　目	社会安全感	公共安全	家庭安全	职业安全	社会稳定	身体安全	社区安全
生活满意度	0.31 ***	0.13 ***	0.29 ***	0.40 ***	0.17 ***	0.29 ***	0.18 ***
积极情绪	0.31 ***	0.13 ***	0.29 ***	0.40 ***	0.17 ***	0.29 ***	0.18 ***
消极情绪	−0.39 ***	−0.17 ***	−0.42 ***	−0.44 ***	−0.21 ***	−.35 ***	−.26 ***
心理健康	0.39 ***	0.25 ***	0.46 ***	0.34 ***	0.17 ***	0.19 ***	0.22 ***

四　讨论

社会安全感总体得分达到中线水平，说明北京市居民总体的社会安全感得到基本满足。此外，北京市居民的社会安全感在不同性别、年龄、婚姻状态、家庭月收入、教育水平、工作状况、主观社会阶层方面均存在显著差异。

具体来说，男性的社会安全感总分显著高于女性，从各个维度的得分上来看，社区安全感方面，男性居民得分显著高于女性居民得分。这可能意味着在社区安全方面，女性居民感受到更多的威胁。由于社会心理原因，女性在社区环境中更容易遭到侵犯，生命财产安全更容易处于威胁之中。女性的生理力量弱于男性，如果遇到入室侵犯抢劫等，女性难以抵抗，因此，在社区安全方面，社区应做好安保工作，并积极宣传汇报，以提高女性居民的社区安全感。

在年龄方面，整体上，随着年龄的增长，居民的社会安全感整体呈上升趋势，但这一趋势并不太明显。可能的原因是，一方面，随着年龄的增长，个体的生理心理发展趋向稳定，财富积累工作经验达到一定的高度，提高了个体的社会安全感。但另一方面，随着人生进程的发展，个体会遇到更多挑战例如升职加薪、组建家庭、迎接新生命等等，因此这种趋势不是很明显。更具体来说，年龄在职业安全感和社区安全感方面有着显著的影响，相对于其他方面更为显著，年纪越大，职业安全感越大。个体经过在职场上的磨炼和打拼，其职业安全感随之提高，另外社区安全感提高可能与自我保护意识和能力的提高有关。

在婚姻方面，已婚、同居的北京市居民社会安全感显著高于未婚、离异、丧偶的居民。这一趋势在家庭安全感、职业安全感、身体安全感方面比较显著，可能的原因有以下几点：伴侣能够对个体产生正面的精神、物质、平台支持；伴侣带给个体归属感。

在收入方面，当个体的月收入在8847元以上，收入的升高不会给个体的安全感带来影响。体现了收入的边际效应，即当收入达到某一程度之后，更高的收入无法显著地提高社会安全感，但收入在2000元及以下的群体和无收入的群体安全感显著低于有收入且收入在2000元以上的群体。这说明基本收入对安全感的重要性。

在教育水平方面，不同受教育水平的个体仅仅在公共安全感、身体安全感和社区安全感上有差异。在公共安全感方面，研究生群体得分低于学历为

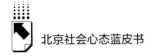

中专或职高、高中、大专的群体；在身体安全感方面，学历为初中及以下的群体得分低于除研究生外的所有群体；在社区安全感方面，学历为大专的群体，得分高于除高中学历外的所有群体，高中学历群体得分高于初中及以下学历群体。

在工作情况方面，工作状况较好的人群，例如拥有正式工作、已退休的人群，其社会安全感更高。在其他除公共安全感和社会稳定感以外的4个维度的表现也均一致，拥有正式工作的人群和离退休人群的安全感得分都显著高于工作状态较差的人群，比如无业、失业或下岗等。这说明工作状况能够极大地预测一个人的安全感，可能的原因是工作带来收入，单位或集体能够为个体提供归属感，同时工作也能让个体实现自己的价值。

此外我们还发现，居民的社会安全感与其生活满意度、积极情绪和心理健康的指标均呈正相关，意味着一个人的社会安全感越高，其对生活就会感到越满意，生活中就会出现更多的积极情绪，其心理健康程度也越高；社会安全感越低的人，其消极情绪也越多。这说明安全感和其他一些心理健康指标达成了一致。

五　建议

根据以上结果我们提出了以下建议。

（一）加强社区安保，提高女性居民的居住安全感

社区是居民每天活动最多的地方。但社区内部仍然存在一些不安定的因素，会降低居民的安全感。例如入室偷窃抢劫，以及其他一些侵犯人身安全和财产安全的行为，有可能在社区发生。

此外，需要增加在社区安保上对女性居民的关注。女性因其生理因素有着比男性居民更大的、被威胁的可能性，因此社区安全感更低，为了提高居民的社区安全感，我们可以在现实中设置更多保安，为女性居民安装报警器，等等。

（二）搞好就业工作，关注无业、失业群体

月收入在2000元及以下以及无收入的群体，其社会安全感显著低于其他群体。但是越过2000元之后，各群体间的社会安全感并无显著差异，因此在家庭收入方面，我们需要格外关注低收入群体和无收入群体。对于这部分群体，要帮助其做好职业规划，帮助他们找到更高收入的工作，以满足其基本需求，提高其社会安全感。此外在工作状况方面，无业、失业或下岗的人群，安全感显著降低，我们要帮助这部分人群找到合适的工作，以支撑自己和家人的生活，提高安全感。

国家要把持续搞好经济发展放在第一位，提高整体的国民经济水平。同时减少贫富差距，对低收入、无收入以及失业群体进行上岗培训，以社区为单位开展工作帮扶，以便能落实以及覆盖到所有的低收入群体，为他们提供更多和更高质量的工作机会。

（三）政策透明化，提高社会稳定感

社会稳定感均分为60.04分，在社会安全感的6个维度中最低。此次所用量表对社会稳定的界定，主要集中在一些大型的社会事件，比如流感的暴发等。在这些大型的社会事件中，个人的力量似乎微乎其微，所以人们会有较低的安全感。此外2020年年初突然暴发新冠肺炎疫情，随着疫情的蔓延，恐慌也可能是人们社会稳定感较低的原因之一。以目前的状况来看，中国在疫情防控方面做得非常好，只需要继续坚持防控工作、避免大面积的反扑，以及加大政府工作和社区工作的宣传力度，就能够显著提高民众的社会稳定感。

B.3
北京市居民主观幸福感现状及
相关因素分析

雷秀雅　崔　伟*

摘　要： 本调查以1797名18～70岁北京市常住居民为研究对象，考察了北京市居民主观幸福感现状和基本特点，查明了北京市居民主观幸福感与自尊和一般自我效能感的关系。结果发现：首先，北京市居民生活满意度水平较高，积极情绪较高且消极情绪较低；其次，年龄、婚姻状况、工作状态、职业、月收入等是影响北京市居民主观幸福感的主要人口学因素；再次，主观社会阶层越高，居民的主观幸福感也越高；最后，北京市居民的一般自我效能感与主观幸福感存在显著正向关系，且这一关系受到居民工作状态、职业、受教育程度、月收入以及主观社会阶层的影响。本调查结果明晰了北京市居民的主观幸福感现状及基本特点，也为进一步的主观幸福感干预研究提供了理论支持。

关键词： 主观幸福感　生活满意度　积极情绪和消极情绪

本调查以18～70岁北京市常住居民为研究对象，考察北京市居民的主观幸福感现状，探讨北京市居民的主观幸福感在性别、年龄、婚姻状况、受教

---

* 雷秀雅，博士，北京林业大学人文社会科学学院教授，硕士生导师，主要研究方向为发展与教育心理学研究领域中的青少年心理、自闭症儿童心理等；崔伟，北京林业大学人文社会科学学院在读博士，主要研究方向为自然和家庭环境与个体发展适应。

育程度、职业、月收入、工作状态等人口学因素及主观社会阶层上的差异，查明北京市居民的主观幸福感与自尊和一般自我效能感的关系以及以上提及的人口学因素是否会影响到主观幸福感与自尊和一般自我效能感的关系。

一 研究方法

（一）调查对象

本调查采取随机抽样法，以北京市 16 个区的 18～70 岁常住人口为调查对象，采用"Credamo"和"问卷星"等网络平台以及面对面填答等方式发放调查问卷。共发放问卷 1810 份，收集有效问卷 1797 份。基本信息见表 1。

表 1　调查样本的人口学分布

单位：人，%

人口学变量		人数	百分比
性别	男	895	49.81
	女	902	50.19
年龄	18～29 岁	357	19.87
	30～39 岁	336	18.70
	40～49 岁	339	18.86
	50～59 岁	392	21.81
	60 岁及以上	373	20.76
婚姻状况	未婚	295	16.42
	已婚	1449	80.63
	同居	13	0.72
	离婚	27	1.50
	丧偶	13	0.73
工作状态	正式工作	1267	70.51
	临时工作	108	6.01
	无业、失业或下岗	61	3.39
	离退休	224	12.47
	学生	137	7.62

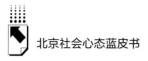

续表

人口学变量		人数	百分比
家庭所在地	东城区	83	4.62
	西城区	97	5.40
	朝阳区	168	9.34
	海淀区	166	9.24
	丰台区	167	9.29
	石景山区	76	4.23
	房山区	79	4.41
	通州区	167	9.29
	顺义区	77	4.28
	昌平区	166	9.24
	大兴区	172	9.57
	门头沟区	73	4.06
	怀柔区	74	4.12
	平谷区	74	4.12
	密云区	85	4.73
	延庆区	73	4.06
主观社会阶层	最上层	4	0.23
	中上层	137	7.62
	中层	905	50.36
	中下层	662	36.84
	最下层	89	4.95
月收入	无收入	76	4.23
	2000 元及以下	157	8.74
	2001～8847 元	875	48.69
	8848～15000 元	476	26.49
	15001～20000 元	140	7.79
	20001～40000 元	55	3.06
	40001 元及以上	18	1.00
职业	农民	12	0.68
	教师	107	5.95
	军人	4	0.22
	机关干部或公务员	113	6.29
	服务业工作人员	139	7.74
	外企职员	75	4.17
	私企职员	454	25.26
	国企员工	334	18.59
	自由职业者	76	4.23
	医务工作者	59	3.28
	学生	424	23.59

人口学变量		人数	百分比
受教育程度	小学及以下	10	0.56
	初中	113	6.29
	中专或职高	223	12.41
	高中	227	12.63
	大专	329	18.31
	本科	777	43.24
	硕士	101	5.62
	博士	17	0.94

（二）调查内容

1. 基本人口统计学信息

包括性别、年龄、婚姻状况、工作状态、受教育程度、月收入、职业、主观社会阶层等。

2. 主观幸福感

本调查中主观幸福感得分由标准化后的生活满意度得分加上标准化后的积极情绪得分减去标准化后的消极情绪得分计算得到[①]。其中，采用生活满意度量表测量居民的生活满意度[②③]。该量表共包括5个项目，采用5点计分，从"极其不同意"到"极其同意"分别计1~5分。得分越高，个体的生活满意度水平越高。采用积极情绪和消极情绪量表测量居民的积极情绪和

---

① Weinstein, N., & Ryan, R. M. (2010). "When Helping Helps: Autonomous Motivation for Prosocial Behavior and Its Influence on Well-being for the Helper and Recipient", *Journal of Personality and Social Psychology*, 98 (2), 222–244.

② 蔡华俭、林永佳、伍秋萍、严乐、黄玄凤:《网络测验和纸笔测验的测量不变性研究——以生活满意度量表为例》,《心理学报》2008年第2期，第228~239页。

③ 申琳琳、张镇:《隔代教养意愿与祖辈主观幸福感的关系：家庭亲密度与生命意义感的链式中介作用》,《中国临床心理学杂志》2020年第4期，第834~839页。

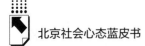

消极情绪[1][2]。该量表由 18 个积极情绪和消极情绪词语构成,采用 5 点计分,从"非常轻微或根本没有"到"非常强烈"分别计 1～5 分。得分越高,表明个体的积极或消极情绪水平越高。

3. 一般自我效能感

本调查采用 Schwarzer[3] 编制、王才康[4]修订的一般自我效能感量表测量居民的一般自我效能感。该量表共包括 10 个项目,采用 5 点计分,从"完全不符合"到"完全符合"分别计 1～5 分,得分越高,表明个体的一般自我效能感水平越高。

4. 自尊

本调查采用 Rosenberg[5] 编制,王孟成等人[6]修订的自尊量表测量居民的自尊。该量表共包括 10 个项目,采用 4 点计分,从"很不符合"到"非常符合"分别计 1～4 分。得分越高,表明个体的自尊水平越高。

二 结果分析

(一)北京市居民主观幸福感总体状况

本调查结果显示,北京市居民的主观幸福感均分为 4.94 分。生活满意度均分为 3.31 分,积极情绪均分为 3.24 分,消极情绪均分为 1.61 分。其

① Watson, D. , Clark, L. A. , & Tellegen, A. (1988). "Development and Validation of Brief Measures of Positive and Negative Affect: The PANAS Scales", *Journal of Personality and Social Psychology*, 54 (6), 1063 – 1070.

② 邱林、郑雪、王雁飞:《积极情感消极情感量表(PANAS)的修订》,《应用心理学》2008 年第 3 期,第 249～254 页。

③ Schwarzer, R. , & Born, A. (1997). "Optimistic Self-beliefs: Assessment of General Perceived Self-efficacy in Thirteen Cultures", *Word Psychology*, 3 (1 – 2), 177 – 190.

④ 王才康、胡中锋、刘勇:《一般自我效能感量表的信度和效度研究》,《应用心理学》2001 年第 1 期,第 37～40 页。

⑤ Rosenberg, M. (1965). "*Society and the Adolescent Self-image*", Princeton, Princeton University Press.

⑥ 王孟成、蔡炳光、吴艳、戴晓阳:《项目表述方法对中文 Rosenberg 自尊量表因子结构的影响》,《心理学探新》2010 年第 3 期,第 63～68 页。

中，生活满意度和积极情绪得分均高于量表中值3分，消极情绪得分低于中值3分。这表明，在本调查中，北京市居民的生活满意度和积极情绪水平较高，消极情绪水平较低。从整体上讲，北京市居民的主观幸福感水平较高（见表2）。本年度调查结果与《北京社会心态分析报告（2019～2020）》得到的北京市居民主观幸福感总体水平较为一致。这表明，北京市居民的主观幸福感处于相对稳定的水平。

表2 北京市居民主观幸福感得分

单位：分

主观感受	平均分	标准差
主观幸福感	4.94	1.89
生活满意度	3.31	0.83
积极情绪	3.24	0.92
消极情绪	1.61	0.71

（二）不同群体的主观幸福感现状

本调查对北京市居民主观幸福感在性别、年龄段、婚姻状况、工作状态、职业、受教育程度、月收入以及主观社会阶层等人口统计学因素上的差异进行分析后发现，不同年龄段、婚姻状况、工作状态、职业、月收入以及主观社会阶层北京市居民的主观幸福感存在显著差异，不同性别和受教育程度北京市居民的主观幸福感无显著差异。具体如下。

1. 不同性别北京市居民的主观幸福感：男性和女性居民的主观幸福感无差别

采用独立样本 t 检验考察北京市居民主观幸福感的性别差异后发现，男性（M=4.90）和女性（M=4.98）居民的主观幸福感无显著差异（$t = -0.92$，$p > 0.05$）（见图1）。

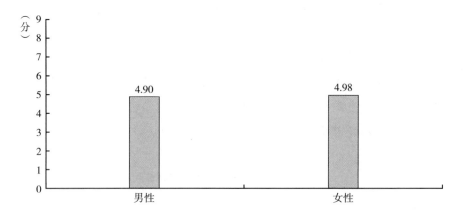

图1　2020年不同性别居民的主观幸福感得分

2. 不同年龄段北京市居民的主观幸福感：60岁及以上居民的主观幸福感明显高于其他年龄段居民的主观幸福感

本调查把年龄分为五段：18~29岁、30~39岁、40~49岁、50~59岁、60岁及以上。采用单因素方差分析检验北京市居民主观幸福感的年龄段差异后发现，不同年龄段居民的主观幸福感存在显著差异 $[F(4, 1792) = 4.35, p < 0.01]$。进一步分析发现，60岁以上居民的主观幸福感水平显著高于其他年龄段居民（见图2）。

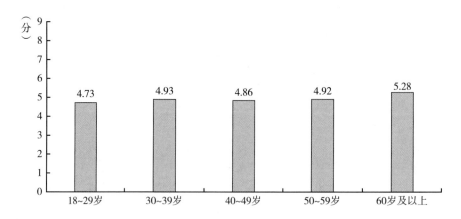

图2　2020年不同年龄段居民的主观幸福感得分

3. 不同婚姻状况北京市居民的主观幸福感：已婚和同居居民的主观幸福感明显高于未婚、离异和丧偶居民的主观幸福感

本调查把婚姻状况分为五类：未婚、已婚、同居、离婚和丧偶。考虑到本调查中同居、离婚和丧偶者较少，因此我们将同居和已婚合并，离婚和丧偶合并。采用单因素方差分析检验北京市居民主观幸福感的婚姻状况差异后发现，不同婚姻状况居民的主观幸福感存在显著差异 [F (2，1794) = 28.93，$p < 0.001$]。进一步分析发现，已婚和同居居民的主观幸福感水平显著高于未婚、离异和丧偶居民。这一结果表明，伴侣和亲密关系是提升北京市居民主观幸福感的一剂良药（见图3）。

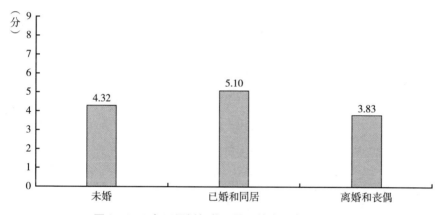

图3　2020年不同婚姻状况居民的主观幸福感得分

4. 不同工作状态北京市居民的主观幸福感：正式工作和离退休居民的主观幸福感明显高于学生、临时工作及无业、失业或下岗居民的主观幸福感

本调查把工作状态分为六类：正式工作、临时工作、无业下岗或失业、离退休和学生。采用单因素方差分析检验北京市居民主观幸福感的工作状态差异后发现，不同工作状态居民的主观幸福感存在显著差异 [F (4，1792) = 16.16，$p < 0.001$]。进一步分析发现，有正式工作居民、离退休居民的主观幸福感均显著高于学生、有临时工作及无业、失业或下岗居民。这一结果表明，稳定的工作是北京市居民获得高水平主观幸福感的重要保障（见图4）。

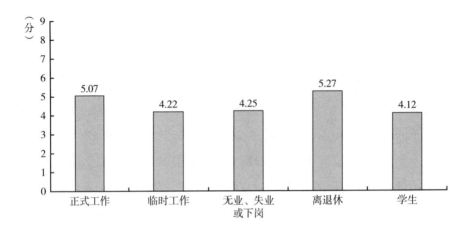

图4　2020年不同工作状态居民的主观幸福感得分

5. 不同职业北京市居民的主观幸福感：中、高层专业技术居民的主观幸福感明显高于一般专业技术、临时工、失业、待业人员和非技术居民的主观幸福感

本调查把职业分为十一类：农民、教师、军人、机关干部或公务员、服务业工作人员、医务工作者、外企职员、私企职员、国企员工、自由职业者以及其他。根据职业的专业技术程度，我们将其归为四类：临时工、失业、待业人员、非技术及农业劳动者阶层；一般管理人员与一般专业技术人员、事务性工作人员；中层管理人员与中层专业技术人员、助理专业人员；职业高级管理人员与高级专业技术人员、专业主管人员。采用单因素方差分析检验北京市居民主观幸福感的职业差异后发现，不同职业居民的主观幸福感存在显著差异[F（3，1369）=8.05，$p < 0.001$]。进一步分析发现，中层管理人员与中层专业技术人员、助理专业人员（如教师、医生等），职业高级管理人员与高级专业技术人员、专业主管人员（如公务员、公司经理等）的主观幸福感水平显著高于临时工、失业、待业人员、非技术及农业劳动者阶层，一般管理人员与一般专业技术人员、事务性工作人员（见图5）。

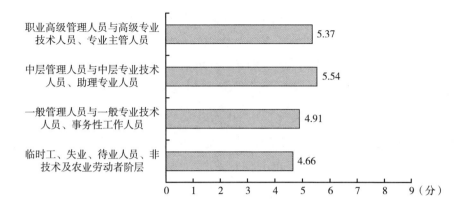

图5　2020年不同职业居民的主观幸福感得分

6. 不同受教育程度北京市居民的主观幸福感：本科学历居民的主观幸福感明显高于研究生学历居民的主观幸福感

本调查把受教育程度分为六类：初中及以下、中专或职高、高中、大专、本科以及研究生。采用单因素方差分析检验北京市居民主观幸福感的受教育程度差异后发现，不同受教育程度居民的主观幸福感存在显著差异 $[F(5, 1791) = 2.36, p < 0.05]$。进一步分析发现，受教育程度为本科居民的主观幸福感显著高于受教育程度为研究生居民的主观幸福感（见图6）。

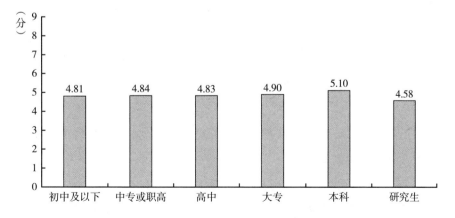

图6　2020年不同受教育程度居民的主观幸福感得分

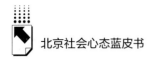

7. 不同月收入北京市居民的主观幸福感：月收入在8848元以下居民的主观幸福感明显低于8848元及以上居民的主观幸福感

本调查把月收入分为七类：无收入、2000元及以下、2001～8847元、8848～15000元、15001～20000元、20001～40000元以及40001元及以上。考虑到本调查中无收入、20001～40000元以及40001元及以上收入者较少，因此我们将无收入与2000元及以下收入合并为2000元及以下收入，将20001～40000元与40001元及以上收入合并为20001元及以上收入。采用单因素方差分析检验北京市居民主观幸福感的月收入差异后发现，不同月收入居民的主观幸福感存在显著差异 $[F(4, 1792) = 9.60, p < 0.001]$。进一步分析发现，2000元及以下和2001～8847元月收入居民的主观幸福感显著低于8848～15000元、15001～20000元、20001元及以上居民的主观幸福感，而后三者之间无显著差异。由此结果可知，北京市居民的主观幸福感并未随着月收入的增长而明显提高（见图7）。

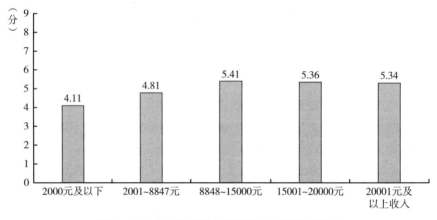

图7　2020年不同月收入居民的主观幸福感得分

8. 不同主观社会阶层北京市居民的主观幸福感：主观社会阶层越高，居民的主观幸福感也越高

本调查把主观社会阶层分为五类：最上层、中上层、中层、中下层和最下层。考虑到本调查中最上层和最下层人数较少，因此我们将最上层与中上层合并为上层，最下层与中下层合并为下层。采用单因素方差分析检验北京

市居民主观幸福感的主观社会阶层差异后发现，不同主观社会阶层居民的主观幸福感存在显著差异 $[F(2, 1794) = 181.64, p < 0.001]$。进一步分析发现，不同主观社会阶层居民的主观幸福感水平由高到低依次为：上层、中层以及下层。这一结果表明，主观社会阶层是影响北京市居民主观幸福感的因素，即主观社会阶层越高，北京市居民的主观幸福感也越高（见图8）。

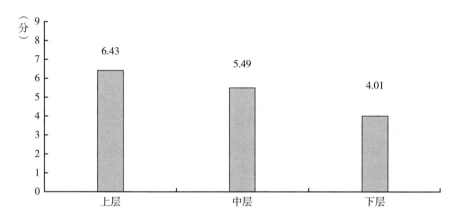

图8　2020年不同主观社会阶层居民的主观幸福感

（三）自尊、一般自我效能感与北京市居民主观幸福感的相关关系

采用皮尔逊相关对北京市居民的主观幸福感、一般自我效能感和自尊的相关关系分析后发现，主观幸福感与一般自我效能感存在显著正相关关系，与自尊无显著相关关系（见表3）。

表3　自尊、一般自我效能感与主观幸福感的相关分析结果

	主观幸福感	一般自我效能感	自尊
主观幸福感	1		
一般自我效能感	0.20 ***	1	
自　尊	-0.01	0.06 *	1

注：* $p < 0.05$，*** $p < 0.001$，下同。

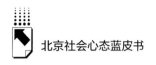

（四）人口统计学因素对一般自我效能感与北京市居民主观幸福感关系的影响

1. 一般自我效能感与北京市居民主观幸福感关系：性别的作用分析

采用回归分析检验一般自我效能感与主观幸福感的关系是否受性别的影响后发现（见表4），一般自我效能感与男性和女性居民的主观幸福感均存在显著正向关系（$\beta > 0.16$，$ps < 0.001$）。因此，不论男性还是女性居民，其一般自我效能感水平越高，主观幸福感水平也越高。

表4 不同性别北京市居民主观幸福感对一般自我效能感的回归分析

项目	主观幸福感			
	男性		女性	
	β	t	β	t
一般自我效能感	0.23***	6.98	0.17***	5.19

2. 一般自我效能感与北京市居民主观幸福感关系：年龄段的作用分析

采用回归分析检验不同年龄段居民的一般自我效能感与主观幸福感的关系是否存在差异后发现（见表5），不同年龄段居民的一般自我效能感与主观幸福感均存在显著正向关系（$\beta > 0.13$，$t > 2.66$，$ps < 0.001$）。因此，不论北京居民处在何种年龄阶段，其一般自我效能感水平越高，则主观幸福感水平也越高。

表5 不同年龄段北京市居民主观幸福感对一般自我效能感的回归分析

项目	主观幸福感									
	18~29岁		30~39岁		40~49岁		49~59岁		60岁及以上	
	β	t	β	t	β	t	β	t	β	t
一般自我效能感	0.21***	3.97	0.26***	4.84	0.14**	2.67	0.20***	3.97	0.20***	3.86

3. 一般自我效能感与北京市居民主观幸福感关系：工作状态的作用分析

采用回归分析检验不同工作状态居民的一般自我效能感与主观幸福感的

关系是否存在差异后发现（见表6），正式工作、离退休居民以及学生的一般自我效能感与主观幸福感均存在显著正向关系（$\beta > 0.17$，$t > 2.48$，$ps < 0.05$），即正式工作、离退休居民以及学生的一般自我效能感水平越高，其主观幸福感水平也越高。然而，临时工作和无业、失业或下岗居民的一般自我效能感与主观幸福感无显著关系（$\beta > 0.08$，$t > 0.70$，$ps > 0.05$）。

表6　不同工作状态北京市居民主观幸福感对一般自我效能感的回归分析

项目	主观幸福感					
	正式工作		离退休		学生	
	β	t	β	t	β	t
一般自我效能感	0.21***	7.48	0.18**	2.72	0.21*	2.49

4. 一般自我效能感与北京市居民主观幸福感关系：职业的作用分析

采用回归分析检验不同职业居民的一般自我效能感与主观幸福感的关系是否存在差异后发现（见表7），一般管理人员与一般专业技术人员、事务性工作人员，中层管理人员与中层专业技术人员、助理专业人员，职业高级管理人员与高级专业技术人员、专业主管人员的一般自我效能感与主观幸福感存在显著正向关系（$\beta > 0.15$，$t > 2.45$，$ps < 0.05$），即一般管理人员与一般专业技术人员、事务性工作人员，中层管理人员与中层专业技术人员、助理专业人员，职业高级管理人员与高级专业技术人员、专业主管人员的一般自我效能感水平越高，其主观幸福感水平也越高。然而，临时工、失业、待业人员、非技术及农业劳动者阶层的一般自我效能感与主观幸福感无显著关系（$\beta = 0.11$，$t = 1.09$，$ps > 0.05$）。

表7　不同职业北京市居民主观幸福感对一般自我效能感的回归分析

项目	主观幸福感					
	1		2		3	
	β	t	β	t	β	t
一般自我效能感	0.22***	6.96	0.16*	2.04	0.23*	2.46

注：1 = 一般管理人员与一般专业技术人员、事务性工作人员；2 = 中层管理人员与中层专业技术人员、助理专业人员；3 = 职业高级管理人员与高级专业技术人员、专业主管人员。

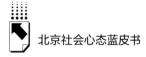
5. 一般自我效能感与北京市居民主观幸福感关系：受教育程度的作用分析

采用回归分析检验不同受教育程度居民的一般自我效能感与主观幸福感的关系是否存在差异后发现（见表8），受教育程度为中专或职高、高中、大专以及本科居民的一般自我效能感与主观幸福感均存在显著正相关（$\beta > 0.16$，$t > 2.57$，$ps < 0.05$），即受教育程度为中专或职高、高中、大专以及本科居民的一般自我效能感水平越高，其主观幸福感水平也越高。然而，受教育程度为初中及以下以及研究生居民的一般自我效能感与主观幸福感无显著关系（$\beta > 0.08$，$t > 1.02$，$ps > 0.05$）。

表8 不同受教育程度北京市居民主观幸福感对一般自我效能感的回归分析

项目	主观幸福感							
	中专或职高		高中		大专		本科	
	β	t	β	t	β	t	β	t
一般自我效能感	0.17*	2.58	0.22**	3.43	0.20***	3.75	0.23***	6.62

6. 一般自我效能感与北京市居民主观幸福感关系：月收入的作用分析

采用回归分析检验不同月收入居民的一般自我效能感与主观幸福感的关系是否存在差异后发现（见表9），月收入为2001～8847元、8848～15000元、15001～20000元居民的一般自我效能感与主观幸福感均存在显著正向关系（$\beta > 0.16$，$t > 3.20$，$ps < 0.01$），即月收入为2001～8847元、8848～15000元、15001～20000元居民的一般自我效能感水平越高，则主观幸福感水平也越高。然而，月收入为2000元及以下、20001元及以上居民的一般自我效能感与主观幸福感无显著关系（$\beta > 0.06$，$t > 0.95$，$ps > 0.05$）。

表9 不同月收入北京市居民主观幸福感对一般自我效能感的回归分析

项目	主观幸福感					
	2001～8847元		8848～15000元		15001～20000元	
	β	t	β	t	β	t
一般自我效能感	0.24***	7.28	0.17***	3.75	0.27**	3.30

7. 一般自我效能感与北京市居民主观幸福感关系：主观社会阶层的作用分析

采用回归分析检验不同主观社会阶层居民的一般自我效能感与居民主观幸福感的关系是否存在差异后发现（见表10），主观社会阶层处于上层、中层和下层居民的一般自我效能感与主观幸福感均存在显著正向关系（$\beta > 0.16$，$t > 3.20$，$ps < 0.01$）。因此，无论何种主观社会阶层的居民，其一般自我效能感水平越高，则主观幸福感水平越高。

表10 不同主观社会阶层北京市居民主观幸福感对一般自我效能感的回归分析

项目	主观幸福感					
	上层		中层		下层	
	β	t	β	t	β	t
一般自我效能感	0.19 ***	5.25	0.17 ***	5.14	0.26 **	3.21

三 政策建议

（一）重视就业是提高北京市居民主观幸福感的重要途径

工作状态是影响北京市居民主观幸福感的重要因素之一。有正式工作和离退休居民的主观幸福感水平明显高于临时工作及无业、失业或下岗居民。这一结果提示我们，保证就业是提高北京市居民主观幸福感的重要途径。就业是民生之本，政府和相关部门应该重点关注北京居民就业，拓展多条就业渠道。例如，依托社区为无业、下岗或失业居民开展职业技能培训，创造再就业机会；组织用人单位进社区，开展社区双选会等活动；在试用期提供积极有效的帮扶工作，缩短再就业适应时间等。

（二）提高收入是提高北京市居民主观幸福感的重要保障

北京市居民的主观幸福感与月收入有关，月收入在2020年全市平均

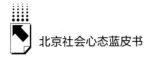

月收入（8847元）以下居民的主观幸福感水平低于月收入在平均月收入以上居民的主观幸福感。这就提示我们，应关注民生问题，提高北京市居民收入、解决贫富差距是改善北京市居民主观幸福感的基础工作。因此，政府应该大力保障居民的收入水平，解决贫富差距问题，让居民共享经济发展成果。

（三）重点关注中低主观社会阶层居民的主观幸福感

本调查显示，主观社会阶层是影响北京市居民主观幸福感的重要因素之一。上层居民的主观幸福感水平最高，下层居民的主观幸福感水平最低。这一结果提示我们，应该重点关注中低社会阶层居民，着力改善他们的主观幸福感水平。目前，我国的贫富差距较大，中低社会阶层居民的物质和心理需求满足状况不容乐观，这无疑会威胁他们的自身利益，进而影响其幸福感。因此，政府应该加大资源投入，切实为中低社会阶层居民提供必要的社会支持，不断满足他们的基本需求，切实保障他们的权益。

B.4
北京市居民获得感现状调查

杨智辉 李正仁 梁 柯*

摘　要：　本调查以1615名18～70岁北京市常住居民为研究对象，考察了北京市居民获得感与11个子维度现状，并探讨了性别、年龄段、工作状态、职业类型、户籍所在地以及所在市辖区等群体差异。主要结论如下：北京市居民获得感处在较高水平，居民在老年人、残疾人服务、志愿服务、教育服务、安全服务等方面获得感相对较高，在就业服务、计划生育服务、环境服务等方面获得感相对较低。北京市居民获得感存在性别、工作状态、户籍所在地差异，男性居民获得感显著高于女性居民，有正式工作居民与离退休居民的获得感显著高于有临时工作，无业、失业或下岗居民及学生，北京户口居民获得感显著高于非北京户口居民。北京市居民对社会服务的知晓率有待提高，居民对计划生育服务、社会保障服务、就业服务、老年人和残疾人服务知晓率相对较高，对便利服务、安全服务、环境服务和文化体育服务知晓率相对较低。

关键词：　获得感　社会服务　北京市居民

---

* 杨智辉，博士，北京林业大学人文社会科学学院教授，博士生导师，主要研究方向为心理咨询与治疗、生态环境与个体发展；李正仁，北京林业大学人文社会科学学院在读硕士；梁柯，北京林业大学人文社会科学学院在读硕士。

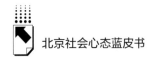
一　引言

2015年2月27日，习近平总书记在中央全面深化改革领导小组第十次会议上明确提出"让群众有更多的获得感"。这是"获得感"的概念第一次在正式会议上被提出。在党的十九大报告上，"获得感"被进一步指出，"要满足人民日益增长的美好生活需要，不断促进社会公平正义……保证全体人民在共建共享中有更多的获得感"。"获得感"的提出蕴含着以习近平同志为核心的党中央鲜明的治国特色和治国风格，彰显了新时代中国共产党人的世界观与方法论，明确了21世纪衡量改革发展以及民生改善的价值目标与检验标准，既满足时代之需，又体现职责所在，是建党90多年来中国共产党对全心全意为人民服务根本宗旨的发展创新。

获得感的具体概念受到了广泛的讨论，有学者将获得感与幸福感、包容性增长等概念进行比较，分析获得感的实在性[1]，也有学者认为获得感是一种主观感受，是一项主观指标，体现为"拿在手里，喜在心里"，是指实际社会生活中的人们享受改革发展成果的多寡和对于这种成果享受的主观感受与满意程度[2]。从国家角度来看，获得感受到国家社会保障制度体系、税收制度以及社会公共资源配置的影响。从个人角度来看，获得感分为物质和精神两个层面——在物质层面上，获得感与教育、收入、医疗等方面息息相关；在精神层面上，人民获得感源自公平正义、尊严、梦想等多个方面。同时，"获得感"具有群体性、包容性等特征[3]。

研究发现，年龄、户口性质、健康状况、受教育水平阶层、政治面貌、子女数量对获得感有显著影响。同时，王恬等人的研究发现收入较高的家庭

① 肖述剑：《人民获得感：新时代中国共产党执政的创新践行》，《理论学刊》2019年第1期，第40~47页。
② 丁元竹：《第二章　完善治理体系，服务群众零距离：让居民拥有获得感必须打通最后一公里——新时期社区治理创新的实践路径》，《国家治理》2016年第2期，第17~23页。
③ 曹现强、李烁：《获得感的时代内涵与国外经验借鉴》，《人民论坛·学术前沿》2017年第2期，第18~28页。

拥有更高的获得感[①];在谭旭运等人的研究中发现,学历水平是研究生及以上青年人的获得感得分显著高于其他学历水平者[②]。由此可见,获得感在不同群体、不同地区存在差异,可以用来衡量经济社会的均衡发展。

本次调查以北京市居民为主要调查对象,考察北京市居民获得感的基本特点,以及不同群体在获得感上的差异,旨在为政府和民众描述获得感的基本现状,探讨获得感与不同因素之间的关系,为提高北京市居民获得感提供有效数据和研究支持。

二 研究方法

(一)研究对象

本调查通过网络平台 Credamo 和"问卷星"以及面对面填答等方式向北京市 18~70 岁常住居民发放问卷,共发放问卷 1800 份,收回有效问卷 1615 份,有效回收率为 89.72%。调查样本的人口学基本信息见表 1。

表 1 调查样本的人口学分布

单位:人,%

人口学变量		人数	百分比
性别	男	806	49.91
	女	809	50.09
年龄	18~29 岁	313	19.38
	30~39 岁	300	18.58
	40~49 岁	311	19.26
	50~59 岁	356	22.04
	60 岁及以上	335	20.74

---

① 王恬、谭远发、付晓珊:《我国居民获得感的测量及其影响因素》,《财经科学》2018 年第 9 期,第 120~132 页。

② 谭旭运、张若玉、董洪杰、王俊秀:《青年人获得感现状及其影响因素》,《中国青年研究》2018 年第 10 期,第 49~57 页。

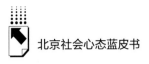

续表

人口学变量		人数	百分比
民族	汉族	1559	96.53
	少数民族	56	3.47
职业	第一类	79	4.89
	第二类	126	7.80
	第三类	785	48.61
	第四类	238	14.74
	缺失	387	23.96
户籍所在地	北京城市	824	51.02
	北京农村	198	12.26
	外地城市	443	27.43
	外地农村	150	9.29
主观社会地位	最上层	4	0.25
	中上层	114	7.06
	中层	817	50.58
	中下层	602	37.28
	最下层	78	4.83
所在市辖区	东城区	77	4.77
	西城区	84	5.20
	朝阳区	153	9.47
	丰台区	149	9.23
	石景山区	72	4.46
	海淀区	147	9.10
	顺义区	77	4.77
	通州区	144	8.92
	大兴区	154	9.53
	房山区	67	4.15
	门头沟区	64	3.96
	昌平区	149	9.23
	平谷区	74	4.58
	密云区	71	4.40
	怀柔区	69	4.27
	延庆区	64	3.96

人口学变量		人数	百分比
工作状态	正式工作	1136	70.34
	临时工作	96	5.94
	无业、失业或下岗	53	3.28
	离退休	207	12.82
	学生	123	7.62

注：职业分类：第一类包括临时工、自由职业者及农业劳动者，第二类包括体力劳动和个体经营人员、技术工人，第三类包括一般管理人员与一般专业技术人员，第四类包括中高层管理人员与中高层专业技术人员。

（二）研究工具

本次调查收集的人口学信息包括：性别、年龄、民族、职业、户籍所在地、主观社会经济地位、所在市辖区、工作状态等。

本调查采用的《北京市居民获得感调查问卷》改编自王琳云编制的《社区获得感调查问卷》①。本调查所用问卷共 23 个项目。通过第一个项目"在社会为市民提供的服务中，您听说过哪些？"测量北京市居民对就业服务，社会保障服务，保障性住房，计划生育服务，老年人、残疾人服务，教育服务，文化体育服务，安全服务，环境服务，志愿服务以及便利服务等社会服务知晓率。然后，通过 22 个项目测量北京市居民对上述 11 种社会服务的获得率和满意度（即获得感）。

（三）统计学处理

本研究使用 SPSS 24.0 软件进行数据管理与分析。

---

① 王琳云：《社区服务的居民获得感研究》，西北大学硕士学位论文，2018。

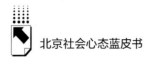

三　研究结果

（一）北京市居民社会服务知晓率分析

本调查通过《北京市居民获得感调查问卷》中的第一个项目"在社会为市民提供的服务中，您听说过哪些？"测量北京市居民社会服务知晓率。该项目包括"就业服务"、"社会保障服务"、"保障性住房"、"计划生育服务"、"老年人、残疾人服务"、"教育服务"、"文化体育服务"、"安全服务"、"环境服务"、"志愿服务"、"便利服务"以及"不了解有哪些社会服务"共12个选项。

北京市居民的社会服务知晓率现状见图1。74.14%的居民报告知晓"计划生育服务"，73.80%的居民报告知晓"社会保障服务"，68.23%的居民报告知晓"就业服务"，65.97%的居民报告知晓"老年人、残疾人服务"，60.96%的居民报告知晓"保障性住房"，58.08%的居民报告知晓"志愿服务"，57.92%的居民报告知晓"教育服务"，42.08%的居民报告知晓"文化体育服务"，41.13%的居民报告知晓"环境服务"，38.54%的居民报告知晓"安全服务"，37.58%的居民报告知晓"便利服务"。

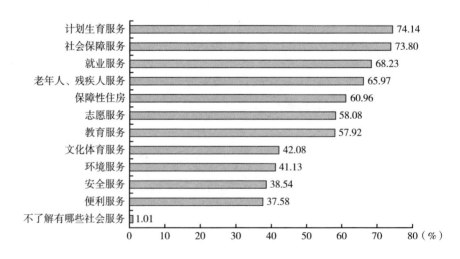

图1　北京市居民对社会服务的知晓率现状

（二）北京市居民获得感子维度分析

1. 北京市居民就业服务获得感分析

本调查通过项目"您接受过以下哪些就业服务？"测量北京市居民就业服务获得感，包括"劳动就业咨询""职业介绍服务""企业招聘信息公布""职业培训、职业指导及就业岗位开发""自主创业就业服务""困难家庭、'零就业家庭'就业扶助""未接受过任何就业服务"7个选项。

北京市居民对就业服务获得感分析如图2所示。56.47%的居民报告接受过就业服务中的"企业招聘信息公布"服务，51.52%的居民接受过"职业培训、职业指导及就业岗位开发"服务，45.45%的居民报告接受过"劳动就业咨询"，39.32%的居民报告接受过"职业介绍服务"，26.75%的居民报告接受过"自主创业就业服务"，19.50%的居民报告接受过"困难家庭、'零就业家庭'就业扶助"，12.20%的居民报告"未接受过任何就业服务"。

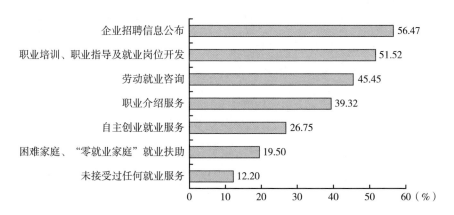

图2　北京市居民对就业服务的获得感

北京市居民对就业服务的满意度如图3所示。在接受过就业服务的居民中，38.41%的居民报告对就业服务"非常满意"，44.73%的居民报告"满意"，15.80%的居民报告对就业服务满意度"一般"，0.78%的居民报告"不满意"，0.28%的居民报告"非常不满意"。

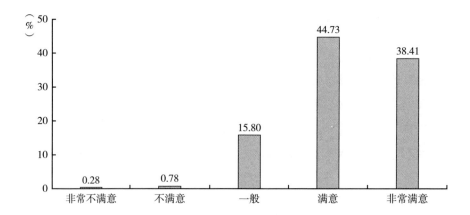

图3　北京市居民对就业服务的满意度

2. 北京市居民社会保障服务获得感分析

本调查通过项目"您接受过以下哪些社会保障服务？"测量北京市居民社会保障服务获得感，包括"城镇居民基本养老保险服务""城镇居民基本医疗保险服务""慢性病报销申报服务""最低生活保障服务""军转人员优抚服务""未接受过任何社会保障服务"6个选项。

北京市居民对社会保障服务获得感分析如图4所示。77.34%的居民报告接受过"城镇居民基本医疗保险服务"，56.84%的居民报告接受过"城镇居民基本养老保险服务"，21.05%的居民报告接受过"慢性病报销申报服务"，16.35%的居民报告接受过"最低生活保障服务"，5.08%的居民报告接受过"军转人员优抚服务"，8.79%的居民报告"未接受过任何社会保障服务"。

北京市居民对社会保障服务的满意度如图5所示，在接受过社会保障服务的居民中，41.50%的居民报告对社会保障服务"非常满意"，46.39%的居民报告"满意"，11.02%的居民报告对社会保障服务满意度"一般"，0.82%的居民报告"不满意"，0.27%的居民报告"非常不满意"。

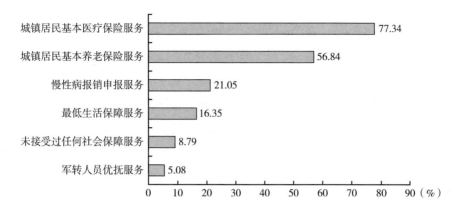

图4　北京市居民对社会保障服务的获得感

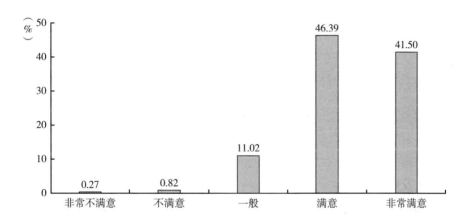

图5　北京市居民对社会保障服务的满意度

3. 北京市居民保障性住房服务获得感分析

本调查通过项目"您接受过以下哪些保障性住房服务?"测量北京市居民保障性住房服务获得感,包括"公租房租赁补贴申请服务""公租房住房申请服务""限价房申购服务""经济适用房申购服务""未接受过任何保障性住房服务"5个选项。

北京市居民对保障性住房服务获得感分析如图6所示。30.77%的居民报告接受过保障性住房服务中的"经济适用房申购服务",25.20%的居民报告接受过"公租房住房申请服务"，24.64%的居民报告接受过"公租房租赁补贴申请服务"，18.08%的居民报告接受过"限价房申购服务"，45.76%的居民报告"未接受过任何保障性住房服务"。

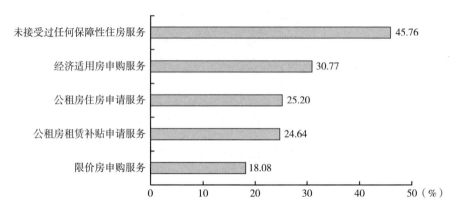

图6　北京市居民对保障性住房服务的获得感

北京市居民对保障性住房服务的满意度如图7所示。在接受过保障性住房服务的居民中，42.33%的居民报告对保障性住房服务"非常满意"，44.51%的居民报告"满意"，12.36%的居民报告对保障性住房服务满意度"一般"，0.80%的居民报告"不满意"，无居民报告"非常不满意"。

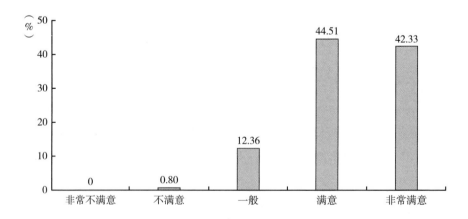

图7　北京市居民对保障性住房服务的满意度

4. 北京市居民计划生育服务获得感分析

本调查通过项目"您接受过以下哪些计划生育服务？"测量北京市居民计划生育服务获得感，包括"一胎、二胎生育指标办理""孕前检查登记""优生优育培训及母亲健康工程""独生子女保健费申领""未接受过任何计划生育服务"5个选项。

北京市居民对计划生育服务获得感分析如图8所示。54.12%的居民报告接受过计划生育服务中的"一胎、二胎生育指标办理"服务，43.10%的居民报告接受过"孕前检查登记"服务，38.20%的居民报告接受过"独生子女保健费申领"服务，32.07%的居民报告接受过"优生优育培训及母亲健康工程"服务，17.09%的居民报告"未接受过任何计划生育服务"。

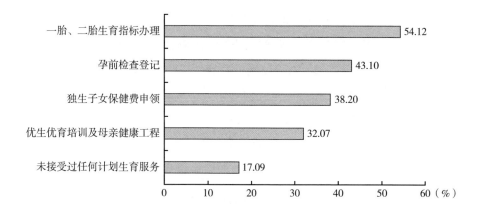

图8 北京市居民对计划生育服务的获得感

北京市居民对计划生育服务的满意度如图9所示。在接受过计划生育服务的居民中，41.25%的居民报告对计划生育服务"非常满意"，44.06%的居民报告"满意"，12.29%的居民报告对计划生育服务满意度"一般"，1.49%的居民报告"不满意"，0.91%的居民报告"非常不满意"。

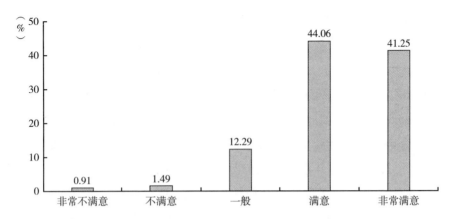

图9　北京市居民对计划生育服务的满意度

5. 北京市居民老年人、残疾人服务获得感分析

本调查通过项目"您接受过以下哪些老年人、残疾人服务？"测量北京市居民老年人、残疾人服务获得感，包括"70岁以上老人高龄补贴申领及年审""老年人意外伤害险单办理及发放""残疾证、爱心公交卡办理""残疾人两项补贴申领""无障碍设施进家庭""残疾人康复训练""残疾人辅助器具申领、发放""未接受过任何老年人、残疾人服务"8个选项。

北京市居民对老年人、残疾人服务获得感分析如图10所示。19.75%的居民报告接受过"老年人意外伤害险单办理及发放"，19.38%的居民报告接受过"残疾证、爱心公交卡办理"，13.56%的居民报告接受过"70岁以上老人高龄补贴申领及年审"，11.33%的居民报告接受过"残疾人两项补贴申领"，11.52%的居民报告接受过"无障碍设施进家庭"，8.17%的居民报告接受过"残疾人康复训练"，5.26%的居民报告接受过"残疾人辅助器具申领、发放"，61.61%的居民报告"未接受过任何老年人、残疾人服务"。

北京市居民对老年人、残疾人服务的满意度如图11所示。在接受过老年人、残疾人服务的居民中，50.57%的居民报告对老年人、残疾人服务"非常满意"，40.06%的居民报告"满意"，7.92%的居民报告对老年人、残疾人服务满意度"一般"，0.97%的居民报告"不满意"，0.48%的居民报告"非常不满意"。

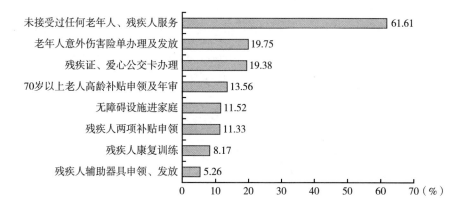

图 10　北京市居民对老年人、残疾人服务的获得感

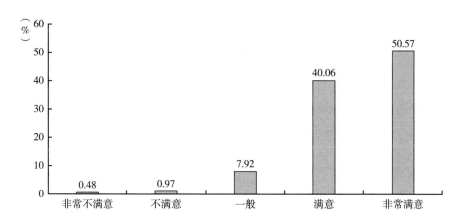

图 11　北京市居民对老年人、残疾人服务的满意度

6. 北京市居民教育服务获得感分析

本调查通过项目"您接受过以下哪些教育服务?"测量北京市居民教育服务获得感,包括"科普教育""安全教育与思想道德教育""法律法规教育""心理咨询及健康教育服务""党员学习教育""兴趣爱好及文化娱乐教育""未接受过任何教育服务"7 个选项。

北京市居民对教育服务获得感分析如图 12 所示。70.15% 的居民报告接受过教育服务中的"安全教育与思想道德教育",57.28% 的居民报告接受

过"法律法规教育"，56.53%的居民报告接受过"科普教育"，55.98%的
居民报告接受过"心理咨询及健康教育服务"，35.36%的居民报告接受过
"兴趣爱好及文化娱乐教育"，34.80%的居民报告接受过"党员学习教育"，
5.08%的居民报告"未接受过任何教育服务"。

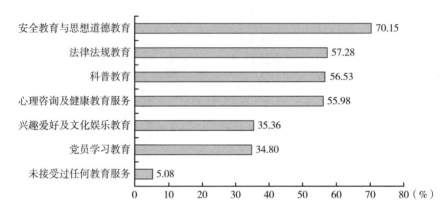

图 12 北京市居民对教育服务的获得感

北京市居民对教育服务的满意度如图 13 所示，在接受过教育服务的居
民中，45.63%的居民报告对教育服务"非常满意"，43.99%的居民报告
"满意"，9.33%的居民报告对教育服务满意度"一般"，0.72%的居民报告
"不满意"，0.33%的居民报告"非常不满意"。

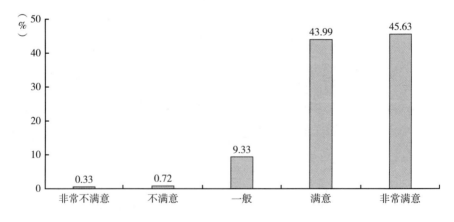

图 13 北京市居民对教育服务的满意度

7. 北京市居民文化体育服务获得感分析

本调查通过项目"您接受过以下哪些文化体育服务?"测量北京市居民文化体育服务获得感,包括"各类宣传社会文明、弘扬优秀文化的演出或活动""群众性文化体育活动、节庆活动""社区图书馆、报刊栏""慈善事业,宣传及推广各类公益文化""未接受过任何文化体育服务"5 个选项。

北京市居民对文化体育服务获得感分析如图 14 所示。68.92%的居民报告接受过文化体育服务中的"各类宣传社会文明、弘扬优秀文化的演出或活动"服务,67.06%的居民报告接受过"群众性文化体育活动、节庆活动"服务,59.26% 的居民报告接受过"社区图书馆、报刊栏"服务,52.14%的居民报告接受过"慈善事业,宣传及推广各类公益文化"服务,5.39%的居民报告"未接受过任何文化体育服务"。

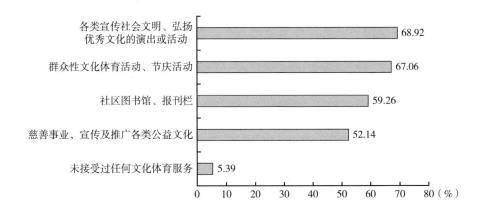

图 14 北京市居民对文化体育服务的获得感

北京市居民对文化体育服务的满意度如图 15 所示。在接受过文化体育服务的居民中,42.32%的居民报告对文化体育服务"非常满意",46.00%的居民报告"满意",10.83%的居民报告对文化体育服务满意度"一般",0.52%的居民报告"不满意",0.33%的居民报告"非常不满意"。

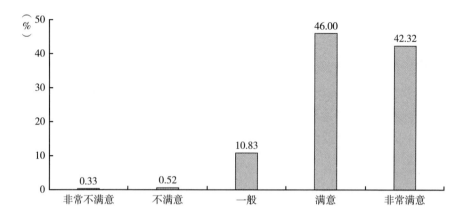

图15　北京市居民对文化体育服务的满意度

8. 北京市居民安全服务获得感分析

本调查通过项目"您接受过以下哪些安全服务？"测量北京市居民安全服务获得感，包括"治安巡逻、防控服务""教育矫正、帮教安置服务""青少年自我保护和不良青少年帮教服务""法律服务""禁毒宣传服务""应急服务""消防安全服务""物技防设施建设服务""警务设施和警力配备服务""未接受过任何安全服务"10个选项。

北京市居民对安全服务获得感的总体分析如图16所示。57.52%的居民报告接受过安全服务中的"消防安全服务"，51.46%的居民报告接受过"治安巡逻、防控服务"，50.71%的居民报告接受过"禁毒宣传服务"，42.60%的居民报告接受过"法律服务"，31.58%的居民报告接受过"青少年自我保护和不良青少年帮教服务"，26.01%的居民报告接受过"应急服务"，24.77%的居民报告接受过"教育矫正、帮教安置服务"，13.68%的居民报告接受过"物技防设施建设服务"，12.63%的居民报告接受过"警务设施和警力配备服务"，7.49%的居民报告"未接受过任何安全服务"。

北京市居民对安全服务的满意度如图17所示。在接受过安全服务的居民中，43.85%的居民报告对安全服务"非常满意"，47.49%的居民报告"满意"，7.79%的居民报告对安全服务满意度"一般"，0.74%的居民报告"不满意"，0.13%的居民报告"非常不满意"。

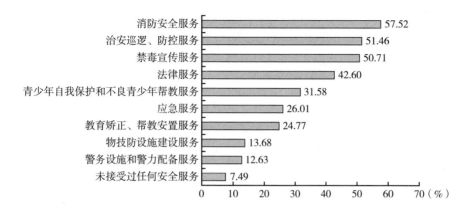

图16 北京市居民对安全服务的获得感

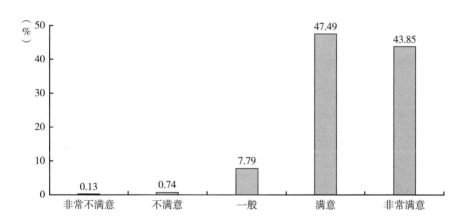

图17 北京市居民对安全服务的满意度

9. 北京市居民环境服务获得感分析

本调查通过项目"您接受过以下哪些环境服务?"测量北京市居民环境服务获得感,包括"市政公共设施建设服务""社区绿化美化服务""垃圾分类、储运及处理""宠物管理和文明驯养指导服务""社区节能环保宣教服务""未接受过任何环境服务"6个选项。

北京市居民对环境服务获得感分析如图18所示。80.50%的居民报告接受过环境服务中的"垃圾分类、储运及处理",65.33%的居民报告接受过

"社区绿化美化服务",45.94%的居民报告接受过"社区节能环保宣教服务",44.83%的居民报告接受过"市政公共设施建设服务",33.99%的居民报告接受过"宠物管理和文明驯养指导服务",4.58%的居民报告"未接受过任何环境服务"。

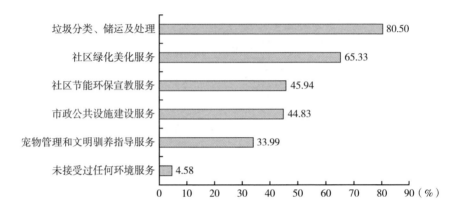

图18 北京市居民对环境服务的获得感

北京市居民对环境服务的满意度如图19所示,在接受过环境服务的居民中,40.55%的居民报告对环境服务"非常满意",47.26%的居民报告"满意",11.28%的居民报告对环境服务满意度"一般",0.78%的居民报告"不满意",0.13%的居民报告"非常不满意"。

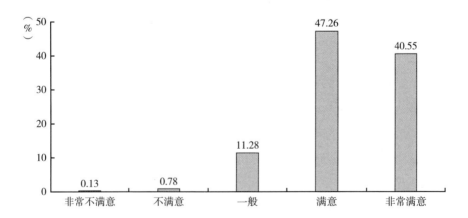

图19 北京市居民对环境服务的满意度

10. 北京市居民志愿服务获得感分析

本调查通过项目"您接受过以下哪些志愿服务?"测量北京市居民志愿服务获得感,包括"邻里互助志愿服务活动""环保志愿服务活动""空巢老人关爱帮扶志愿服务""残疾人关爱帮扶志愿服务""困难群众关爱帮扶志愿服务""未接受过任何志愿服务"6 个选项。

北京市居民对志愿服务获得感分析如图 20 所示。62.91% 的居民报告接受过志愿服务中的"环保志愿服务活动",50.15% 的居民报告接受过"邻里互助志愿服务活动",30.96% 的居民报告接受过"空巢老人关爱帮扶志愿服务",29.54% 的居民报告接受过"困难群众关爱帮扶志愿服务",25.26% 的居民报告接受过"残疾人关爱帮扶志愿服务",16.53% 的居民报告"未接受过任何志愿服务"。

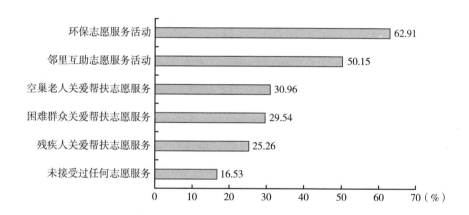

图 20　北京市居民对志愿服务的获得感

北京市居民对志愿服务的满意度如图 21 所示。在接受过志愿服务的居民中,44.99% 的居民报告对志愿服务"非常满意",47.66% 的居民报告"满意",6.76% 的居民报告对志愿服务满意度"一般",0.59% 的居民报告"不满意",无居民报告"非常不满意"。

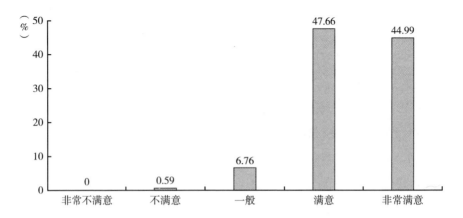

图 21　北京市居民对志愿服务的满意度

11. 北京市居民便利服务获得感分析

本调查通过项目"您接受过以下哪些便利服务?"测量北京市居民便利服务获得感,包括"菜市场""洗衣及缝补等服务""超市""美容美发服务""食堂和餐饮服务""各种修理服务""银行、邮政和通信服务""代收代缴服务""娱乐休闲服务""未接受过任何便利服务"等 10 个选项。

北京市居民对便利服务获得感分析如图 22 所示。72.38% 的居民报告接受过便利服务中的"超市"服务,66.32% 的居民报告接受过便利服务中的"菜市场"服务,54.49% 的居民报告接受过"银行、邮政和通信服务",50.90% 的居民报告接受过"食堂和餐饮服务",47.86% 的居民报告接受过"美容美发服务",38.51% 的居民报告接受过"各种修理服务",35.67% 的居民报告接受过"代收代缴服务",33.50% 的居民报告接受过"洗衣及缝补等服务",32.07% 的居民报告接受过"娱乐休闲服务",3.03% 的居民报告"未接受过任何便利服务"。

北京市居民对便利服务的满意度如图 23 所示。在接受过便利服务的居民中,41.21% 的居民报告对便利服务"非常满意",48.88% 的居民报告"满意",9.01% 的居民报告对便利服务满意度"一般",0.77% 的居民报告"不满意",0.13% 的居民报告"非常不满意"。

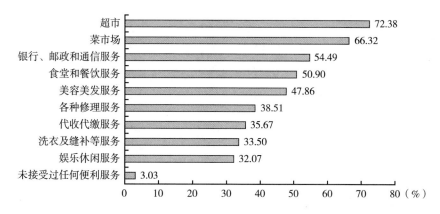

图 22　北京市居民对便利服务的获得感

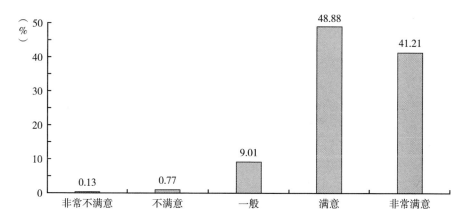

图 23　北京市居民对便利服务的满意度

（三）北京市居民获得感分析

北京市居民获得感现状见图 24。调查结果显示北京市居民获得感得分为 4.25±0.57，与量表均值 3 分相比，处在较高水平。从各个子维度方面看北京市居民获得感得分，北京市居民对"就业服务"的满意度为 4.20分，对"社会保障服务"的满意度为 4.28 分，对"保障性住房服务"的满意度为 4.28 分，对"计划生育服务"的满意度为 4.23 分，对"老年人、残疾人服务"的满意度为 4.39 分，对"教育服务"的满意度为 4.34 分，对"文化体育服务"的满意度为 4.29 分，对"安全服务"的满意度为 4.34 分，对"环境服务"的满意度为 4.27 分，对"志愿服务"的满意度为 4.37 分，对"便利服务"的满意度为 4.30 分。

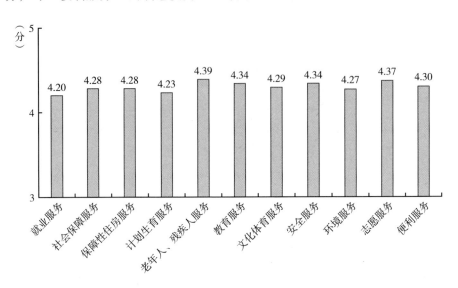

图 24　北京市居民各维度获得感均分

进一步考察北京市居民获得感在性别、工作状态、职业类型、户籍所在地以及所在市辖区上的差异后发现：北京市居民获得感在性别维度上差异显著（$t = 2.38$，$p < 0.05$），男性居民获得感（4.29 ± 0.59）显著高于女性居民（4.22 ± 0.56）；此外，北京市居民获得感存在工作状态差异 $[F(5, 1614) = 5.61$，$p < 0.001]$，有正式工作人员与离退休居民的获得感显著高于有临时工作、无业、失业或下岗居民及学生；北京市居民获得感在所在市辖区维度上无显著差异 $[F(15, 1614) = 1.08$，$p > 0.05]$。

四　讨论与建议

在本次调查中，北京市居民获得感处在较高水平，居民在老年人、残疾人服务，志愿服务，教育服务，安全服务等方面获得感相对较高，在就业服务、计划生育服务、环境服务等方面获得感相对较低。北京市居民获得感存在工作状态、户籍所在地差异，男性居民获得感显著高于女性居民，有正式工作人员与离退休居民的获得感显著高于有临时工作，无业、失业或下岗居民及学生。北京市居民对社会服务的知晓率有待提高，居民对计划生育服务，社会保障服务，就业服务，老年人、残疾人服务知晓率相对较高，对便利服务、安全服务、环境服务、文化体育服务知晓率相对较低。对此提出以下建议。

首先，继续贯彻落实习近平新时代中国特色社会主义思想，健全基本公共服务体系，完善共建共治共享的社会治理制度，以政策导向、政策落实、政策宣传"三位一体"，满足北京市居民获得感需要，不断增强人民群众获得感。

其次，在政策导向上从最广大人民群众的根本利益出发，切实满足人民群众在安全服务，文化体育服务，教育服务，计划生育服务，志愿服务，社会保障服务，便利服务，老年人、残疾人服务，就业服务，保障性住房、环境服务上的迫切需求。

再次，政策落实上从中央到地方环环相扣，在"十四五"中进一步贯彻党的十九大各项决策部署，从一线城市到城镇乡村，保证惠民举措落地实施，从普通民众到特殊人群，进一步提升公共服务带给各类人群的获得感。

最后，在政策宣传上结合时代特点，侧重政策实效，针对政策受众，合理选择宣传形式，融入短视频等宣传媒介，让各类政策、公共服务与居民获得感可以被更多的人民群众听到、看到、感受到。

B.5
北京市居民环保意识现状调查

王广新　窦文静*

摘　要：　目的：本研究旨在了解北京市居民环保意识现状并探究其影响因素。方法：采用问卷法对1753名北京市居民进行调查，通过独立样本 t 检验、单因素方差分析等统计方法对数据进行检验。结果：北京市居民环保意识平均得分为82.28分。年龄在30岁以上、婚姻状况为已婚和同居、有孩子、月收入水平2001元及以上、工作状态为离退休的北京市居民，环保意识水平更高。北京市居民的环保意识与集体主义价值观、亲环境行为和亲社会行为呈显著正相关。性别和文化程度在居民的环保意识水平上无显著差异。结论：年龄、婚姻状况、工作状态、职业、月收入水平、居住地址、子女数对北京市居民的环保意识有影响。集体主义价值观、亲环境行为和亲社会行为越积极，居民的环保意识越高。

关键词：　环保意识　集体主义价值观　亲环境行为　亲社会行为
　　　　　北京市居民

一　引言

中国共产党第十八次全国代表大会首次提出将"美丽中国"作为我国

---

* 王广新，博士，北京林业大学人文社会科学学院副教授，硕士生导师，主要研究方向为虚拟现实与心理学、临床与文化心理学；窦文静，北京林业大学人文社会科学学院在读硕士，主要研究方向为临床与咨询心理学。

生态文明建设目标，党的十九大报告中更是前所未有地指出"像对待生命一样对待生态环境"，环境保护工作在我国越来越受到重视，相应地，环保意识也受到越来越多人的关注。人们对环境保护知识的了解程度、对环境保护的关注程度及在环境保护中采取的行动是个体环保意识的重要表现。因此，本研究旨在调查北京市居民环保意识的现状，对其影响因素进行探究，以期为今后的生态文明建设工作积累经验。

二　研究方法

（一）研究对象

本研究采用问卷法，以北京市 16 个区 18 岁及以上的常住居民为研究对象，共收回数据 1810 份，剔除无效数据 57 份，剩余有效数据 1753 份，问卷有效回收率为 96.85%（见表 1）。

表 1　人口学信息

单位：人，%

人口学变量	类　　别	人数	百分比
性别	男	866	49.40
	女	887	50.60
年龄	20 岁及以下	64	3.65
	21~30 岁	302	17.23
	31~40 岁	323	18.42
	41~50 岁	322	18.37
	51 岁及以上	742	42.33
月收入	无收入	74	4.22
	2000 元及以下	152	8.67
	2001~8847 元	855	48.77
	8848~15000 元	468	26.70
	15001~20000 元	137	7.82
	20001~40000 元	51	2.91
	40001 元及以上	16	0.91

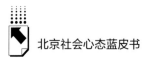
续表

人口学变量	类　别	人数	百分比
政治面貌	共产党员	555	31.66
	共青团员	444	25.33
	民主党派	12	0.68
	群众	742	42.33
子女数	未生育	315	17.97
	一个孩子	1122	64.00
	两个孩子	298	17.00
	三个及以上孩子	18	1.03
工作状态	正式工作	1231	70.22
	临时工作	104	5.93
	无业、失业或下岗	56	3.20
	离退休	227	12.95
	学生	132	7.53
	其他	3	0.17
婚姻状况	未婚	286	16.32
	已婚	1416	80.78
	同居	12	0.68
	离婚	26	1.48
	丧偶	13	0.74
文化程度	初中及以下	123	7.02
	中专或职高	214	12.21
	高中	221	12.61
	大专	318	18.14
	本科	763	43.52
	硕士及以上	114	6.50
主观社会阶层	最上层	4	0.23
	中上层	131	7.47
	中层	881	50.26
	中下层	653	37.25
	最下层	84	4.79
民族	汉族	1696	96.75
	少数民族	57	3.25
住址	城市	1362	77.70
	郊区	195	11.12
	农村	196	11.18

续表

人口学变量	类　别	人数	百分比
何时来京	来京不足一年	169	9.64
	来京超过一年	814	46.44
	出生成长在北京	770	43.92
职业	教师	103	5.88
	机关干部或公务员	105	5.99
	服务业工作人员	133	7.59
	医务工作者	59	3.36
	外企职员	71	4.05
	私企职员	451	25.73
	国企员工	322	18.37
	自由职业者	73	4.16
	其他	436	24.87

（二）研究工具

1. 人口学信息

本研究收集了北京市居民的性别、年龄、民族、婚姻状况、文化程度、工作状态、职业、月收入水平、住址、子女数和主观社会阶层等信息。

2. 环保意识

采用凌志东、杨春红编制的居民环保意识调查问卷[1]测量北京市居民的环保意识。问卷共 15 个项目，包含环保行为（6 个项目）、环保理念（5 个项目）、环保知识（4 个项目）三个维度。问卷采用四点计分法（1 = 从不，2 = 偶尔，3 = 经常，4 = 总是），总分为 60 分，得分越高表示居民的环保意识越强。

（注：为方便查阅数据，本研究下文中将数据进行标准化处理，换算为百分制）

3. 集体主义价值观

采用 Shalom H. Schwartz 和 Klaus Boehnke 编制的价值观量表[2]。该量表

---

[1] 凌志东、杨春红：《基于问卷调查的江苏居民环保意识定量评价》，《统计与决策》2010 年第 24 期，第 75 ~ 77 页。

[2] Shalom H. Schwartz & Klaus Boehnke, "Evaluating the Structure of Human Values with Confirmatory Factor Analysis," *Journal of Research in Personality* 38 (2004): pp. 230 – 255.

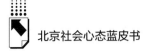

包含 10 个价值观，本研究选用其中属于集体主义价值观范畴的 "慈善"、"普遍性"、"遵从"、"安全" 和 "传统" 价值观进行施测。慈善指维护和提高自己熟识的人的福利。普遍性指为了所有人类和自然的福祉而理解、欣赏、忍耐、保护。遵从指对行为、喜好和伤害他人或违背社会期望的倾向加以限制。安全指社会稳定、关系稳定和自我稳定。传统指尊重、赞成和接受文化或宗教的习俗和理念。该量表采用 6 点计分（1 = 非常不相似，6 = 非常相似），分值越高，表示该价值观类型对于被试的重要程度越高。

4. 亲环境行为

采用刘贤伟编制的自评亲环境行为量表①。该量表共 11 个项目，包含公领域行为（6 个项目）和私领域行为（5 个项目）两个维度。公领域行为主要指参加公共组织的环境保护行为，例如为环保组织捐款等；私领域行为主要指个人日常生活中的环保行为，如购买环保产品等。量表采用 5 点计分（1 = 从不，2 = 很少，3 = 偶尔，4 = 有时，5 = 经常），总分范围在 11 ~ 55 分。分数越高，表示亲环境行为水平越高。

5. 亲社会行为

采用丛文君修订的《亲社会行为测量问卷》② 测量亲社会行为水平，问卷的 Cronbach's α 系数为 0.92。问卷共 23 个题项，包括公开性、匿名性、利他性、依从性、情绪性和紧急性六个维度，采用 5 点计分（1 = 完全不符合，5 = 完全符合）。

（三）研究过程

本次调查通过网络平台 Credamo 和 "问卷星"、面对面填答的方式发放问卷。问卷回收后，筛选无效问卷，保留有效问卷，进行数据分析。

---

① 刘贤伟：《价值观、新生态范式以及环境心理控制源对亲环境行为的影响》，北京林业大学硕士学位论文，2012，第 58 页。
② 丛文君：《大学生亲社会行为类型现状及特征研究》，《安徽科技学院学报》2012 年第 2 期，第 121 ~ 125 页。

三 研究结果

（一）北京市居民环保意识调查现状

2020 年调查结果显示，北京市居民的环保意识总分最低得分为 32 分，最高得分为 100 分（满分），获得满分的人数比例为 3.82%，平均得分为 82.28 分，仍有可提升空间。在环保行为方面，居民的最低得分为 13 分，最高得分为 40 分，获得满分的人数占总体人数的 9.01%；在环保理念方面，居民的最低得分为 10 分，最高得分为 33 分，获得满分的人数比例为 21.68%；在环保知识方面，居民的最低得分为 7 分，最高得分为 27 分，8.50% 的人获得满分。居民的环保意识总分和环保行为、环保理念、环保知识三个维度的分值情况见表 2。

表 2　北京市居民环保意识总分及其三个维度的平均分和标准差

项目	$M \pm SD$	获得满分人数占比（%）
环保意识总分	82.28 ± 10.75	3.82
环保行为	32.29 ± 5.13	9.01
环保理念	28.62 ± 3.94	21.68
环保知识	21.38 ± 3.31	8.50

观察数据可得，当前北京市居民的环保理念相较环保行为和环保知识得分情况更好。从总体来看，北京市居民环保意识较强。但从三个维度来看，北京市居民在环保知识方面有所欠缺，环保理念仍有可提升空间，环保行为也有待改善。因此要加强环境保护的宣传教育，提高居民环保知识水平，促使环保行为与环保理念相协调。

（二）北京市居民环保意识在人口学变量上的差异

1. 环保意识在性别上的差异分析

以性别为自变量，以环保意识及其三个维度为因变量，进行独立样本 t

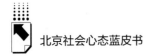

检验。数据结果显示，在环保行为方面，男性平均分为 32.12 分，女性为 32.46 分；在环保理念方面，男性平均分为 28.50 分，女性为 28.83 分；男性在环保知识方面的平均得分为 21.41 分，女性为 21.35 分；在环保意识总分上，男性平均得分为 82.03 分，女性平均得分为 82.54 分。研究结果表明，不同性别居民的环保意识无显著差异（$t = -0.99$，$p > 0.05$）。

2. 环保意识在年龄上的差异分析

以年龄为自变量，以环保意识为因变量，进行单因素方差分析。结果如表 3 所示，不同年龄居民的环保意识存在显著差异 $[F (4, 1748) = 4.91, p < 0.001]$。30 岁以下（含 30 岁）居民比 30 岁以上居民的环保意识水平低（见图 1）。

表 3 不同年龄的北京市居民环保意识平均分和标准差（M ± SD）

项 目	年龄	$M \pm SD$	F
环保意识	20 岁及以下	79.43 ± 10.46	4.91 ***
	21 ~ 30 岁	80.32 ± 10.62	
	31 ~ 40 岁	83.39 ± 10.59	
	41 ~ 50 岁	82.60 ± 10.74	
	51 岁及以上	82.71 ± 10.79	

注：* 表示 $p < 0.05$，** 表示 $p < 0.01$，*** 表示 $p < 0.001$，下同。

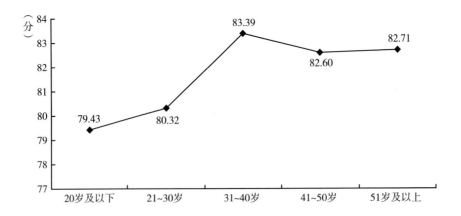

图 1 不同年龄北京市居民环保意识平均得分

3. 环保意识在婚姻状况上的差异分析

由于同居、离婚和丧偶数据量较少，因此本研究将已婚和同居合并，将未婚、离婚和丧偶合并，以婚姻状况为自变量，以环保意识及其三个维度为因变量，进行独立样本 t 检验。结果如表 4 所示，不同婚姻状况居民的环保意识存在显著差异（$t = -6.50$，$p < 0.001$）。未婚、离婚和丧偶居民的环保意识显著低于已婚和同居的居民（见图 2）。

表 4 不同婚姻状况的北京市居民环保意识平均分和标准差（M ± SD）

项目	已婚和同居 M ± SD	未婚、离婚和丧偶 M ± SD	t
环保行为	32.71 ± 5.05	30.42 ± 5.08	-7.39 ***
环保理念	28.80 ± 3.89	27.81 ± 4.06	-4.14 ***
环保知识	21.56 ± 3.28	20.60 ± 3.33	-4.73 ***
环保意识总分	83.07 ± 10.62	78.83 ± 10.66	-6.50 ***

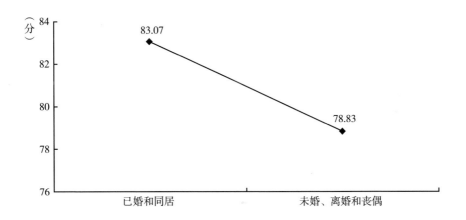

图 2 不同婚姻状况北京市居民环保意识平均得分

4. 环保意识在文化程度上的差异分析

以文化程度为自变量，以环保意识及其三个维度为因变量，进行单因素方差分析。结果显示，不同文化程度居民的环保意识不存在显著差异 $[F(5, 1747) = 1.82$，$p > 0.05]$。

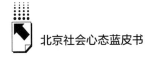

5.环保意识在工作状态上的差异分析

以工作状态为自变量，以环保意识为因变量，进行单因素方差分析。结果如表5所示，居民的环保意识在不同工作状态中存在显著差异 [$F_{(4, 1745)} = 11.26$，$p < 0.001$]。其中，离退休居民的环保意识平均得分最高（见表5）。事后检验发现，有正式工作的居民环保意识显著高于有临时工作的居民和学生；离退休居民的环保意识显著高于其他工作状态的居民；有临时工作，无业、失业或下岗的居民环保意识显著高于学生（见图3）。

表5 不同工作状态的北京市居民环保意识平均分和标准差（M±SD）

项 目	工作状态	$M \pm SD$	F
环保意识	正式工作	82.64 ± 10.68	11.26***
	临时工作	80.27 ± 11.68	
	无业、失业或下岗	81.04 ± 10.81	
	离退休	84.43 ± 9.59	
	学 生	77.22 ± 10.95	

注："其他"数据过少，此处忽略不计。

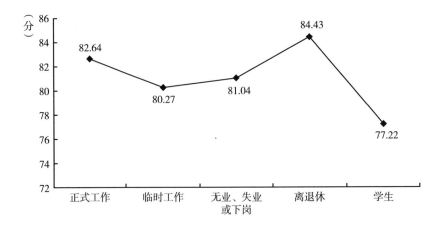

图3 不同工作状态北京市居民环保意识平均得分

6. 环保意识在职业上的差异分析

以职业为自变量，以环保意识为因变量，进行单因素方差分析。结果显示，不同职业的居民环保意识水平之间存在差异 $[F(8, 1744) = 3.04, p < 0.01]$（见表6、图4）。

表6　不同职业的北京市居民环保意识平均分和标准差（M±SD）

项　目	职业	M ± SD	F
环保意识	教　师	84.01 ± 9.12	3.04**
	机关干部或公务员	83.32 ± 10.33	
	服务业工作人员	82.91 ± 11.43	
	医务工作者	85.11 ± 9.89	
	外企职员	85.77 ± 9.89	
	私企职员	81.06 ± 10.95	
	国企员工	82.67 ± 10.54	
	自由职业者	81.80 ± 11.43	
	其　他	81.56 ± 10.87	

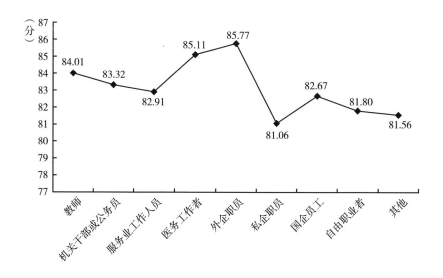

图4　不同职业北京市居民环保意识平均得分

7. 环保意识在月收入水平上的差异分析

由于无收入和月收入为40001元及以上的数据量较少，因此本研究将无收入与2000元及以下合并为2000元及以下，将40001元及以上与20001~40000元合并为20001元及以上，以月收入水平为自变量，以环保意识为因变量，进行单因素方差分析。结果如表7所示，不同月收入水平居民的环保意识存在显著差异［$F(4, 1748) = 13.86$，$p < 0.001$］。事后检验发现，月收入在2000元及以下的居民环保意识显著低于月收入在2001元及以上的居民（见图5）。

表7　不同月收入的北京市居民环保意识平均分和标准差（M±SD）

项　目	月收入	$M \pm SD$	F
环保意识	2000 元及以下	77.47 ± 10.91	13.86 ***
	2001~8847 元	82.72 ± 10.46	
	8848~15000 元	83.55 ± 10.49	
	15001~20000 元	82.94 ± 10.88	
	20001 元及以上	82.79 ± 11.45	

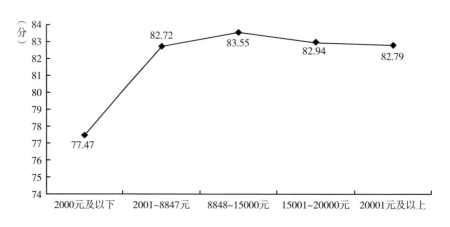

图5　不同月收入水平北京市居民环保意识平均得分

8. 环保意识在居住地址上的差异分析

以居住地址为自变量，以环保意识为因变量，进行单因素方差分析。结果如表 8 所示，不同居住地址居民的环保意识存在显著差异 [F (2, 1750) = 7.48，$p < 0.001$]。事后检验结果表明，居住在城市、郊区的居民比住在农村的居民环保意识高（见图 6）。

表 8　不同居住地址的北京市居民环保意识平均分和标准差（M ± SD）

项　目	居住地址	$M ± SD$	F
环保意识	城市	82.70 ± 10.63	7.48 ***
	郊区	82.13 ± 9.87	
	农村	79.54 ± 12.02	

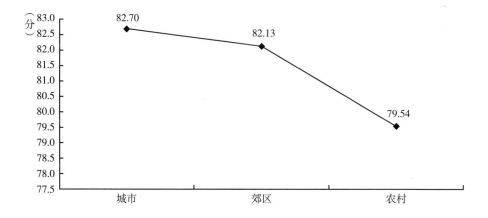

图 6　不同居住地址北京市居民环保意识平均得分

9. 环保意识在子女数上的差异分析

由于子女数为三个及以上的数据量较少，因此将其与两个孩子合并（两个及以上），以子女数为自变量，以环保意识为因变量，进行单因素方差分析。结果如表 9 所示，不同子女数居民的环保意识存在显著差异 [F (2, 1750) = 25.23，$p < 0.001$]，未生育过的居民环保意识最低。事后检验发现，未生育过的居民环保意识显著低于有孩子的居民；有一个孩子的居民环保意识低于有两个及以上孩子的居民（见图 7）。

表9　不同子女数的北京市居民环保意识平均分和标准差（M±SD）

项　目	子女数	M ± SD	F
环保意识	未生育	78. 84 ± 10. 63	25. 23 ***
	一个孩子	82. 57 ± 10. 61	
	两个及以上孩子	84. 70 ± 10. 59	

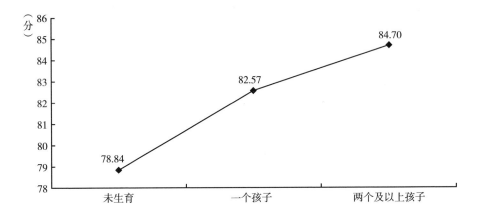

图7　不同子女数北京市居民环保意识平均得分

（三）北京市居民环保意识的相关因素分析

1. 不同集体主义价值观居民的环保意识差异分析

首先，按平均数加减一个标准差的方法，将集体主义价值观划分为三个等级：低水平集体主义价值观、中等水平集体主义价值观、高水平集体主义价值观。以集体主义价值观为自变量，环保意识为因变量，进行单因素方差分析。研究结果表明，不同集体主义价值观居民的环保意识存在显著差异［$F(2，1724) = 281. 23，p < 0.001$］（见表10）。事后检验发现，高水平集体主义价值观的居民环保意识显著高于中等水平、低水平集体主义价值观的居民，中等水平集体主义价值观的居民环保意识显著高于低水平集体主义价值观的居民，高水平集体主义价值观的居民环保意识最高（见图8）。

表 10   不同集体主义价值观的北京市居民环保意识平均分和标准差
（M ± SD）

项　目	集体主义价值观	M ± SD	F
环保意识	低水平集体主义价值观	71. 82 ± 11. 43	281. 23 ***
	中等水平集体主义价值观	82. 43 ± 9. 27	
	高水平集体主义价值观	91. 17 ± 7. 57	

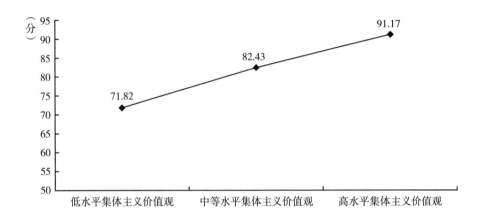

图 8   不同集体主义价值观北京市居民环保意识平均得分

2. 不同亲环境行为居民的环保意识差异分析

首先，按平均数加减一个标准差的方法，将亲环境行为划分为三个等级：低亲环境行为、中亲环境行为、高亲环境行为。以亲环境行为为自变量，以环保意识为因变量，进行单因素方差分析。研究结果如表 11 所示，不同亲环境行为居民的环保意识存在显著差异 ［F（2，1750）＝647. 65，p < 0. 001］。事后检验发现，高亲环境行为的居民环保意识显著高于中、低亲环境行为的居民，低亲环境行为的居民环保意识显著低于中亲环境行为的居民，低亲环境行为的居民环保意识最低（见图 9）。

表 11 不同亲环境行为的北京市居民环保意识平均分和标准差（M ± SD）

项　目	亲环境行为	M ± SD	F
环保意识	低亲环境行为	69. 36 ± 9. 27	647. 65 ***
	中亲环境行为	83. 20 ± 8. 31	
	高亲环境行为	93. 73 ± 5. 61	

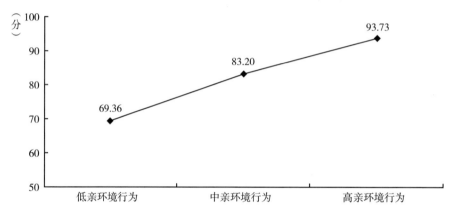

图 9 不同亲环境行为北京市居民环保意识平均得分

3. 不同亲社会行为居民的环保意识差异分析

首先，按平均数加减一个标准差的方法，将亲社会行为划分为三个等级：低亲社会行为、中亲社会行为、高亲社会行为。以亲社会行为为自变量，环保意识为因变量，进行单因素方差分析。研究结果表明，不同亲社会行为居民的环保意识存在显著差异 $[F(2, 1750) = 170. 47, p < 0.001]$（见表 12）。事后检验发现，高亲社会行为的居民环保意识显著高于中、低亲社会行为的居民，中亲社会行为的居民环保意识显著高于低亲社会行为的居民，低亲社会行为的居民环保意识最低（见图 10）。

表 12 不同亲社会行为的北京市居民环保意识平均分和标准差（M ± SD）

项　目	亲社会行为	M ± SD	F
环保意识	低亲社会行为	74. 56 ± 11. 59	170. 47 ***
	中亲社会行为	82. 47 ± 9. 72	
	高亲社会行为	89. 81 ± 8. 17	

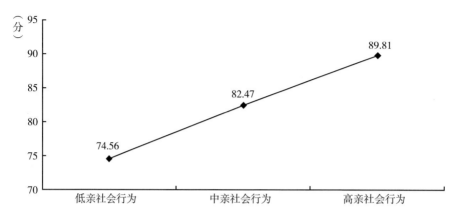

图 10 不同亲社会行为北京市居民环保意识平均得分

（四）环保意识与集体主义价值观、亲环境行为和亲社会行为的关系

采用皮尔逊积差相关分析，考察北京市居民的环保意识与集体主义价值观、亲环境行为和亲社会行为之间的关系。结果表明，居民的环保意识与集体主义价值观、亲环境行为和亲社会行为呈显著正相关，即居民的集体主义价值观、亲环境行为和亲社会行为越积极，环保意识越高（见表 13）。

表 13 环保意识与集体主义价值观、亲环境行为和亲社会行为的相关分析

变量	环保意识	集体主义价值观	亲环境行为	亲社会行为
环保意识	1			
集体主义价值观	0.54 ***	1		
亲环境行为	0.75 ***	0.54 ***	1	
亲社会行为	0.44 ***	0.45 ***	0.45 ***	1

四 讨论与结论

本研究发现，北京市居民总体的环保意识水平较强，但相较环保理念方面，居民的环保知识水平较低、环保行为行动力较弱，仍有可提升空间。

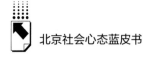

环保意识的高低不能直接由文化水平的高低来决定，也不受男性和女性性别差异的影响，本研究结果显示文化程度、性别因素在居民的环保意识水平上均未产生明显影响。由此来看，不断普及环保知识、宣传环保理念、倡导环保行为，进行全文化水平居民的环保教育工作具有可行性。从生命阅历和生活经验的角度考虑，本研究发现30岁以上、已婚或同居、有孩子、工作状态为离退休的居民环保意识更高，这提示我们阅历和经验的不断丰富有利于居民环保意识的持续提高。在增强环保意识的工作中，发挥居民主观能动性，适当配合他人监管和督促，有助于取得更好的工作效果。当居民的月收入水平在2000元以上时，其环保意识水平更高，可见经济基础也是居民愿意投入环保工作的一项重要原因。北京市于2020年5月正式施行《北京市生活垃圾管理条例》，城市对环境治理的要求升高，宣传工作更广泛、更到位，居民的自觉性和配合度也相对较好。积极促进环保工作相关政策的落地，提高全民参与环保工作的主动性，更利于全国环保工作的顺利开展。居民的集体主义价值观越强烈、亲环境行为（例如：垃圾分类）越积极、亲社会行为越多，环保意识越强。环保工作人人有责，除了政府等机构的参与以外，还需要充分调动每一位居民积极配合、主动参与、全身心投入其中。环保工作的开展也不是一朝一夕的事情，它是一个长期任务，需要通过实践积累经验，逐步实现从大城市延伸至中小城市、从部分居民覆盖至全部居民的转变，形成适合我国当前现状的、发展完善的环保治理体系。

五　政策建议

（一）完善政府责任制度

本研究发现北京市部分居民在环保知识方面，目前仍处于较低水平。这可能是由于环保工作中部分信息公开不够及时、覆盖内容不够均衡、覆盖面不够广泛，因此一部分居民对环保知识的了解处于浅层水平，相应的环保理念较低，环保行为也较少。因此政府在环保工作中仍有很大进步空间。

我国可以借鉴其他国家实施的环境保护通告制度①，逐步完善城乡环境保护的法律制度，大力支持企业、科研院所和政府合作，将环保技术、产品开发和商业化结合起来②，重视产业循环再利用，在立法中贯彻循环经济理念③，发挥好政府自上而下的管理优势。在环境治理工作全面步入正轨之前，狠抓政府责任。

（二）强化居民责任主体意识

国外环境保护工作更多关注由民众发起并积极参与的、非政府行为的环境保护活动，民众可以为政府提供有效的建议④。在我国，王淼、曹晓娜的研究发现，近一半的居民认为环境保护责任主体是政府而不是个人，居民在环保主体的问题上存在认知偏差，即认为环保问题很严重，但责任主要在政府⑤。

本研究中也发现北京市仍有少部分居民环保意识较低，认为环保工作与自己没关系。因此，强化居民在环境保护中的责任主体意识十分重要。只有让居民意识到环保工作的开展不仅需要政府的努力，还需要每个人的付出和配合，才能不断提高自身环保意识。

（三）有效发挥社区监管作用

在面对环境问题时，他人与社会的压力一定程度上可以促使居民接受环

---

① 刘闻佳、明庭权：《我国居民环保意识及环保行为现状与对策研究——以武汉市为例》，《广西职业技术学院学报》2011 年第 4 期，第 72～77 页。

② 闫静、吴晓清、罗志云、燕潇、张蕊：《国外大气污染防治现状综述》，《中国环保产业》2016 年第 2 期，第 56～60 页。

③ 王雪：《城市生活垃圾治理立法存在的问题及国外的启示》，《法制博览》2018 年第 15 期，第 223 页。

④ 李艳粉：《增强社区居民环保意识方法初探》，《焦作大学学报》2019 年第 2 期，第 18～21 页。

⑤ 王淼、曹晓娜：《天津市居民垃圾分类意识与行为的调查与分析》，《山西青年》2020 年第 14 期，第 213～215＋236 页。

保理念并提高环保意识①，因此可以充分发挥社区的监管作用。一方面，社区要加大对居民的环保教育，通过网络媒体、报刊、广播、宣传画等途径大力普及和宣传环保知识；另一方面，社区可以适当开展各种环保体验活动，主动创造良好的氛围和环境②，建立完善的环保奖励机制，③ 促进环保活动的顺利进行。

（四）提高积极事件影响力

近年来，在奥运会、世博会等大型国际活动中，主办方把环保作为宣传推广的重要理念，有力地促进了主办城市人居环境的改善和公众环境素养的提高。数据显示，2008 年北京奥运会的成功举办不仅改善了北京的城市环境，也显著增强了北京市民的环境意识④。2022 年，第 24 届冬季奥林匹克运动会将于北京召开。本届冬运会一方面希望打造纯洁的体育运动环境，推动冬季运动的蓬勃发展；另一方面希望打造更好的生态环境和社会人文环境。因此，以申办大型活动为契机，大力宣传绿色行动，发挥积极事件对公众的影响力，有助于提高我国居民环保意识的整体水平。

（五）创新使用移动学习方法

相关研究显示，学生通过利用手机拍照并编辑短信实时发送图片分享的方式来观察恶化的环境，大大提高了他们的环保意识，保持环境清洁和防止污染的态度也有所改善⑤。

---

① 饶健：《中国居民环保意识与行为背离的影响因素研究——基于 CGSS2010 调查数据分析》，《江苏工程职业技术学院学报》2019 年第 1 期，第 60~68 页。
② 郝明月：《垃圾分类中环境意识与环境行为的相关性探究——北京市居民垃圾分类现状及环保意识的调查》，《内蒙古环境科学》2009 年第 2 期，第 5~10 页。
③ 谢建石：《城市居民环保行为与责任归因分析》，《中小企业管理与科技（中旬刊）》2019 年第 5 期，第 118~120 页。
④ 王琪延、王俊：《公众环境意识中日比较研究——基于中国北京和日本东京的抽样调查数据》，《北京社会科学》2010 年第 3 期，第 47~52 页。
⑤ Huseyin Uzunboylu, Nadire Cavus & Erinc Ercag, " Using Mobile Learning to Increase Environmental Awareness," *Computers & Education* 52（2008）：pp. 381–389.

　　因此，在今后的环保工作中，可以借鉴"移动学习"的方法，发挥移动终端在环境保护中的作用，调动学生学习环保知识的积极性，结合实际情况考虑将环保教育加入九年义务教育中来，汇聚青年学生的力量，不断促进其环保意识的提高。

B.6
北京市居民对新冠肺炎疫情
防控措施评价调查

裴改改　吴甲坤*

摘　要：　本研究对北京市16个区1376名居民进行了问卷调查，目的是
　　　　　了解北京市居民对新冠肺炎疫情防控措施的满意度情况，分
　　　　　析北京市居民对抗新冠肺炎疫情的心理状态。研究表明，北
　　　　　京市居民对党和政府采取的防控措施评价较高，对抗击疫情
　　　　　信心足，疫情对居民生活影响较大，部分市民对疫情防控措
　　　　　施有不满意之处。对此，本文从防控机制、技术、组织、信
　　　　　心等四个层面，就加强和改进疫情防控措施、营造积极的社
　　　　　会心态提出了相关建议。

关键词：　新冠肺炎疫情　防控措施　满意度　北京市民

一　前言

2020年春节，一场突如其来的疫情打乱了所有人的生活，这场没有硝
烟的"战役"牵动着每个人的心。疫情就是命令，为科学有序防控新冠肺

---

* 裴改改，原武警特警学院军事心理学教研室教授、主任，武警特警学院心理服务办公室主
任，现任蓝海心理事务所主任，主要研究方向为特战队员心理素质与训练、社区心理学与中
国文化、人际沟通分析理论与实务；吴甲坤，原武警特警学院管理教员，现任五福研习社社
长，蓝海心理事务所副主任。

炎疫情，2020 年 1 月 29 日，北京市新型冠状病毒感染肺炎疫情防控工作领导小组制定了《北京市新型冠状病毒感染的肺炎疫情社区（村）防控工作方案（试行）》，严格落实疫情防控措施。2 月 12 日，习近平总书记主持召开中央政治局常委会会议，分析新冠肺炎疫情形势，研究加强疫情防控工作，强调各级党委、政府和各级领导干部要扛起责任、经受考验，既有责任担当之勇、又有科学防控之智，既有统筹兼顾之谋、又有组织实施之能，切实抓好工作落实，在大战中践行初心使命，在大考中交出合格答卷，确保打赢疫情防控人民战争的总体战、阻击战，努力实现全年经济社会发展目标任务①。

北京市各级党委、政府快速反应，加强组织动员，及时发布信息，开展健康教育，加强人员分类管理，实施环境综合治理，构建联防联控的工作格局。

2020 年 10 月，美国学术刊物《科学公共图书馆·综合》发布的一项跨国问卷调查结果显示，中国民众对政府应对新冠肺炎疫情防控措施的满意度在受调查各国中最高。问卷内容包括政府在疫情防控期间对民众生活提供援助、信息数据公开透明、病毒检测技术、个人防护设备、弱势群体保护、心理健康咨询、与国际卫生机构合作等 10 项政府关键职责。调查报告总结说，为了有效控制疫情，政府和民众需要建立相互信任的关系，并对有关行动的预期达成共识②。

为了解北京市居民对疫情防控措施的满意度评价以及疫情防控措施对居民生活的影响，研究人员先期通过访谈及问卷调查的形式，收集了北京市政府在疫情前期、中期、后期针对小区常住人员、返京人员、可疑病例以及对社区（快递、出入口、车辆）等防控措施，按照社会阶层、家庭住址、户籍所在地、职业、教育水平、政治面貌、工作状态等划分，对不同居民群体疫情防控措施的满意度进行了调查，以了解北京市居民对新冠肺炎疫情的心

---

① 人民日报评论员：《在大战中践行初心使命 在大考中交出合格答卷》，《人民日报》2020 年 2 月 16 日。

② 张梦旭：《中国民众对政府应对疫情举措满意度最高》，《人民日报》2020 年 10 月 12 日。

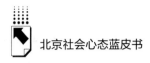

理状态和抗击疫情的信心。调查结果有助于帮助相关政府部门及研究机构掌握实际情况，采取更加有效的防控措施及更加人性化、精细化的服务手段对抗疫情，保护公众健康。

二　研究方法

（一）研究对象

本研究在北京市十六区随机选取被试，被试均为北京市城乡居民。通过问卷星平台发放并收集问卷，采取必答项目回答提交问卷的形式。参与调查的人数共1376人，有效问卷1376份（有效率100%）。其中，男性370人，占26.89%，女性1006人，占73.11%。平均年龄46.6岁。在信仰方面，信仰中国特色社会主义的1087人，占79.00%；信仰命运、基督教、天主教、佛教、道教、伊斯兰教、其他以及无信仰的共占21.00%。在婚姻状况中，已婚的1155人，占83.94%；未婚的134人，占9.74%；其他同居、离婚、丧偶的87人，共占6.32%。文化程度方面，小学以下5人，初中89人，中专或职高71人，高中139人，大专318人，本科636人，硕士107人，博士11人，高中及以下占22.09%，大专和本科各占23.11%、46.22%，硕士及以上占8.58%。工作状态方面：有正式工作的795人，占57.78%；离退休的387人，占28.13%；临时工作者53人，无业、失业、下岗共24人，学生8人，其他109人。在从事的职业中：农民13人，教师31人，军人35人，机关干部、公务员共104人，占7.56%；服务业工作人员121人，占8.79%；医务工作者30人，外企职员15人，私企职员36人，国企职员82人，自由职业者22人，其他887人。收入水平方面，月收入2000元及以下的42人，月收入2001~8847元的994人，占72.24%；8848~15000元的241人，15001~20000元的33人，20001~40000元的21人，40000元以上的19人，无收入的26人。政治面貌中：党员798人，占57.99%；共青团员55人，民主党派6人，群众517人，共占42.01%。家庭住址方面：城市的 1125 人，占 81.76%，郊区的 148 人，农村的 103 人。户籍所在地方面：北京城市的 1093 人，占 79.43%；北京农村的 77 人，外地城市的 111 人，外地农村的 95 人。在社会阶层方面，感觉自己是最上层的 3 人，中上层的 38 人，中层的 495 人，占 35.97%；中下层的 628 人，占 45.64%；最下层的 212 人。在北京生活时间方面，出生成长在北京的 660 人，占 47.97%；外地来京人员 716 人，占 52.03%；其中不足 1 年的 27 人，1～5 年的 52 人，6～10 年的 68 人，11～20 年的 180 人，20 年以上的 389 人。

（二）研究工具

通过访谈及问卷调查的形式，收集了北京市疫情防控措施及对居民生活影响测试条目共 56 项，经专家组和课题组成员反复讨论后，最终编制了北京市居民对疫情防控措施评价量表，用 Likert 三点量表（1 不满意，2 基本满意，3 满意）进行评价。相关分析结果显示，每个条目与总分之间均显著相关，相关系数在 0.6 以上。对所有条目进行因素分析，识别出 3 个因子，共解释总变异量的 68.99%。

（三）施测程序及统计分析

施测时间：2020 年 11 月。

施测地点：北京市 。

施测方式：问卷星平台调查，问卷全部为有效问卷。

统计分析：统计处理包括因素分析、相关分析，使用统计分析和 Amos 统计软件完成。

三 研究结果

（一）相关分析与因素分析结果

对疫情防控措施各个条目与总分之间进行相关分析，结果发现，每个条

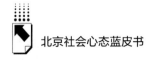

目与总分之间均显著相关，相关系数在0.6以上，说明单独条目与总分之间相关性较高，同质性较高；对疫情防控措施的所有条目进行因素分析，识别出3个因子，共解释总变异量的68.99%。

（二）满意度描述性分析结果

1. 北京市居民对新冠肺炎疫情防控措施满意度总体评价

北京市居民对新冠肺炎疫情防控措施满意度平均得分为2.8142分，总体评价较高；在对不同的人员管理中，居民对小区常住人员防控措施的满意度最低，得分为2.7751；对返京人员防控措施满意度最高，得分为2.8198；对社区（快递、出入口、车辆）防控措施的满意度较高，得分为2.8098分；针对疫情发生的不同时期，居民对疫情中期的防控措施满意度最高（2.8450分），对疫情前期的防控措施满意度最低（2.8101分）。总体来讲，北京市居民对新冠肺炎疫情防控措施的满意度较高（见图1）。

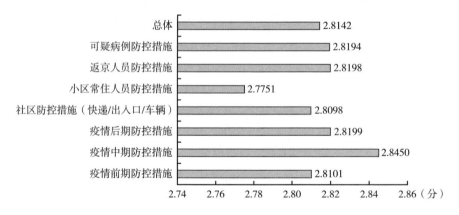

图1　居民对新冠肺炎疫情防控措施满意度得分

2. 对影响总体满意度的因素回归分析结果

对影响总体满意度的因素进行回归分析，结果显示，年龄和教育水平对满意度有负向的预测作用，年龄越大的群体对防疫措施的满意程度越低；教育水平越高的群体对防疫措施的满意程度越低；个人收入与社会阶层对总体满意度没有预测作用（见表1）。

表1　对影响总体满意度的因素进行回归分析

影响因素	总体满意度	
	B	Sig.
年　　龄	−0.003	0.005
教育水平	−0.024	0.002
月　收　入	0.004	0.643
社会阶层	−0.017	0.156

3. 不同职业群体对防控措施的满意度

军人对防控措施的满意度最高（2.9961分），其次为私企职员、教师、农民，分别为2.8867分、2.8732分和2.8497分，外企职员对防控措施的满意度最低（2.67分）（见图2）。

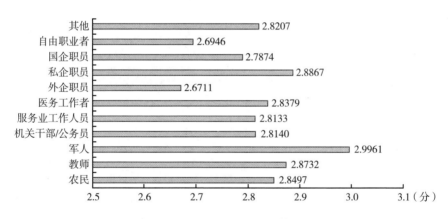

图2　不同职业群体对防控措施的满意度得分

4. 不同家庭住址的群体对防控措施的满意度

居住在农村的居民对疫情防控措施满意度最高（2.8845分），居住在城市的居民对疫情防控措施满意度最低（2.8053分）（见图3）。

5. 不同户籍所在地居民对防控措施的满意度

户籍为外地城市的居民对防疫措施满意度较高，得分为2.8716分，户籍为北京城市的居民对防疫措施满意度较低，得分为2.8003分（见图4）。

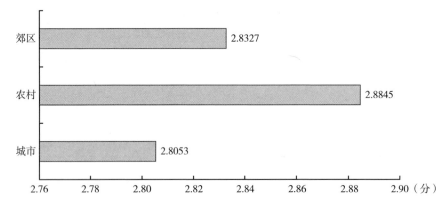

图 3　不同家庭住址的群体对防疫措施满意度得分

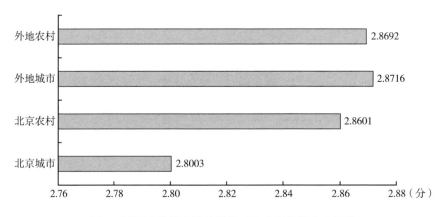

图 4　不同户籍所在地的群体对防疫措施满意度得分

6. 不同居民群体对特定防疫措施满意度的方差分析结果

为了研究不同居民群体对特定防疫措施的满意度有无显著差异，我们对每条措施不同群体满意度进行了方差分析。结果发现，对疫情前、中、后期的防控措施中，采取严控人员流动，对常住人员实行出入证管理，单位、小区 24 小时有人员值守；对居民小区实行封闭式管理；对交通工具及乘员进行跟踪检查；严格落实体温检测；公共场所需佩戴口罩；对所有公共场所进行定时消毒；对到过疫情地区的居民实行 14 天居家隔离观察；及时、公开、透明发布疫情信息；对困难家庭和高龄、残疾等特殊人群重点帮助；控制非必要出行，交通运输行业支持无条件退票；停止举办各种大型人员聚集性活动；严格落实防控等级制度，对中高风险地区及出入高风险地区的人员严格管控；对中高风险地区的人员分时、分批、分点位组织全民进行核酸检测；增强防控力量，组织党政机关、企事业单位的党员干部和卫生系统医疗人员下沉到街道社区；"京心相助"小程序上线，严格落实返京人员登记，实施14天居家隔离；学校延期开学，组织线上教学，所有校外培训机构一律暂停；有序组织复产复工，倡导错峰上岗，控制用人单位到岗人员比例上限；加强境外返京人员管控，严格执行第一入境点集中隔离；保证民生物资的生产和销售，确保货源充足，物价平稳，安全放心；露天场所及景区有序开放，实施客流量限制措施；居民小区有序开放，允许快递、外卖、维修等服务人员登录健康宝和行程码进入；封闭小区出入口安装门禁系统或安装人脸识别系统，24 小时人员值守；将开放式小区调整为封闭社区，没有安保条件的老旧小区，街道派保安驻守等措施，不同居民的满意度存在显著差异。在对社区的防控措施上，不同居民的满意度均存在显著差异；对小区常住居民的防控措施上，"本小区居民办理实名制出入证，进入社区人员出示出入证和健康码"这一条防控措施，不同居民群体的满意度无显著差异；在对返京人员的防控措施上，不同居民群体的满意度有显著差异；对可疑病例的防控措施上，不同居民群体的满意度有显著差异（见表 2）。

表 2 不同居民群体对特定措施满意度差异分析

措施	存在显著差异群体
严控人员流动,对常住人员实行出入证管理,单位、小区 24 小时有人员值守	社会阶层 $p = 0.012$
对居民小区实行封闭式管理,对交通工具及乘员进行跟踪检查	家庭住址 $p = 0.028$
严格落实体温检测	户籍所在地 $p = 0.01$
	家庭住址 $p = 0.029$
	职业 $p = 0.034$
	教育水平 $p = 0.01$

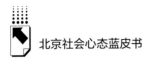

续表

措施	存在显著差异群体
公共场所所需佩戴口罩	教育水平 $p = 0.01$
对所有公共场所进行定时消毒	家庭住址 $p = 0.014$
对到过疫情地区的居民实行14天居家隔离观察	教育水平 $p = 0.021$
及时、公开、透明发布疫情信息	政治面貌 $p = 0.005$
	教育水平 $p = 0.040$
对困难家庭和高龄、残疾等特殊人群重点帮助	职业 $p = 0.009$
	工作状态 $p = 0.009$
控制非必要出行,交通运输行业支持无条件退票	教育水平 $p = 0.042$
停止举办各种大型人员聚集性活动	户籍所在地 $p = 0.040$
	政治面貌 $p = 0.005$
严格落实防控等级制度,对中高风险地区及出入高风险地区的人员严格管控	职业 $p = 0.034$
对中高风险地区分时、分批、分点位组织全民进行核酸检测	职业 $p = 0.017$
增强防控力量,组织党政机关、企事业单位的党员干部和卫生系统医疗人员下沉到街道社区	职业 $p = 0.007$
"京心相助"小程序上线,严格落实返京人员登记,实施14天居家隔离	收入 $p = .034$
	职业 $p = 0.024$
	教育水平 $p = 0.043$
学校延期开学,组织线上教学,所有校外培训机构一律暂停	职业 $p = 0.003$
有序组织复产复工,倡导错峰上岗,控制用人单位到岗人员比例上限	职业 $p = 0.009$
加强境外返京人员管控,严格执行第一入境点集中隔离	户籍所在地 $p = 0.047$
	政治面貌 $p = 0.003$
	职业 $p = 021$
保证民生物资的生产和销售,确保货源充足,物价平稳,安全放心	职业 $p = 0.030$
露天场所及景区有序开放,实施客流量限制措施	社会阶层 $p = 0.044$
居民小区有序开放,允许快递、外卖、维修等服务人员登录健康宝和行程码进入	职业 $p = 0.035$
封闭小区出入口安装门禁系统或安装人脸识别系统,24小时人员值守	户籍所在地 $p = 0.027$
	家庭住址 $p = 0.011$

续表

措施	存在显著差异群体
将开放式小区调整为封闭社区,没有安保条件的老旧小区,街道派保安驻守	户籍所在地 $p=0.013$
	职业 $p=0.038$
本小区居民和车辆凭证进出	户籍所在地 $p=0.013$
外来人员和车辆进行详细登记	户籍所在地 $p=0.010$
小区门口安装无接触式快递架,方便居民存放和收取快递	户籍所在地 $p=0.025$
	家庭住址 $p=0.033$
加强快递人员健康检查,要求实时对快递外包装消毒	户籍所在地 $p=0.016$
	家庭住址 $p=0.008$
	职业 $p=0.002$
	工作状态 $p=0.000$
小区出入口设置临时检查站点,配备消毒酒精、消毒液等,冬季配备热水瓶、电暖器,夏季配备电风扇等	家庭住址 $p=0.017$
	收入 $p=.046$
	职业 $p=0.012$
	工作状态 $p=0.030$
入户调查人员外出情况,严格控制人员外出	户籍所在地 $p=0.006$
	家庭住址 $p=0.015$
	职业 $p=0.024$
本小区居民办理实名制出入证,进入社区人员出示出入证和健康码	家庭住址 $p=0.048$
	职业 $p=0.038$
对返京人员进行登记,实行14天隔离观察	户籍所在地 $p=0.037$
	政治面貌 $p=0.008$
	职业 $p=0.041$
人防盯守居家隔离,电子门禁管控居家隔离	户籍 $p=0.011$
	家庭住址 $p=0.041$
	职业 $p=0.023$
对可疑病例及其同住人员进行详细登记,禁止可疑病例及其同住人员外出	户籍所在地 $p=0.015$
	职业 $p=0.021$
	教育水平 $p=0.004$
对疑似病例救护车接往医院发热门诊就医	政治面貌 $p=0.013$
	教育水平 $p=0.002$
街道组织对可疑人员进行核酸检测	职业 $p=0.021$
对可疑病例安排专车转运到集中隔离点	职业 $p=0.045$
对可疑病例家属进行核酸检测和体温健康检测	职业 $p=0.031$

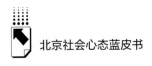

7. 不同群体居民对心理疏导工作的满意度方差分析结果

对疫情期间的心理疏导工作，不同户籍所在地群体［F（3，1372）= 2.682，$p = 0.045$］、不同家庭住址群体［F（2，1373）= 3.181，$p = 0.042$］以及不同教育水平群体［F（2，1368）= 2.436，$p = 0.018$］的满意度均呈现显著差异（见表3）。

表3　对做好疫情期间居民的心理疏导工作措施的满意度差异

项目	p 值	结果
户籍所在地	0.045	外地农村满意度最高，北京城市满意度最低
家庭住址	0.042	农村最高，城市最低
教育水平	0.018	受教育程度越高，满意度越低

8. 疫情对居民生活的影响分析结果

研究发现，疫情对居民生活影响最大的是旅游休闲，其次是日常生活、交通出行，然后是身心健康和工作（见表4）。

表4　被调查者受到的疫情影响

影响内容	身心健康	交通出行	旅游休闲	日常生活	工作	没有影响
影响频次	452	550	740	582	413	301

四　结论与讨论

（一）疫情防控工作获得市民高度认可

调查结果显示，新冠肺炎疫情发生后，北京市严格落实疫情防控要求，精心组织，严密部署，联防联控，措施得力，成效明显，这是市民满意度较高的主要原因。具体如下。

一是防控措施全面，应急部署及时。疫情发生以后，各级党委、政府高度重视，北京市及各区疫情防控应急指挥部及时做出多项部署，从限制人员流动、积极采取防控措施和测量体温等多方面筑牢健康防护墙，全方位防控疫情。比如海淀区羊坊店街道铁西社区，在疫情面前不等不靠，大年初四紧急召开线上党委会，就社区封闭管理拿出具体方案，想方设法，在一小时之内落实完成社区大门的封闭工作，并将各种公告和宣传标语，在封门当天全部张贴完成。疫情防控期间，社区在街道党工委的领导下，统筹部署工作，将各种力量分为4个战斗组：人口普查组、宣传防疫组、大门值班组、应急统筹组，每个党委成员牵头分管一项工作，招募150多名志愿者加入防控值班队伍，针对北京西站客流量大的特点，将工作重点聚焦到应对返京人员高峰上，积累了铁西社区"防排三道防线"的典型经验。

二是信息渠道通畅，宣传动员到位。各级党委、政府和机关职能部门深入一线，利用流动宣传车、横幅、标语、微信群等各种形式，加大疫情防控知识科普力度，印发宣传材料，及时发布疫情信息，科学引导社会舆论。朝阳区太阳宫社区自新冠肺炎疫情防控工作开展以来，社区党委快速响应，第一时间成立疫情防控领导小组，组织全体社区工作者迅速投入战"疫"第一线，社区自制印发《疫情防控手册》，推出"益"起战"疫"系列视频，传播社区正能量，让居民学习防控知识和技能，通过视频提醒大家不去密集场所，减少人员接触，"宅"在家里为疫情防控做贡献。采取社工包楼、责任到人的方法，开启地毯式摸排走访，每天"逆行"两万步，织起疫情防控网。

三是责任落实到位，居民对打赢疫情防控攻坚战信心较高。面对疫情，全市上下众志成城、团结一心，科学、有效、坚决开展疫情阻击战，防控工作取得了明显成效。通过走访，83.5%的居民表示对打赢这场攻坚战非常有信心。

此次突如其来的疫情给社区居民带来很大的心理压力，各社区迎难而上，积极应对。顺义区天竺新新家园社区心理服务站启动了社区紧急心理危机干预方案，开通线上心理服务热线，第一时间为社区工作人员和居民提供心理援助。依托专业心理社会组织、社区心理志愿者小组，开展了一系列心

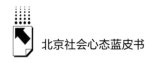

理干预工作，为隔离人群提供了心理测试、心理危机干预、一对一疏导；为普通人群提供心理健康自测、健康指导、心理援助热线；为一线工作人员提供减压方法、自我调节方式、心理援助热线或进行线上心理服务，及时为广大居民和工作人员送去了心灵慰藉。

（二）疫情防控措施对旅游休闲、日常生活、身心健康和工作影响较大

调查数据表明，疫情防控措施对旅游休闲、日常生活、身心健康和工作影响较大，分析如下。

一是旅游休闲已成为人们生活的普遍需求。近年来，我国的旅游业快速增长。突如其来迅速发酵的新冠肺炎疫情对旅游业造成了巨大影响。2020年春节黄金周成为我国现代旅游业40年以来最惨淡的一个黄金周，2020年上半年全国旅游业萎靡不振；同时，由于疫情的影响，我国出国的人数也大量减少，与非典相比，此次新冠肺炎疫情持续时间更久、威力更大，并且新冠病毒的潜伏期更久甚至出现了无症状感染者，旅游业的复苏和前景取决于疫情防控情况，很多企业面临巨大挑战，旅游企业的现金流遭到危机，延迟复工也对工业产品的出口产生了影响[①]。

二是对交通出行影响明显。新冠肺炎疫情发展迅速、传播广泛，病毒主要通过飞沫和与病患接触传播。为了控制疫情蔓延，各地各级政府都采取了强有力的措施，各个社区设置了卡点，在各个路口实行交通管控，号召居民取消聚餐、减少外出，并延长春节假期，防止人员流动带来疫情蔓延。调查表明，管控措施对居民交通出行造成多方面影响。

三是对日常生活影响较大。疫情虽然得到控制，可是它却会长久影响这个世界和我们的生活，民众的生活习惯已深深地改变。受疫情影响，各类商场、餐馆等人群聚集的场所都关门停业，线上购物成为首选。手机下单，可

---

① 薛宁、栾智淇、杨娴：《浅谈疫情对我国旅游业的影响以及建议》，《科学与技术》2020年第7期。

自取、可送货上门，既避免人员聚集，又能吃到价格合理、新鲜的蔬菜。由于消费惯性，疫情结束后，网络购物更加多元，成为主流消费习惯；虽然疫情缓解，但人们已适应戴口罩、勤洗手等卫生习惯；宅经济越来越兴盛，影音、游戏产业越来越好；就餐方式也发生了变化，不利于传播幽门螺旋杆菌和乙肝病毒的分餐制越来越流行；人们更加依赖于两条腿和共享单车，出租车和网约车迎来新一轮的大发展[1]。

四是身心健康受到影响。新型冠状病毒威胁我们的身体健康，使我们的生活失去了秩序感和控制感，让我们的身心产生一些反应，如紧张、焦虑、担心、害怕、失眠、恐惧等。比如在生理方面容易出现疲劳、心慌、头晕、失眠、食欲差等症状；情绪方面出现紧张、担心、焦虑，恐惧，易烦躁、愤怒、情绪低落，空虚、孤独、缺乏安全感等表现；在行为方面出现一些强迫行为，如反复洗手、反复消毒、不停刷屏查询疫情的最新信息等[2]。

五是对工作影响显著。对于企业来说，影响最为明显的是：包括但不限于餐饮、购物中心、游乐场、电影院等，长时间处于停业及半停业状态，企业收入减少，失业率提高；为了控制住疫情的发展，员工在家中远程办公，员工管理难度增加；企业的工作业务难以开展，例如无法出差和调研；市场上的用工需求减少；部分居民还反映自己是接触性从业人员，比如银行职员、医生都担心自己有被感染的风险，等等。

（三）信息披露与信息传递透明及时

疫情严重期间，北京市每天都召开疫情发布会，及时公布疫情信息，确保了居民第一时间掌握权威数据。调查表明，群众对政府信息发布透明及时的满意度均在84%以上（见表5）。

---

① 企鹅的博客：《新冠肺炎疫情将会深刻影响我们的生活习惯》（2020年3月20日），http：// blog. sina. com. cn/s/blog_ 64c483a10102youl. html，最后检索时间：2019年4月30日。

② 杨兴鹏：《疫情压力下的应激反应与应对策略》，《西南交大心理支持手册之二》，2020。

表5　及时、公开、透明发布疫情信息调查数据

选　项	小计	比例	
不满意	7		0.51%
基本满意	208		15.12%
满　意	1161		84.37%
本题有效填写人次	1376		

（四）管控措施整体处于高水平，社区(村庄)封闭管理评价较高

社区是疫情防控的重要卡点和服务平台，是疫情防控的最后堡垒，各级党委、政府都非常重视疫情防控重点的封闭管理工作，充分发挥党员干部的先锋模范作用，联防联控，严防死守。在社区（村）封闭管理、密切接触者和疫情严重地区返回人员管理、居民健康监测、设置交通防控检查点、公共场所消毒、垃圾桶消毒等具体措施满意度调查中，群众满意度达到了75.87%（见表6）。

表6　居民小区实行封闭式管理，对交通工具及乘员进行跟踪检查调出数据

选　项	小计	比例	
不满意	10		0.73%
基本满意	322		23.4%
满　意	1044		75.87%
本题有效填写人次	1376		

五　对策与建议

北京市在疫情防控中，组织严密，措施得力，取得了丰硕成果，但在市

民评价和访谈中，发现也有不满意的选项。经过课题组分析讨论，认为采取疫情防控措施，还需要注意以下几个方面。

（一）建立高效疫情防控机制，疫情防控措施更加精准

在"停工、停产、停业、停课，延长假期，倡导在家办公、学习"措施调查中，提出"不满意"的有21人，占到1.53%。不满意人群的主要诉求是，需要防控工作精细精准落实到位，以满足复工复产的需求和人们对正常生活的渴望。

疫情防控工作贵在落实，难在精准。提高疫情监测的敏感性和准确性，强化社区网格化管理，推动源头防控的数字化和精准化，降低防控成本，提高防控效率，减少对老百姓的生活生产影响，是后疫情期防控工作的重点和难点。习近平总书记对完善公共卫生体系提出了"整体谋划、系统重塑、全面提升"的12字总体要求，强调改革疾病预防控制体系，提升疫情监测预警和应急响应能力。其中，精准化的理念贯穿在预防与应急机制的建设过程之中。比如，在预防机制建设中强调预防是最经济最有效的健康策略，要立足更精准更有效地防，优化完善疾病预防控制机构职能设置，创新医防协同机制，强化各级医疗机构疾病预防控制职责等；疫情监测预警贵在及时、准确，要改进不明原因疾病和异常健康事件监测机制，提高评估监测敏感性和准确性①。

强化社区网格化管理，推动源头防控精准化。从全面防控转向重点防控，就是要聚焦重点领域和关键环节，突出重点、补齐短板，以精准谋划和主动作为，遏增量防变量，牢牢掌握住防控主动权；时刻绷紧疫情防控这根弦，推动责任落实精准化。疫情防控虽然走向常态化，但并不意味着可以放一放、缓一缓，仍要以"责任重于泰山"的意识，以勇于担当作为的精神风貌，坚决打赢疫情防控阻击战。拧紧联防联控责任链条，针对防控任务中

---

① 习近平：《整体谋划系统重塑全面提升 织牢织密公共卫生防护网》，《人民日报》2020年5月25日。

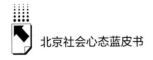
的摸底排查、监测检测、应急处置、科学救治、物资供应等各环节，细化流程、明确分工、精准定责，形成全流程无缝隙责任衔接，打好防控治"组合拳"，切实把防控措施抓实抓细，精准落实①。

（二）充分利用现代信息技术，疫情防控措施更加高效

通过对影响总体满意度的因素进行回归分析，年龄和教育水平对满意度有负向的预测作用，年龄越大的群体对防疫措施的满意程度越低；教育水平越高的群体对防疫措施的满意程度越低。课题组分析，教育水平较高的群体不满意的主要原因是疫情防控措施中缺乏现代科技技术的应用；老年人群体不满意是因为没有考虑到老年人技术操作落后的问题，缺少适合老年人的政策和帮助。

习近平总书记在《全面提高依法防控依法治理能力 健全国家公共卫生应急管理体系》② 一文中指出"既要立足当前，科学精准打赢疫情防控阻击战，更要放眼长远，总结经验、吸取教训，针对这次疫情暴露出来的短板和不足，抓紧补短板、堵漏洞、强弱项，该坚持的坚持，该完善的完善，该建立的建立，该落实的落实，完善重大疫情防控体制机制，健全国家公共卫生应急管理体系"。疫情结束之后，思考运用大数据、人工智能、云计算等数字技术，在疫情监测分析、病毒溯源、防控救治、资源调配等方面更好地发挥支撑作用，如何更为全面、深入和妥善地融入公共卫生应急管理体系，已成为一个课题。

下一步，可以考虑人工智能在更多领域的应用。在前端，助力医疗和科研攻关，病毒溯源、减轻医护压力、寻找疫情原因、控制风险存量；在中端，针对疫情传播过程，运用数据信息优势，助力控制风险增量；在后端，助力解决恢复经济社会正常运行的问题，帮助恢复和维持正常的经济社会秩序。同时，还可以利用人工智能建立统一的突发事件风险监测与预警信息共

---

① 邸晓星：《常态化疫情防控重在精准》，《求知》2020 年第 6 期。
② 习近平：《全面提高依法防控依法治理能力 健全国家公共卫生应急管理体系》，《求是》2020 年 2 月 29 日。

享平台，加强复杂多元异质数据处理和复杂建模分析，实现智能预测预警、形势分析及趋势研判、风险评估等。另外，还可以加快人工智能技术在社区随访的检测、医疗物资的调配、诊疗决策辅助等更多的医疗场景中的应用①。

充分利用大数据功能，与网格化管理、个人信息扫码登记等防控措施结合起来，实现大数据共享；发挥 5G 网络"高带宽、低时延、大连接"的特性，为疫情期间精准化防控和复工复产复课提供强大信息基础设施网络；依托云平台有序推动复工复产复课。拓展平台应用，发挥工业互联网平台全要素、全产业链、全价值链作用，通过供需对接、动态调配、云上复工、线上招聘等产品和服务，助力企业复工复产、保障经济平稳运行；紧扣大数据分析追踪管理流动人员。在疫情防控方面，大数据等信息技术应用到监测分析、传染源追踪、人员流动、在线问诊等多个重要防控环节，做好"精准"智防、"精密"智控、"精确"智联；引入区块链溯源监测和社会化治理。疫情防控涉及信息透明、信任机制、物品溯源、数据合理共享、隐私保护。区块链帮助慈善公益更公开透明，让数据晒在阳光下，增强慈善组织公信力。借助区块链建立真实可信的物资溯源机制，让医疗物资与医院需求更加匹配②。

（三）发挥专业社会组织作用，疫情防控组织更加多元

在"做好疫情期间居民的心理疏导工作"选项中，提出不满意的有 20 人，占比 1.45%。主要原因是心理压力大，没有得到专业及时的心理服务，这与许多专业的社会组织未能积极参与疫情防控工作有关。

疫情防控工作是一场战役，需要各级各类人员共同作战。专业社会机构和志愿组织是重要的参与者，是不可忽视的抗疫力量。党的十九大报告提出，加强社区治理体系建设，发挥社会组织作用，不断提升社会治理"社

---

① 常金萍：《浅析人工智能在新冠肺炎疫情防控中的作用》，《中小企业管理与科技》2020 年第 4 期。
② 常如平：《运用新一代信息技术支撑服务疫情防控》，《唯实》2020 年第 5 期。

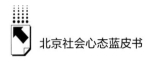

会化、法治化、智能化、专业化"水平。党的十九届四中全会强调，构建基层社会治理新格局，完善群众参与基层社会治理的制度化渠道。在应对新冠肺炎疫情中，社区中的社会组织和志愿力量是其中重要的参与者。疫情防控是一场总体战，必须发动全社会构筑"战疫"牢固屏障。在充分发挥政府职能部门、医疗科研机构职能与专业优势的基础上，积极动员市场主体、社会力量有序参与疫情防控，建立健全统一指挥、统筹协作、衔接顺畅的社会防疫协同应急治理体系。统筹动员社会组织、志愿者团体等社会力量、社会资源加入疫情防控应急救援工作，充分发挥社会互助、心理疏导、法律援助等专业救援的功能作用，提升群策群力、共抗疫病的综合效应①。

新冠肺炎疫情发生之初，北京市社会心理工作联合会发出了"京鄂I Will志愿者联合行动"号召，北京市海淀区蓝海心理事务所（以下简称"蓝海心理"）积极配合"京鄂I Will志愿者联合行动"，尽最大努力为一线工作人员和社区居民提供心理支持，完成社工个案咨询65人次；完成志愿者咨询师督导40多小时；组织疫情期间家庭系统心理教育公益课堂讲座56场，在中国社会心理学会、北京市社会心理服务促进中心、北京市社会心理工作联合会组建的300多个微信群中，及时发送防护宣传、政策解读、专业医护、心理援助、人际沟通等方面的信息，特别是防疫抗疫心理防护知识宣传，以心战疫，传承大爱，践行了一个社会组织的责任，成为协助政府提供公共服务的"生力军"，促进社会协商的"润滑剂"和调解社会矛盾的"减压阀"。实践证明，充分发挥社会机构和志愿组织的专业优势，积极统筹各方力量共同抗疫，事半功倍。

（四）引导公众消除恐慌心理，疫情防控信心更加坚定

从调查中得知，公众对疫情存在恐慌心理，比如部分居民，尤其是一些老年居民、患有精神类疾病的居民，还是会感到无助、害怕、烦躁、易怒、心惊胆战等负面情绪，社会心理服务工作任重道远。

---

① 沈和、王自华：《重大疫情防控亟须强化五个能力建设》，《中国经济时报》2020年3月30日。

公众的恐慌心理,一方面受到自身认知的影响,另一方面受到社会心态的影响。新冠肺炎疫情的防控不仅仅需要有形的物质支持,也要重视建设积极的社会心态这一无形的援助。凝聚社会力量,加强心理建设,齐心协力共同抗击疫情,是消除公众心理恐慌的有效手段。

信心是社会心态中最宝贵的资源。凝聚社会力量,同心抗击疫情,取得抗击疫情的全面胜利是有效消除公众心理恐慌的最好药方。通过访谈了解到,90%以上的受访者对抗击疫情充满信心,而且目前大多数公众的心理已逐步进入适应期,整个社会心态更趋积极。在引导公众消除恐慌心理中,北京市社心联"I Will"志愿服务"三位一体"的模式就取得了非常理想的效果。自2020年1月28日开始,行动组在1000多名志愿者中选拔出140多名包括医师、心理咨询师、社会工作师等职业的志愿者,组成"京鄂I Will志愿者联合行动组三合一"指导小组,进驻武汉地区居民隔离群中,开展心理知识科普,缓解焦虑情绪,进行心理应激干预,行动组的志愿服务实行每一小组三班倒的模式,每班次配备医师、心理咨询师、社工师各两人共六人,一天分三个班次,即8~13点、13~18点、18~23点,进行线上答疑与辅导。咨询主要包括身体健康、心理情绪、隔离问题、生活情况、家人关系等方面,各专家依据不同的专长予以解答和安抚,并为大家提出居家隔离期间生活、娱乐和心理保健方面的建议。"三位一体"的模式为武汉疫区的志愿者、社会工作者、社区居民抗击疫情提供了一项全新社会服务模式。

B.7
北京市居民社会焦虑现状调查

杨智辉 李璐涵 刘佳薇*

摘　要：　目的：本研究旨在了解当前北京市居民的社会焦虑现状并探索影响居民社会焦虑的因素。方法：本研究采用问卷法对1758名北京市居民的社会焦虑现状进行调查。结果：北京市居民的社会焦虑处于中等偏上水平。北京市居民的社会焦虑水平受到年龄、婚姻状况、文化程度、工作状态、月收入水平、子女数量以及主观社会阶层等人口学变量影响。北京市居民的社会焦虑水平越高，生活满意度、积极情绪、亲环境行为水平越低。

关键词：　社会焦虑　生活满意度　积极情绪　北京市居民

一　引言

后疫情时代，国家复工复产有条不紊地进行，但是国家的经济发展形势和人们的生活方式都有了许多改变，因此在国家发展的关键时期，研究并提出缓解社会焦虑的对策是一项十分重要的社会任务。本次调查

---

* 杨智辉，博士，北京林业大学人文社会科学学院教授，博士生导师，主要研究方向为心理咨询与治疗，生态环境与个体发展；李璐涵，北京林业大学人文社会科学学院在读硕士，主要研究方向为临床心理学；刘佳薇，北京林业大学人文社会科学学院在读硕士，主要研究方向为临床心理学。

以北京市居民为主要调查对象，考察北京市居民社会焦虑整体水平，以及不同群体社会焦虑水平的差异，为缓解居民的社会焦虑提供数据支持。

二 研究方法

（一）研究对象

本研究以多阶段随机抽样法，通过网络平台 Credamo、"问卷星"以及面对面填答等方式，在北京市 16 个区县发放问卷。共计收回有效问卷 1758份。被试基本信息如表 1 所示。

表 1 被试基本信息

单位：人，%

人口学变量	类别	人数	比重
性别	男	869	49.43
	女	889	50.57
年龄	20 岁及以下	64	3.64
	21～30 岁	302	17.19
	31～40 岁	323	18.37
	41～50 岁	324	18.43
	51 岁及以上	743	42.26
	缺失	2	0.11
月收入	无收入	74	4.21
	2000 元及以下	152	8.65
	2001～8847 元	860	48.92
	8848～15000 元	468	26.62
	15001～20000 元	137	7.79
	20001 元及以上	67	3.81

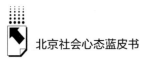

续表

人口学变量	类别	人数	比重
职业	临时工、农业劳动人员	19	1.08
	体力劳动和个体经营人员、技术工	207	11.78
	一般管理人员与一般专业技术人员	510	29.01
	中层管理人员与中层专业技术人员	498	28.33
	职业高级管理人员与高级技术人员、专业主管人员	105	5.97
	缺失	419	23.83
主观社会阶层	上层	135	7.68
	中层	883	50.23
	中下层	655	37.26
	最下层	85	4.83
婚姻状况	无伴侣	325	18.49
	有伴侣	1433	81.51
文化程度	初中及以下	123	7.00
	中专或职高	217	12.34
	高中	221	12.57
	大专	319	18.15
	本科	764	43.46
	硕士、博士	114	6.48
住址类型	城区	1365	77.65
	郊区	195	11.09
	农村	198	11.26
户籍所在地	北京城市	897	51.03
	北京农村	221	12.57
	外地城市	474	26.96
	外地农村	166	9.44
工作状态	临时工作	105	5.97
	正式工作	1234	70.19
	无业、失业或下岗	56	3.19
	离退休	228	12.97
	学生	132	7.51
	其他	3	0.17

续表

人口学变量	类别	人数	比重
	未生育	315	17.92
子女数量	一个孩子	1127	64.11
	两个及以上孩子	316	17.97

（二）研究工具

1. 基本人口统计学变量

包括性别、年龄、婚姻状况、文化程度、目前工作状态、收入水平、住址类型、户籍所在地、子女数量、主观社会阶层、职业等方面。

2. 社会焦虑

采用郭燕梅编制的社会焦虑问卷[1]。该问卷共有 16 道题目，被试选择与自己实际相符的选项，采用 4 点计分（1 = 完全没有，4 = 非常明显）。得分越高，表示社会焦虑水平越高。

3. 生活满意度

生活满意度问卷（Satisfaction with Life Scale，SWLS）由 Diener 等人于 1985 年编制[2]。该问卷共有 5 个题目，要求被试在 7 点量表上表明自己对题项所陈述情况的同意程度（1 = 非常不同意，7 = 非常同意）。得分越高，表示生活满意度水平越高。

4. 积极情绪、消极情绪

积极情绪、消极情绪量表[3]。采用积极、消极情绪体验描述词各 9 个，

---

[1] 郭燕梅：《相对剥夺感预测集群行为倾向：社会焦虑的调节作用》，山东师范大学硕士学位论文，2013，第 34 页。

[2] Diener, E., Emmons, R. A., Larsen, R. J., & Griffin, S., "The Satisfaction With Life Scale," Journal of Personality Assessment 49 (1985): pp. 71 - 75.

[3] Watson, D., Clark, L. A., & Tellegen, A. "Development and Validation of Brief Measures of Positive and Negative Affect-the Panas Scales," Journal of Personality and Social Psychology 54 (1988): pp. 1063 - 1070.

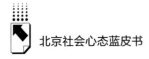

要求被试在 5 点量表 (1 = 非常轻微或根本没有, 5 = 非常强烈) 上回答一周内在多大程度上体验到这些词语所描述的情绪。积极情绪部分得分越高, 表示积极情绪程度越高, 消极情绪部分得分越高, 表示消极情绪程度越高。

5. 亲环境行为

本研究采用刘贤伟等编制的自评亲环境行为量表①。该量表共有 11 道题目 2 个维度, 其中公领域行为 6 道题目, 私领域行为 5 道题目。公领域行为主要指参加公共组织的环境保护行为, 例如为环保组织捐款等, 私领域行为主要指个人日常生活中的环保行为, 如购买环保产品等。采用 5 点计分, 其中 1 表示 "从不"、2 表示 "很少"、3 表示 "偶尔"、4 表示 "有时"、5 表示 "经常"。总分范围在 11 ~ 55 分, 分数越高, 表示被试平时的亲环境行为水平越高。

三 研究结果

(一) 北京市居民社会焦虑的总体情况

总体来说, 北京市居民社会焦虑平均分为 40.32 分, 换算成百分制为 63.00 分。每题平均分为 2.52 分。社会焦虑量表采用 4 点计分, 分值越高, 社会焦虑水平越高, 因此北京市居民的社会焦虑处于中等偏上水平。

(二) 北京市居民社会焦虑的基本特点

1. 北京市居民社会焦虑的性别差异

本研究对不同性别北京市居民的社会焦虑水平进行独立样本 t 检验, 结果发现, 男性和女性的社会焦虑水平无显著差异。男性的社会焦虑均值为 63.71 分, 女性的社会焦虑均值为 62.36 分 (见图 1)。这与 2019 ~ 2020 年

---

① 刘贤伟、吴建平:《大学生环境价值观与亲环境行为: 环境关心的中介作用》,《心理与行为研究》2013 年第 6 期, 第 780 ~ 785 页。

的北京市社会心态报告结果一致。说明随着国家的现代化、社会的进步，男女在日常生活、工作中逐渐受到平等对待。

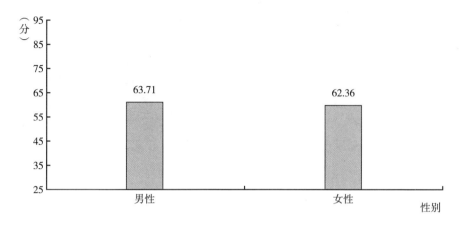

图1　2020年不同性别北京市居民社会焦虑得分情况

2. 北京市居民社会焦虑的年龄差异

本研究对不同年龄段的北京市居民社会焦虑水平进行单因素方差分析，结果显示（见图2），不同年龄段北京市居民的社会焦虑水平有显著差异（$F=11.33$，$p<0.01$）。进行事后比较发现，30岁及以下的北京市居民社会焦虑水平显著高于30岁以上的北京市居民。本研究中20岁及以下的北京市居民社会焦虑水平最高，由于青年人是学习、工作的主要群体，受到的学习、工作压力相对更大，并且生活状态没有中老年人稳定，仍存在许多不确定性因素，因此社会焦虑水平更高。

3. 北京市居民社会焦虑的婚姻状况差异

本研究对不同婚姻状况的北京市居民社会焦虑水平进行独立样本 t 检验，结果发现（见图3），不同婚姻状况的北京市居民社会焦虑水平存在显著差异（$t=8.56$，$p<0.001$）。有伴侣（已婚、同居）的居民社会焦虑水平显著低于无伴侣（未婚、离异、丧偶）的居民。在非稳定的婚姻状况下，居民的生活状态仍充满不确定性，还有许多风险因素可能会影响其生活水平，因此社会焦虑水平偏高。

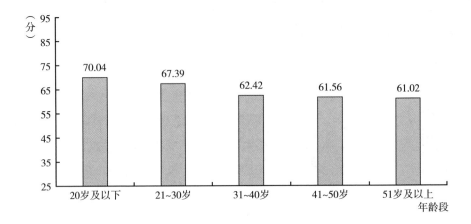

图2　2020年不同年龄段的北京市居民社会焦虑得分

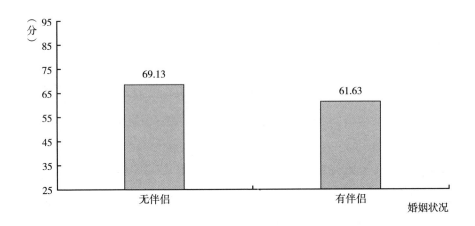

图3　2020年不同婚姻状况的北京市居民社会焦虑得分

4. 北京市居民社会焦虑的文化程度差异

本研究对不同文化程度的北京市居民社会焦虑水平进行单因素方差分析。由于调查过程中小学及以下、博士学历的人数较少，因此小学及以下与初中学历人数合并分析，硕士与博士学历人数合并分析。结果发现（见图4），不同文化程度的北京市居民社会焦虑水平有显著差异（$F = 5.13$，

$p < 0.001$）。进一步事后检验发现，高中学历的北京市居民社会焦虑水平显著低于本科、硕士和博士学历的北京市居民社会焦虑水平。大专学历的北京市居民社会焦虑水平显著低于除高中学历外的其他文化程度的北京市居民。

研究结果显示，不同文化程度的北京市居民社会焦虑呈两极分化现象，文化程度为硕士和博士学历的北京市居民社会焦虑水平最高。随着国家教育水平不断提高，研究生数量逐年增加，但与此同时高学历群体的生活和工作压力加大，教育收益与成本不再成正比，因此高学历居民的社会焦虑水平高。另外，低学历居民（初中及以下、中专或职高）由于学历较低而限制了就业选择，处于需要为生计不断奔波的阶段，就会因无法提高自身的生活水平而担忧，导致较高的社会焦虑水平。

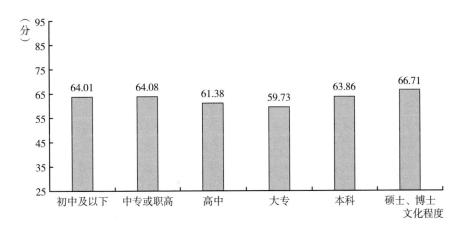

图4　2020年不同文化程度的北京市居民社会焦虑得分

5. 北京市居民社会焦虑的工作状态差异

本研究对不同工作状态的北京市居民社会焦虑水平进行单因素方差分析，由于"其他"类别下的居民人数较少，因此将其删除。结果显示不同工作状态的北京市居民社会焦虑水平存在显著差异（$F = 14.65$，$p < 0.001$）。进一步事后检验发现，学生与无业、失业或下岗居民的社会焦虑水平显著高于有正式工作与离退休群体（见图5）。

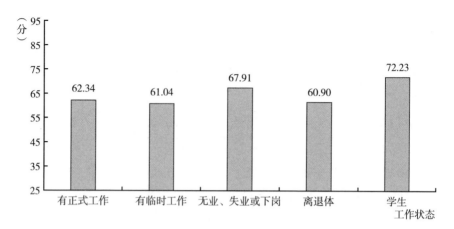

图5　2020年不同工作状态的北京市居民社会焦虑得分

　　研究结果显示，学生与无业、失业或下岗居民的社会焦虑水平最高。学生作为即将进入社会的群体，对未来可能还比较迷茫。此外，由于疫情，许多企业对人员需求进一步下降，当前学生们的就业压力巨大，导致学生社会焦虑水平提高。无业、失业或下岗居民社会焦虑水平高可能是因为这些群体基本都没有稳定的工作，相比其他群体竞争力不够强，因此如何在社会生存下去成为其急需解决的问题。

　　6. 北京市居民社会焦虑的月收入水平差异

　　本研究对不同月收入水平的北京市居民社会焦虑水平进行单因素方差分析，结果显示，不同月收入水平的北京市居民社会焦虑水平存在显著差异（$F = 7.26$，$p < 0.001$）。进一步事后检验显示，无收入与月收入为2000元及以下的北京市居民社会焦虑水平显著高于月收入2001元及以上的北京市居民。结果说明没有稳定收入或收入较低的个体社会焦虑水平更高（见图6），生存性焦虑是导致人们社会焦虑的一个重要因素。收入水平较低意味着生活质量不高，仅仅能够做到温饱，因此居民不可避免地会对生计、健康等生存性问题产生担忧。

　　7. 北京市居民社会焦虑的住址类型、户籍所在地差异

　　本研究分别对北京市居民社会焦虑的住址类型、户籍所在地差异进行单因素方差分析，结果显示不同住址类型、户籍所在地的北京市居民的社会焦

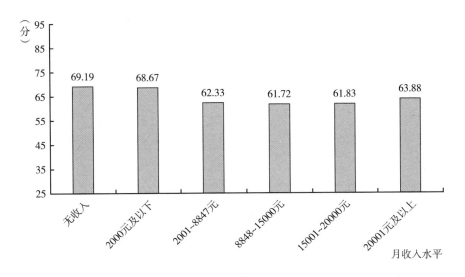

图6　2020年不同工作收入的北京市居民社会焦虑得分

虑水平均无显著差异（$F = 1.581$，$F = 0.151$，$ps > 0.05$）。

8. 北京市居民社会焦虑在不同子女数量上的差异

本研究对不同子女数量的北京市居民社会焦虑水平进行单因素方差分析，结果发现，北京市居民社会焦虑水平在不同子女数量上差异显著（$F = 27.17$，$p < 0.001$）。进一步事后检验发现，未生育的北京市居民社会焦虑水平显著高于有孩子的北京市居民（见图7）。已经拥有子女的居民基本都有较为稳定的家庭结构，而未生育的居民可能还处于不确定因素较多的生活状态，因此社会焦虑水平较高。

9. 北京市居民社会焦虑在不同主观社会阶层上的差异

本研究对北京市居民社会焦虑在不同主观社会阶层上的差异进行单因素方差分析。由于调查过程中主观社会阶层为最上层的人数较少，因此与中上层人数合并分析。合并后主观社会阶层分为上层、中层、中下层、最下层。结果显示，不同主观社会阶层上的北京市居民社会焦虑水平存在显著差异（$F = 5.57$，$p < 0.01$）。进一步事后检验发现，主观社会阶层为最下层、中下层的北京市居民社会焦虑水平分别显著高于主观社会阶层为上层、中层的北京市居民（见图8）。

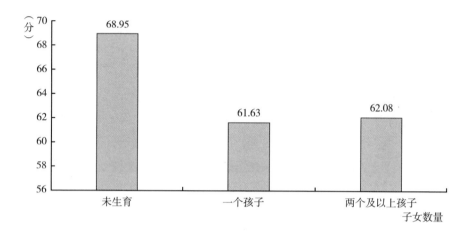

图7　2020 年不同子女数量的北京市居民社会焦虑得分

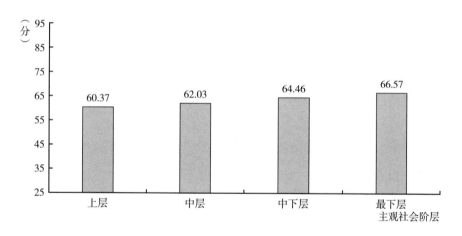

图8　2020 年不同主观社会阶层的北京市居民社会焦虑得分

　　居民主观社会阶层低说明其可能工作收入不理想、文化水平较低，可利用的社会资源少，其生存与发展压力相比其他人群更大，因此社会焦虑水平最高。相反，主观社会阶层为上层的居民，其各方面如工作收入、社会地位等都已达到较高的水平，所以基本没有生存与发展焦虑，社会焦虑水平就比较低。

10. 北京市居民社会焦虑在不同职业上的差异

本研究对不同职业的北京市居民社会焦虑水平进行单因素方差分析，结果发现，不同职业的北京市居民社会焦虑水平无显著差异（$F = 1.33$，$p > 0.05$）。

（三）社会焦虑与生活满意度、积极情绪、消极情绪、亲环境行为的相关分析

本研究采用皮尔逊相关分析考察北京市居民社会焦虑与生活满意度、积极情绪、消极情绪、亲环境行为的相关关系。结果发现，社会焦虑与生活满意度、积极情绪、亲环境行为呈显著负相关，与消极情绪呈显著正相关（见表 2）。生活满意度、积极情绪、亲环境行为水平越高，社会焦虑水平越低。因此本研究认为从民生、生态角度切入，提高居民生活满意度，加大环境治理力度，宣传人与自然和谐相处的理念能够有效减轻居民的社会焦虑。

表 2　生活满意度、积极情绪、消极情绪、亲环境行为与社会焦虑的相关关系

项　　目	社会焦虑	生活满意度	积极情绪	消极情绪	亲环境行为
社会焦虑	1				
生活满意度	-0.28 **	1			
积极情绪	-0.20 **	0.67 **	1		
消极情绪	0.32 **	-0.29 **	-0.19 **	1	
亲环境行为	-0.19 **	0.33 **	0.40 **	-0.28 **	1

注：** 即 $p < 0.01$。

四　思考与建议

通过调查分析，针对缓解社会焦虑工作中存在的问题，本研究提出了以下思考与建议。

（一）完善社会保障体系，保障和改善民生

本研究发现，月收入水平、工作状态、主观社会阶层会影响个体的社会

焦虑水平。对于低收入、工作状态不稳定以及主观社会阶层低的群体，生存和发展方面的不确定因素更容易引起负面情绪，从而产生社会焦虑。有研究表明，保障和改善民生是缓解社会焦虑的重要突破点[①]。因此，降低社会焦虑水平可以从保障和改善民生入手。具体来说，（1）从提高居民收入水平入手。本研究结果显示，无收入和2000元及以下收入水平的群体社会焦虑水平最高，因此增加该群体的收入尤为重要，可以通过适当提高北京市最低工资标准，以缓解低收入群体的经济状况。另外"十四五"规划提出，可以通过探索土地、资本等要素使用权、收益权增加中低收入群体要素收入，此举也能够有效地缓解民众因为月收入水平较低而带来的社会焦虑状况。（2）从帮扶就业入手。本研究结果显示，学生群体的社会焦虑水平相对最高。应将学生群体作为重点帮扶群体，精准投放就业岗位，为即将走向工作岗位的学生创造就业机会。鼓励应届生参加就业培训和指导，参与培训者可按政策规定享受培训补贴、职业技能鉴定补贴等。（3）从推进高质量社会保障入手。本研究显示，主观社会阶层为最下层的北京市居民社会焦虑水平最高。可以在医疗和住房方面加强对该群体的保障投入，保障其能够满足基本生活的需求以降低社会焦虑水平。在住房方面，扩大公租房的保障对象，或者效仿上海市试点"宿舍型"公租房，以满足更多人的住房需要，帮助居民进一步融入城市。在医疗方面，可以积极推进医药卫生体制改革，加强基层医疗卫生体系建设。各级医疗机构都应开设就医"绿色通道"，实行"先看病后付费"的医疗制度，切实解决低社会阶层群体看病的压力和负担。

（二）加强宣传教育与引导，建立有效的社会心理服务体系

研究结果显示，当前青年人的社会焦虑水平最高，因此加强对青年人价值观的正确引导对于缓解社会焦虑具有积极作用。加强对青年人价值观的正

---

① 刘捷：《社会焦虑心理的认知与疏导对策》，《福建论坛》（人文社会科学版）2013年第9期，第165～170页。

确引导，科学促进青年人形成健康向上的心理，关键是重视青年人思想道德教育，要在学校、社区积极开展多途径、多形式的思想道德教育，如学校可以通过思政教育、社会实践以及军训等活动倡导正确的价值观，企业可以通过团体建设等形式进行正确的财富观教育，提高青年人的思想道德素质。在此基础上，还要重视社会心理服务体系的建设，建立专业性的心理咨询与治疗服务体系有助于民众社会焦虑的缓解，如在学校、社区建立心理辅导站，给予其人力、资金等方面一定支持，帮助更多群体解决一般心理问题，以缓解社会焦虑；增设心理危机干预热线，让有需要的人能够及时求助。此外，应加强对心理健康知识教育的宣传与普及，如通过社区宣传栏、微信公众号推送等方式宣传、科普关于如何缓解抑郁、焦虑情绪等贴合民众情况的心理学小知识，为营造和谐美好的社会氛围助力。

（三）提升个体自我修养与能力，培育健康社会心态

提升个体自我修养和学习能力有助于个体在社会中获得更好的发展，从而提高自己的生活质量以及生活满意度。当个体已经出现焦虑情绪时，应该学会自己进行适当的调节。很多时候我们无法改变现实，但我们可以改变自己的认知模式。人们还可以借助一些放松活动，例如运动、深呼吸、冥想等方式来排解当下的焦虑情绪。此外，拥有一个良好的社会支持系统也能够有效帮助人们缓解焦虑情绪。所以个体在出现焦虑状态时，可以多和家人、朋友聊天，从而获得支持。当个体出现非常严重的焦虑情绪时，可以及时拨打心理热线求助。除此之外，个体应该注重提高自身的环境保护意识，环境是人类生存的前提基础，只有当我们生活在一个良好的生态环境下，才能感受到充分的安全和享受，从而得到身心放松。

B.8
北京市居民集体主义价值观现状调查

夏宇欣　李璐涵　刘佳薇*

摘　要：　目的：了解当前北京市居民的集体主义价值观现状并分析集体主义价值观的影响因素。方法：采用问卷法调查了1758名北京市居民，分析集体主义价值观（分为慈善、传统、普遍性、安全、遵从五个维度）的基本特征，以及集体主义价值观与生活满意度、自尊、亲社会行为、亲环境行为的相关关系。结果：北京市居民对集体主义价值观的重视程度处于中等偏上水平。北京市居民对集体主义价值观的重视程度受到性别、年龄、婚姻状况、工作状态、月收入水平、家庭地址、户籍所在地、子女数量、主观社会阶层、职业等人口学因素影响。居民对集体主义价值观的重视程度越高，生活满意度、自尊、亲环境行为、亲社会行为水平越高。

关键词：　集体主义价值观　人口学因素　北京市居民

---

* 夏宇欣，博士，河北师范大学副教授，主要研究方向为应用心理学、心理咨询理论与实务；李璐涵，北京林业大学人文社会科学学院在读硕士，主要研究方向为临床心理学；刘佳薇，北京林业大学人文社会科学学院在读硕士，主要研究方向为临床心理学。

一　引言

集体主义价值观作为社会主义核心价值观的内核体现，其建设对社会主义核心价值观的树立具有重要作用①。与此同时，"两个一百年"的奋斗目标指引着我们奋勇前行，激励着我们为民族复兴而不懈努力。民众集体主义价值观教育已刻不容缓②，因为这对我国发展社会主义意识形态、建设社会主义先进文化、增强文化竞争力和国际影响力都具有重大而深远的意义。

本次调查以北京市居民为主要调查对象，考察北京市居民集体主义价值观特点，以及不同群体在集体主义价值观重视程度上的差异，对集体主义价值观与生活满意度、自尊、亲社会行为、亲环境行为进行相关分析，为加强居民对集体主义价值观的认同提供数据支持。

二　研究方法

（一）研究对象

采用多阶段整群随机抽样法在北京市 16 个区县进行调研，通过网络平台 Credamo、"问卷星"以及面对面填答等方式，共收集有效问卷 1758 份，有效被试基本信息见表 1。

---

① 赵胜男、刘向军：《志愿者行动与当代大学生集体主义价值观培养》，《才智》2020 年第 18 期，第 59 页。
② 张自军：《对新时期大学生集体主义精神培育的思考》，《黑龙江教育（理论与实践）》2016 年第 10 期，第 33～34 页。

表1 有效被试基本信息

单位：人，%

人口学变量	类别	人数	比重
性别	男	869	49.43
	女	889	50.57
年龄	20 岁及以下	64	3.64
	21~30 岁	302	17.19
	31~40 岁	323	18.37
	41~50 岁	324	18.43
	51 岁及以上	743	42.26
	缺失	2	0.11
月收入	无收入	74	4.21
	2000 元及以下	152	8.65
	2001~8847 元	860	48.92
	8848~15000 元	468	26.62
	15001~20000 元	137	7.79
	20001 元及以上	67	3.81
职业	临时工、农业劳动者	19	1.08
	体力劳动和个体经营人员、技术工	207	11.78
	一般管理人员与一般专业技术人员	510	29.01
	中层管理人员与中层专业技术人员	498	28.33
	职业高级管理人员与高级技术人员、专业主管人员	105	5.97
	缺失	419	23.83
主观社会阶层	上层	135	7.68
	中层	883	50.23
	中下层	655	37.26
	最下层	85	4.83
婚姻状况	无伴侣(未婚、离异、丧偶)	325	18.49
	有伴侣(已婚、同居)	1433	81.51
文化程度	初中及以下	123	7.00
	中专或职高	217	12.34
	高中	221	12.57
	大专	319	18.15
	本科	764	43.46
	硕士、博士	114	6.48
住址类型	城区	1365	77.65
	郊区	195	11.09
	农村	198	11.26

续表

人口学变量	类别	人数	比重
户籍所在地	北京城市	897	51.03
	北京农村	221	12.57
	外地城市	474	26.96
	外地农村	166	9.44
工作状态	临时工作	105	5.97
	正式工作	1234	70.19
	无业、失业或下岗	56	3.19
	离退休	228	12.97
	学生	132	7.51
	其他	3	0.17
子女数量	未生育	315	17.92
	一个孩子	1127	64.11
	两个及以上孩子	316	17.97

（二）研究工具

1. 人口统计学信息

调研收集的人口统计学信息包括性别、年龄、婚姻状况、月收入、文化程度、当前工作状态、职业、户籍所在地、住址类型、子女数量和主观社会阶层。

2. 价值观量表

采用 Schwartz 等人编制的价值观量表①中属于集体主义价值观范畴的"慈善"、"普遍性"、"遵从"、"安全"和"传统"维度的题项进行施测。其中慈善指维护和提高那些自己熟识的人们的福利；普遍性指为了所有人类和自然的福祉而理解、欣赏、忍耐、保护；遵从指对行为、喜好和伤害他人或违背社会期望的倾向加以限制；安全指社会的稳定、关系的稳定和自我稳定；传统指尊重、赞成和接受文化或宗教的习俗与理念。该量表采用 6 点计

---

① Schwartz, S. H., & Boehnke, K., "Evaluating the Structure of Human Values with Confirmatory Factor Analysis," *Journal of Research in Personality* 38 (2004): pp. 230 – 255.

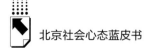
分（1 = 非常不相似，6 = 非常相似），要求被试评定每个价值观条目与自己价值观的相似性。被试在某一价值观维度上得分越高，说明该价值观类型对其重要程度越高。

3. 生活满意度

采用 Diener 等人于 1985 年编制的生活满意度问卷①，共有 5 个题目，采用 7 点计分（1 = 非常不同意，7 = 非常同意），要求被试评定自己对题项所陈述情况的同意程度，得分越高表示生活满意度越高。

4. 自尊

采用 Rosenberg 编制的自尊量表②。该量表由 10 个题目组成，采用自评式 4 点计分（1 = 非常符合，4 = 很不符合），要求被试评定各条目描述与自己的符合程度，得分越高表示自尊程度越高。

5. 亲社会行为

采用丛文君修订的《亲社会行为测量问卷》③ 来测量亲社会行为水平，共 23 个题目，由公开性、匿名性、利他性、依从性、情绪性和紧急性 6 个维度组成。量表采用 5 点计分（1 = 完全不符合，5 = 完全符合），要求被试评定各条目描述与自己的符合程度。得分越高，表示亲社会行为水平越高。

6. 亲环境行为

采用刘贤伟等编制的自评亲环境行为量表④。该量表共有 11 个项目，分为 2 个维度，其中公领域行为维度包括 6 个题目，私领域行为维度包括 5 个题目。公领域行为主要指参加公共组织的环境保护行为，例如为环保组织捐款等。私领域行为主要指个人日常生活中的环保行为，如购买环保产品

① Diener, E., Emmons, R. A., Larsen, R. J., & Griffin, S., "The Satisfaction With Life Scale," *Journal of Personality Assessment* 49 (1985): pp. 71 - 75.

② Winch, R. F., & Rosenberg, M., Society and the Adolescent Self-Image (Princeton: Princeton University Press, 1965).

③ 丛文君：《大学生亲社会行为类型现状及特征研究》，《安徽科技学院学报》2012 年第 2 期，第 121 ~ 125 页。

④ 刘贤伟、吴建平：《大学生环境价值观与亲环境行为：环境关心的中介作用》，《心理与行为研究》2013 年第 6 期，第 780 - 785 页。

等。量表采用 5 点计分（1＝从不，5＝经常）。得分越高，表示亲环境行为水平越高。

三 研究结果

（一）北京市居民对集体主义价值观重视程度的基本特点

北京市居民集体主义价值观平均值为 82.06 分，反映出北京市居民对集体主义价值观的重视程度总体处于中等偏上水平。其中，"遵从"维度、"安全"维度的得分最高，"普遍性"维度、"慈善"维度、"传统"维度次之（见表 2）。这说明北京市居民认为遵守规章制度、孝敬父母、文明有礼以及家庭安全、国家安全和社会秩序等安全问题是非常重要的。

表 2　2020 年北京市居民集体主义价值观及各维度平均分与标准差（M±SD）

项　目	M±SD	项　目	M±SD
慈　善	80.63±12.46	安　全	85.64±12.09
普遍性	82.16±12.21	传　统	74.25±15.46
遵　从	88.43±11.67	总　分	82.06±10.41

（二）不同性别北京市居民集体主义价值观重视程度的差异

为考察北京市居民集体主义价值观在性别上的差异，以性别为自变量，以对集体主义价值观的重视程度为因变量进行独立样本 t 检验。结果发现，不同性别的北京市居民仅在集体主义价值观的"传统"维度得分上存在显著差异（$t=2.83$，$p<0.01$），男性的"传统"维度得分（$M=75.31$）显著高于女性（$M=73.22$）（见表 3）。这说明男性比女性更重视、赞成和接受文化或宗教的习俗与理念。女性在传统的文化习俗观念里一直处于相对弱势的地位，而随着社会的高速发展，在提倡男女平等的现代化社会里，女性已

经"顶起半边天"。因此，相比传统观念，女性可能更愿意接受新时代下的文化观念。

表3　2020年北京市不同性别居民集体主义价值观重视程度的得分

维　度	性别($M \pm SD$)		t
	男	女	
普遍性	81.85 ± 12.60	82.47 ± 11.81	−1.06
慈　善	80.74 ± 12.56	80.52 ± 12.38	0.37
传　统	75.31 ± 15.09	73.22 ± 15.76	2.83**
遵　从	88.53 ± 11.88	88.34 ± 11.47	0.35
安　全	85.70 ± 11.92	85.58 ± 12.27	0.21
总　分	82.17 ± 10.60	81.94 ± 10.22	0.46

注：* $p < 0.05$，** $p < 0.01$，*** $p < 0.001$，下同。

（三）不同婚姻状况北京市居民集体主义价值观重视程度的差异

为考察北京市居民集体主义价值观在不同婚姻状况上的差异，对不同婚姻状况的居民对集体主义价值观的重视程度进行独立样本 t 检验。结果发现，不同婚姻状况居民对集体主义价值观的重视程度存在显著差异（$t = 4.76$，$p < 0.001$），并且不同婚姻状况居民在各维度得分上也存在显著差异。有伴侣（已婚、同居）的北京市居民集体主义价值观总分以及各维度上的得分均显著高于无伴侣（未婚、离异、丧偶）的北京市居民（见表4）。

表4　2020年北京市不同婚姻状况居民集体主义价值观重视程度的得分

维　度	婚姻状况($M \pm SD$)		t
	无伴侣	有伴侣	
普遍性	80.37 ± 11.70	82.55 ± 12.29	−2.92**
慈　善	78.38 ± 12.14	81.13 ± 12.48	−3.60***
传　统	69.83 ± 15.74	75.23 ± 15.24	−5.73***
遵　从	86.42 ± 12.64	88.88 ± 11.39	−3.21**
安　全	82.89 ± 12.91	86.25 ± 11.82	−4.53***
总　分	79.58 ± 10.08	82.60 ± 10.40	4.76***

研究结果显示,有伴侣的居民更加重视集体主义价值观。这可能是因为有了伴侣关系的居民相当于有了自己的家庭,身处在这个"小集体"中,为了让家庭成员生活得更好,家庭成员关系更和睦,个体愿意为他人着想并提供帮助。

(四)不同年龄段北京市居民集体主义价值观重视程度的差异

为考察北京市居民集体主义价值观在年龄上的差异,以年龄(20岁及以下、21~30岁、31~40岁、41~50岁、51岁及以上)为自变量、以对集体主义价值观的重视程度为因变量进行单因素方差分析。结果发现,不同年龄段北京市居民在集体主义价值观的"传统"维度、"安全"维度以及集体主义价值观总分上存在显著差异($F = 5.35$,$p < 0.001$;$F = 4.94$,$p < 0.01$;$F = 2.73$,$p < 0.05$)。事后比较发现,20岁及以下的居民在以上两个维度的得分以及集体主义价值观总分上均显著低于其他年龄段的居民(见表5)。

从研究结果中可以发现,20岁及以下的居民相比其他年龄段的居民在"传统"维度价值观、"安全"维度价值观上得分较低,这可能是因为这个年龄段个体的价值观仍处于形成阶段、不够稳定,因此对年龄较小的民众进行集体主义价值观教育非常必要。

表5　2020年北京市不同年龄段居民集体主义价值观重视程度的得分

维　度	年龄段($M \pm SD$)					F
	20岁及以下	21~30岁	31~40岁	41~50岁	51岁以上	
普遍性	82.07 ± 10.50	81.30 ± 12.15	83.46 ± 11.83	82.82 ± 11.25	81.67 ± 12.88	1.83
慈　善	78.07 ± 10.79	79.90 ± 12.05	80.92 ± 12.90	80.79 ± 12.06	80.95 ± 12.73	1.11
传　统	68.40 ± 16.88	71.84 ± 14.75	75.77 ± 15.55	74.64 ± 14.73	74.91 ± 15.70	5.35 ***
遵　从	86.89 ± 11.64	87.90 ± 11.56	89.01 ± 11.60	89.61 ± 10.41	88.02 ± 12.23	1.69
安　全	81.68 ± 12.74	83.92 ± 11.55	86.58 ± 11.73	87.09 ± 11.28	85.64 ± 12.61	4.94 **
总　分	79.69 ± 8.60	80.91 ± 10.02	82.97 ± 10.50	82.74 ± 9.50	82.02 ± 10.97	2.73 *

(五)不同工作状态北京市居民集体主义价值观重视程度的差异

为考察北京市居民集体主义价值观在不同工作状态上的差异,以工作状态为自变量、以对集体主义价值观的重视程度为因变量进行单因素方差分析。结果发现，不同工作状态的北京市居民在集体主义价值观的"普遍性"维度、"慈善"维度、"传统"维度和"安全"维度上存在显著差异（$F=2.70$，$p<0.05$；$F=2.58$，$p<0.05$；$F=6.21$，$p<0.001$；$F=4.40$，$p<0.05$），在集体主义价值观总分上也存在显著差异（$F=4.23$，$p<0.05$）（见表6）。

表6　2020年北京市不同工作状态居民集体主义价值观重视程度的得分

维度	工作状态（$M \pm SD$）						F
	正式工作	临时工作	无业、失业或下岗	离退休	学生	其他	
普遍性	82.57±11.81	78.92±14.37	81.10±14.72	82.76±12.15	80.16±12.61	84.26±10.52	2.70*
慈善	80.90±12.26	78.06±14.00	79.52±14.53	81.78±12.53	78.69±11.58	70.00±8.82	2.58*
传统	74.74±15.19	72.59±15.28	73.02±16.36	76.29±15.17	67.68±16.85	74.07±16.04	6.21***
遵从	88.65±11.27	85.71±13.84	88.10±12.00	89.40±11.41	86.83±13.42	94.44±9.62	2.21
安全	85.76±11.65	82.49±14.97	85.81±13.60	87.79±11.53	83.00±13.18	92.59±3.21	4.40*
总分	82.37±10.10	79.31±12.75	81.25±12.23	83.30±10.26	79.34±10.05	81.94±5.42	4.23*

事后比较发现，在"普遍性"维度上，有正式工作居民的得分（$M=82.57$）显著高于临时工作居民（$M=78.92$）和学生（$M=80.16$），临时工作居民的得分（$M=78.92$）显著低于离退休居民（$M=82.76$）；在"慈善"维度上，有正式工作的北京市居民的得分（$M=80.90$）显著高于临时工作居民（$M=78.06$），离退休北京市居民的得分（$M=81.78$）显著高于临时工作居民（$M=78.06$）和学生（$M=78.69$）；在"传统"维度上，临时工作居民的得分（$M=72.59$）显著低于离退休居民（$M=76.29$），学生的得分（$M=67.68$）显著低于有正式工作居民（$M=74.74$）、临时工作居民（$M=72.59$）、无业失业或下岗居民（$M=73.02$）及离退休居民（$M=76.29$）；在"安全"维度上，有正式工作居民的得分（$M=85.76$）显著高于临时工作居民（$M=82.49$），离退休居民的得分（$M=87.79$）显著高于临时工作居民（$M=82.49$）和学生（$M=83.00$）；在集体主义价值观总分上，有正式工作居民（$M=82.37$）和离退休居民（$M=83.30$）的得分显著高于临时工作居民（$M=79.31$）和学生

（$M = 79.34$）。

有正式工作和离退休的居民在集体主义价值观各维度的得分比较高。这两类居民均处于比较安定的生活环境中，有稳定的收入来源，并且已经有较为丰富的生活经历。因此，有正式工作和离退休的居民对于集体主义价值观有更深的认识，重视程度也更高。

（六）不同文化程度北京市居民集体主义价值观重视程度的差异

为考察北京市居民集体主义价值观在不同文化程度上的差异，对不同文化程度北京市居民的集体主义价值观进行单因素方差分析。由于调查过程中小学及以下、博士学历的被试较少，因此小学及以下与初中学历的被试合并分析，硕士与博士学历的被试合并分析。结果发现，五个维度的价值观得分和集体主义价值观总分均无显著差异（见表7）。

表7 2020年北京市不同文化程度居民集体主义价值观重视程度的得分

维度	文化程度（$M \pm SD$）						F
	初中及以下	中专或职高	高中	大专	本科	硕士和博士	
普遍性	80.24 ± 13.85	81.46 ± 13.41	80.84 ± 12.46	82.24 ± 12.27	82.77 ± 11.62	83.63 ± 10.81	1.99
慈善	80.14 ± 13.86	79.52 ± 13.33	79.79 ± 11.71	80.72 ± 12.74	80.98 ± 12.47	82.16 ± 10.27	1.05
传统	74.57 ± 15.57	72.45 ± 16.95	72.65 ± 15.28	74.73 ± 15.14	75.03 ± 15.14	73.54 ± 15.81	1.57
遵从	86.63 ± 13.21	88.22 ± 11.75	87.28 ± 12.71	88.71 ± 11.54	88.70 ± 11.32	90.30 ± 9.97	1.74
安全	84.42 ± 13.26	86.56 ± 11.74	84.41 ± 13.05	85.89 ± 12.14	85.47 ± 11.87	87.87 ± 10.55	1.79
总分	80.95 ± 11.42	81.41 ± 10.83	80.85 ± 10.54	82.25 ± 10.53	82.46 ± 10.19	83.38 ± 9.05	1.66

（七）北京市不同月收入水平居民集体主义价值观重视程度的差异

为考察北京市居民集体主义价值观在不同月收入水平上的差异，以收入水平为自变量，以对集体主义价值观的重视程度为因变量进行单因素方差分析。结果发现，不同月收入水平北京市居民的集体主义价值观只在"传统"维度上存在显著差异（$F = 9.51$，$p < 0.001$）。事后比较发现，无收入居民的

得分（$M=66.37$）、月收入在 2000 元及以下居民的得分（$M=69.63$）显著低于月收入水平在 2001～8847 元（$M=74.27$）、8848～15000 元（$M=75.83$）、15001～20000 元（$M=75.18$）、20001 元及以上的居民（$M=79.68$）；月收入在 2001～8847 元的居民得分（$M=74.27$）显著低于 20001 元及以上的居民（$M=79.68$）。

　　在集体主义价值观"传统"维度上，无收入和月收入在 2000 元及以下的居民得分最低，月收入在 20001 元及以上的居民得分最高。无收入或收入低的个体不一定能保证自己的基本温饱，生活比较艰难。因此，为了能够获得基本的收入来源，个体更倾向追逐个人利益。

表8　2020 年北京市不同月收入水平居民集体主义价值观重视程度的得分

维度	月收入水平($M \pm SD$)						F
	无收入	2000 元及以下	2001～8847 元	8848～15000 元	15001～20000 元	20001 元及以上	
普遍性	81.12 ± 14.28	80.77 ± 12.60	82.00 ± 12.33	82.64 ± 11.43	82.91 ± 12.49	83.33 ± 12.14	0.90
慈善	79.59 ± 13.70	79.21 ± 12.38	80.50 ± 12.51	80.95 ± 12.27	81.75 ± 12.47	81.94 ± 11.95	0.94
传统	66.37 ± 18.25	69.63 ± 15.62	74.27 ± 15.44	75.83 ± 14.16	75.18 ± 16.32	79.68 ± 14.46	9.51 ***
遵从	87.31 ± 13.50	87.06 ± 12.46	88.74 ± 11.43	88.22 ± 11.48	89.17 ± 11.46	88.56 ± 12.42	0.82
安全	85.29 ± 14.05	84.28 ± 12.46	86.06 ± 12.32	85.36 ± 11.05	85.52 ± 11.93	85.66 ± 13.41	0.65
总分	80.08 ± 11.44	80.18 ± 10.23	82.09 ± 10.48	82.44 ± 10.10	82.79 ± 10.25	83.57 ± 10.75	2.08

（八）不同户籍所在地北京市居民集体主义价值观重视程度的差异

　　为考察北京市居民集体主义价值观在不同户籍所在地上的差异，以户籍所在地为自变量，以对集体主义价值观的重视程度为因变量进行单因素方差分析（见表 9）。结果显示，"普遍性""慈善""传统""遵从"四个维度的集体主义价值观存在显著差异（$F=4.36$，$p<0.01$；$F=6.72$，$p<0.001$；$F=8.90$，$p<0.001$；$F=2.67$，$p<0.05$），集体主义价值观总分存在显著差异（$F=6.08$，$p<0.001$）。

表9　2020年北京市不同户籍所在地居民集体主义价值观重视程度的得分

维　度	户籍所在地($M \pm SD$)				F
	北京城市	北京农村	外地城市	外地农村	
普遍性	83.13 ± 11.75	81.47 ± 12.32	81.29 ± 12.58	80.20 ± 13.02	4.36**
慈　善	81.63 ± 11.98	80.06 ± 12.21	80.19 ± 12.87	77.13 ± 13.47	6.72***
传　统	75.59 ± 15.12	75.72 ± 13.89	72.27 ± 16.23	70.48 ± 16.09	8.90***
遵　从	88.98 ± 11.31	87.76 ± 10.79	88.42 ± 12.00	86.35 ± 13.42	2.67*
安　全	85.78 ± 11.58	84.84 ± 11.68	86.38 ± 12.59	83.73 ± 13.66	2.33
总　分	82.90 ± 10.02	81.70 ± 9.86	81.50 ± 10.83	79.43 ± 11.45	6.08***

事后比较发现，在"普遍性"价值观维度上，户籍为北京城市的居民得分（$M = 83.13$）显著高于外地城市（$M = 81.29$）、外地农村（$M = 80.20$）的居民。在"慈善"价值观维度上，户籍为北京城市的居民得分（$M = 81.63$）显著高于外地城市（$M = 80.19$）、外地农村（$M = 77.13$）的居民。户籍为外地农村居民的得分（$M = 77.13$）显著低于北京农村（$M = 80.06$）、外地城市（$M = 80.19$）的居民。在"传统"价值观维度上，户籍为北京城市的居民得分（$M = 75.59$）、北京农村居民的得分（$M = 75.72$）分别显著高于户籍为外地城市（$M = 72.27$）、外地农村（$M = 70.48$）的居民。在"遵从"价值观维度上，户籍为外地农村的居民得分（$M = 86.35$）显著低于北京城市（$M = 85.98$）、北京农村（$M = 87.76$）、外地城市（$M = 88.42$）的居民。集体主义价值观总分上，户籍为外地农村的居民得分（$M = 79.43$）显著低于北京城市（$M = 82.90$）、北京农村（$M = 81.70$）、外地城市（$M = 81.50$）的居民。

户籍为北京城市的居民在集体主义价值观各维度的得分大多数为最高，外地农村居民的得分最低。这可能是因为北京作为中国的首都，对于民众的集体主义价值观教育比较全面、深刻，而外地农村可能存在价值观教育相对落后的情况。因此，户籍为外地农村的居民对集体主义价值观的重视程度不够高。

（九）不同住址类型北京市居民集体主义价值观重视程度的差异

为考察北京市居民集体主义价值观在不同住址类型上的差异，以住址类型为自变量，以对集体主义价值观的重视程度为因变量进行单因素方差分析

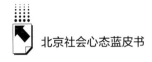

北京社会心态蓝皮书

（见表10），结果显示，"慈善"维度、"安全"维度价值观存在显著差异（$F = 4.74$，$p < 0.01$；$F = 3.08$，$p < 0.05$）。事后比较发现，在"慈善"价值观维度上，城区居民的得分（$M = 81.11$）显著高于农村居民（$M = 79.07$）、郊区居民（$M = 78.77$）。在"安全"价值观维度上，农村居民的得分（$M = 83.75$）显著低于城市居民（$M = 85.77$）、郊区居民（$M = 86.58$）。

表 10 2020 年北京市不同住址类型居民集体主义价值观重视程度的得分

维　度	住址（$M \pm SD$）			F
	城区	农村	郊区	
普遍性	82.41 ± 12.12	80.54 ± 13.22	81.94 ± 11.66	2.07
慈　善	81.11 ± 12.43	79.07 ± 12.92	78.77 ± 11.96	4.74**
传　统	74.38 ± 15.59	72.62 ± 15.64	74.84 ± 14.41	1.29
遵　从	88.57 ± 11.54	86.92 ± 12.72	88.92 ± 11.34	1.92
安　全	85.77 ± 11.84	83.75 ± 13.81	86.58 ± 11.85	3.08*
总　分	82.31 ± 10.36	80.43 ± 11.14	81.82 ± 9.84	2.89

总体来说，城区居民集体主义价值观的得分较高，农村居民的得分较低。这可能是因为当前中国城市化的高速发展，为提高居民的经济水平和生活质量，促使生产方式、生活方式、价值观发生变化带来了积极影响。因此，城区居民对集体主义价值观的重视程度更高。

（十）不同子女数量北京市居民集体主义价值观重视程度的差异

为考察北京市居民集体主义价值观在不同子女数量上的差异，以子女数量为自变量，以对集体主义价值观的重视程度为因变量进行单因素方差分析，结果发现，"慈善""传统""遵从""安全"维度的价值观在不同子女数量上存在显著差异（$F = 5.59$，$p < 0.05$；$F = 14.72$，$p < 0.001$；$F = 4.41$，$p < 0.05$；$F = 6.50$，$p < 0.01$），集体主义价值观总分存在显著差异（$F = 8.71$，$p < 0.001$）（见表11）。

事后比较发现，在"慈善"价值观维度上，未生育的北京市居民得分（$M = 78.37$）显著低于有一个孩子（$M = 80.98$）、有两个及以上孩子（$M =$

81.58）的北京市居民；在"传统"价值观维度上，未生育的北京市居民得分（$M = 70.46$）显著低于有一个孩子（$M = 74.51$）、有两个及以上孩子（$M = 76.97$）的北京市居民。有一个孩子的北京市居民得分（$M = 74.51$）显著低于有两个及以上孩子（$M = 76.97$）的北京市居民。在"遵从"价值观维度上，未生育的北京市居民得分（$M = 86.81$）显著低于有一个孩子（$M = 88.58$）、有两个及以上孩子（$M = 89.47$）的北京市居民。在"安全"价值观维度上，未生育的北京市居民得分（$M = 83.42$）显著低于有一个孩子（$M = 86.06$）、有两个及以上孩子（$M = 86.30$）的北京市居民。集体主义价值观总分上，未生育的北京市居民得分（$M = 79.95$）显著低于有一个孩子（$M = 82.31$）、有两个及以上孩子（$M = 83.18$）的北京市居民。

未生育的居民在集体主义价值观各维度得分都处于最低水平。这表明，稳定的家庭环境有利于提高其对集体主义价值观的认同。

表11 2020年北京市不同子女数量居民集体主义价值观重视程度的得分

维　度	子女数量($M \pm SD$)			F
	未生育	有一个孩子	有两个及以上孩子	
普遍性	80.84 ± 11.95	82.31 ± 11.85	82.89 ± 13.60	2.50
慈　善	78.37 ± 12.29	80.98 ± 12.22	81.58 ± 13.24	5.59 *
传　统	70.46 ± 15.75	74.51 ± 15.32	76.97 ± 15.10	14.72 ***
遵　从	86.81 ± 12.48	88.58 ± 11.27	89.47 ± 12.09	4.41 *
安　全	83.42 ± 12.51	86.06 ± 11.75	86.30 ± 12.66	6.50 **
总　分	79.95 ± 10.18	82.31 ± 10.19	83.18 ± 11.12	8.71 ***

（十一）不同主观社会阶层北京市居民集体主义价值观重视程度的差异

为考察北京市居民集体主义价值观在不同主观社会阶层的差异，以主观社会阶层为自变量，以对集体主义价值观的重视程度为因变量进行单因素方差分析，由于调查过程中主观社会阶层为最上层的被试较少，因此与中上层被试合并，统称为上层。结果显示，"普遍性""慈善""传统"三个维度价值观在不同主观社会阶层上存在显著差异（$F = 8.68$，$p < 0.001$；$F = 11.03$，$p < 0.001$；$F = 13.67$，$p < 0.001$），集体主义价值观总分存在显著差异（$F = 10.30$，$p < 0.001$）（见表 12）。

表 12　2020 年北京市不同主观社会阶层状况居民集体主义价值观重视程度的得分

维　　度	主观社会阶层（$M \pm SD$）				F
	上层	中层	中下层	最下层	
普遍性	84.18 ± 12.29	82.97 ± 11.44	81.28 ± 12.57	77.09 ± 15.06	8.68 ***
慈　善	83.26 ± 12.42	81.55 ± 11.53	79.54 ± 13.12	75.10 ± 14.39	11.03 ***
传　统	79.30 ± 16.08	75.41 ± 14.41	72.28 ± 16.23	68.89 ± 15.81	13.67 ***
遵　从	89.71 ± 9.59	88.72 ± 11.37	88.05 ± 12.12	86.21 ± 13.76	1.99
安　全	86.42 ± 10.38	85.67 ± 11.83	85.71 ± 12.34	83.40 ± 15.06	1.17
总　分	84.38 ± 9.92	82.75 ± 9.79	81.17 ± 10.83	77.68 ± 12.26	10.30 ***

事后比较发现，在"普遍性"价值观维度上，主观社会阶层为最下层的北京市居民得分（$M = 77.09$）显著低于主观社会阶层为上层（$M = 84.18$）、中层（$M = 82.97$）、中下层（$M = 81.28$）的北京市居民。主观社会阶层为中下层的北京市居民得分（$M = 81.28$）显著低于上层（$M = 84.18$）、中层（$M = 82.97$）的北京市居民。主观社会阶层为中层（$M = 82.97$）的北京市居民得分显著低于上层（$M = 84.18$）的北京市居民。

在"慈善"价值观维度上，主观社会阶层为最下层的北京市居民得分（$M = 75.10$）显著低于主观社会阶层为上层（$M = 83.26$）、中层（$M = 81.55$）、中下层（$M = 79.54$）的北京市居民。主观社会阶层为中下层的北京市居民得分（$M = 79.54$）显著低于主观社会阶层为上层（$M = 83.26$）、中层（$M = 81.55$）的北京市居民。主观社会阶层为中层（$M = 81.55$）的北京市居民得分显著低于上层（$M = 83.26$）的北京市居民。

在"传统"价值观维度上，主观社会阶层为最下层（$M = 68.89$）、中下层（$M = 72.28$）的北京市居民得分均显著低于主观社会阶层为上层（$M = 79.30$）、中层（$M = 75.41$）的北京市居民。主观社会阶层为中层（$M = 75.41$）的北京市居民得分显著低于上层（$M = 79.30$）北京市居民。

集体主义价值观总分上，主观社会阶层为最下层的北京市居民得分（$M = 77.68$）显著低于主观社会阶层为上层（$M = 84.38$）、中层（$M = 82.75$）、中下层（$M = 81.17$）的北京市居民。主观社会阶层为中下层的北京市居民得分（$M = 81.17$）显著低于主观社会阶层为上层（$M = 84.38$）、中层（$M = 82.75$）的北京市居民。

主观社会阶层越高的居民越倾向于集体主义价值观，这和个人利益与集体利益的辩证统一是有密切联系的，为了以后能够更好地发展，个体必须要为集体利益着想。而主观社会阶层低的个体更倾向于先满足自身的需求，因此更追求个人利益。

（十二）不同职业北京市居民集体主义价值观重视程度的差异

为考察北京市居民集体主义价值观在不同职业的差异，以职业为自变量，以对集体主义价值观的重视程度为因变量进行单因素方差分析。结果显示，"普遍性""慈善""传统""遵从""安全"五个维度的价值观均存在显著差异（$F = 3.66$，$p < 0.01$；$F = 3.95$，$p < 0.01$；$F = 6.70$，$p < 0.001$；$F = 2.75$，$p < 0.05$；$F = 3.57$，$p < 0.01$），集体主义价值观总分（$F = 4.82$，$p < 0.01$）存在显著差异（见表13）。

表13　2020年不同职业北京市居民集体主义价值观重视程度的得分

维　度	职业（$M \pm SD$）					F
	临时工、失业人员及农业劳动人员	体力劳动和个体经营人员、技术工	一般管理人员与一般专业技术人员	中层管理人员与中层专业技术人员	职业高级管理人员与高级技术人员、专业主管人员	
普遍性	78.22 ± 15.42	80.86 ± 12.91	81.66 ± 12.39	83.80 ± 11.20	81.64 ± 11.41	3.66**
慈　善	78.42 ± 12.09	80.39 ± 12.76	79.30 ± 12.88	82.32 ± 11.77	80.63 ± 11.91	3.95**
传　统	78.36 ± 14.80	75.74 ± 14.66	71.90 ± 16.10	76.22 ± 14.48	76.83 ± 13.44	6.70***
遵　从	86.26 ± 9.69	87.12 ± 12.64	87.73 ± 12.25	89.65 ± 10.62	88.84 ± 9.20	2.75*
安　全	83.33 ± 14.22	84.59 ± 13.13	84.37 ± 12.23	86.96 ± 11.12	86.24 ± 11.09	3.57**
总　分	80.26 ± 12.01	81.47 ± 11.27	80.92 ± 10.74	83.64 ± 9.58	82.44 ± 8.99	4.82**

事后检验发现，在"普遍性"价值观维度上，临时工、失业人员及农业劳动人员（$M = 78.22$），体力劳动和个体经营人员、技术工（$M =$

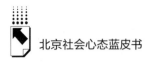

80.86)，一般管理人员与一般专业技术人员的得分（$M=81.66$）显著低于中层管理人员与中层专业技术人员（$M=83.80$）。在"慈善"价值观维度上，一般管理人员与一般专业技术人员的得分（$M=79.30$）显著低于中层管理人员与中层专业技术人员（$M=82.32$）。在"传统"价值观维度上，体力劳动和个体经营人员（$M=75.74$），中层管理人员与中层专业技术人员（$M=76.22$），职业高级管理人员与高级技术人员、专业主管人员（$M=76.83$）的得分显著高于一般管理人员与一般专业技术人员（$M=71.90$）。在"遵从"价值观维度上，体力劳动和个体经营人员、技术工（$M=87.12$），一般管理人员与一般专业技术人员的得分（$M=87.73$）显著低于中层管理人员与中层专业技术人员（$M=89.65$）。在"安全"价值观维度上，体力劳动和个体经营人员、技术工（$M=84.59$），一般管理人员与一般专业技术人员的得分（$M=84.37$）显著低于中层管理人员与中层专业技术人员（$M=86.96$）。

集体主义价值观总分中，体力劳动和个体经营人员、技术工（$M=81.47$），一般管理人员与一般专业技术人员的得分（$M=80.92$）显著低于中层管理人员与中层专业技术人员（$M=83.64$）。

总体来说，临时工、失业人员及农业劳动人员与体力劳动和个体经营人员、技术工对集体主义价值观的重视程度较低。这可能是因为相比起其他职业，以上两类人员的工作收入较低并且不稳定。所以，个体需要先满足自己的生活需求，才能去维护集体利益。

（十三）生活满意度、自尊、亲社会行为、亲环境行为与集体主义价值观相关分析

采用皮尔逊相关分析考察北京市居民5种集体主义价值观与生活满意度、亲环境行为及亲社会行为的相关关系。结果发现，北京市居民对集体主义价值观中"普遍性"维度、"慈善"维度、"传统"维度、"遵从"维度、"安全"维度的重视程度分别与其生活满意度、自尊、亲环境行为、亲社会行为呈显著正相关（$p<0.01$）（见表14）。这说明居民对集体主义价值观的

重视程度越高，生活满意度、自尊、亲环境行为、亲社会行为水平越高。雷锋曾说过："一滴水只有放进大海，才能永不干涸。"疫情期间，全国各族人民风雨同舟、和衷共济，充分展示出了加强社会主义精神文明建设、弘扬社会主义核心价值观的重大意义。

表 14　生活满意度、自尊、亲社会行为、亲环境行为与集体主义价值观的相关分析

维度	普遍性	慈善	传统	遵从	安全	总分	生活满意度	自尊	亲环境行为	亲社会行为
普遍性	1									
慈　善	0.72 **	1								
传　统	0.49 **	0.59 **	1							
遵　从	0.65 **	0.64 **	0.45 **	1						
安　全	0.57 **	0.54 **	0.42 **	0.65 **	1					
总　分	0.89 **	0.88 **	0.72 **	0.80 **	0.74 **	1				
生活满意度	0.23 **	0.29 **	0.35 **	0.15 **	0.11 **	0.29 **	1			
自　尊	0.36 **	0.30 **	0.32 **	0.32 **	0.25 **	0.42 **	0.54 **	1		
亲环境行为	0.46 **	0.49 **	0.42 **	0.42 **	0.36 **	0.54 **	0.33 **	0.40 **	1	
亲社会行为	0.35 **	0.44 **	0.46 **	0.29 **	0.27 **	0.45 **	0.36 **	0.31 **	0.45 **	1

四　对策与建议

通过调查分析，本研究提出以下对策与建议。

（一）把"小我"融入"大我"

每一个"小我"的奋斗，需要在时代洪流的背景下才能够乘风破浪，个人努力的成果，只有与家国联系起来才更有价值。在本研究中，不同职业群体对集体主义价值观的重视程度存在差异，这表明每个人的人生目标可能各有不同，选择的职业也有差异，但只有把自己的"小我"融入国家的"大我"之中，才能更好地实现个体的人生价值。

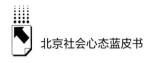

（二）加强集体主义价值观教育

研究结果显示，20 岁及以下的北京市居民对集体主义价值观的重视程度较低，因此这个群体是集体主义价值观培育的重要对象。20 岁及以下的群体多为学生，学校应该采取各种积极有效的措施加强学生的集体主义价值观建设，如班级、社团组织开展社会实践、公益志愿、寝室建设等活动，让学生从活动中感受到集体的力量，提升对集体的认同感。同时，还可以通过军训、各类思政课程对学生进行集体主义价值观培育，强化学生对集体利益与个人利益有机统一的认识。

无稳定工作及收入以及户籍为外地、农村的居民对集体主义价值观的重视程度较低，所以也需要加强对这些群体的价值观培育。国家可以通过互联网文化的传播加强对集体主义价值观的宣传，如依托网络平台积极宣扬人民群众集中力量办大事的感人事迹；社区街道办事处或村委会通过定期了解居民生活情况，加强与居民的联系，提高对居民的社会保障，增强居民对集体的认同感，以推动集体主义价值观建设。

（三）加强家风建设

研究结果显示，有子女的居民对集体主义价值观重视程度更高，这说明这部分群体对家风建设的意识更强。从古至今，家风一直是中国民间道德教化的重要载体[①]，在当下也成为培育和践行集体主义价值观的重要场所。因此，通过家庭传播传统美德，可以奠定个体的道德人格基础，促进其正确价值观的形成。还可以孕育良好的家庭氛围，加强家庭成员之间的凝聚力。这与集体主义价值观的建设相辅相成[②]，使家庭成员们做到真正的内化于心、外化于行。

---

① 葛大伟、金桓宇：《习近平新时代家风建设观的四重价值维度》，《思想政治教育研究》2019 年第 1 期，第 23～27 页。
② 顾保国：《论习近平新时代家风建设重要论述的理论逻辑与实践价值》，《马克思主义研究》2020 年第 2 期，第 34～44 页。

B.9
北京市居民亲社会行为现状研究

吴宝沛　金思宇*

摘　要： 本研究旨在了解当前北京市居民亲社会行为的现状，并探索亲社会行为的影响因素。采用问卷法对1803名北京市居民进行调查，通过独立样本t检验、单因素方差分析等统计方法分析数据。结果显示，北京市居民的亲社会行为整体处于中等水平。在亲社会行为的六个维度中，公开性维度、情绪性维度以及紧急性维度得分高于量表中间值，匿名性维度、利他性维度以及依从性维度得分低于量表中间值。居民的婚姻状况、文化程度、工作状态、月收入、居住地、户籍地和子女数量等对亲社会行为均有影响。同时，亲社会行为与生活满意度、亲环境行为、集体主义价值观呈正相关，即生活满意度、亲环境行为和集体主义价值观水平越高，居民的亲社会行为水平越高。根据以上结果，本研究对促进市民亲社会行为以及建设和谐社会提出了相关建议和对策。

关键词： 亲社会行为　和谐社会　北京市居民

一　前言

党的十九大以来，中国特色社会主义进入了新时代，这是我国历史发展

---

* 吴宝沛，博士，北京林业大学人文社会科学学院心理学系副教授，硕士生导师，主要研究方向为进化心理学；金思宇，北京林业大学人文社会科学学院在读硕士，主要研究方向为临床心理学。

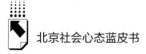

的新方位，具有划时代的意义。习近平总书记强调要"加强社会心理服务体系建设，培育自尊自信、理性平和、积极向上的社会心态"。在中国特色社会主义新时代中，我国居民的社会心态正变得越来越理智成熟、积极健康、开放多元，居民更加具有世界大格局意识。这充分说明，当今国人对美好生活的向往较以往更强烈，他们的精神生活也更丰富，这些都促进着积极社会心态的形成，有助于形成文明友爱、互帮互助的和谐社会。但即便在这种大好形势下，我们也要重视潜在的不和谐因素，比如个体由于不良社会情绪而危害他人或社会。对于这些破坏他人幸福、危害社会心态的事件，如果不及时采取措施主动防范和化解，将会妨碍我们培育积极健康的社会心态。

要培育积极健康的社会心态，创造文明和谐、互帮互助的社会风气，需要我们每一个公民的努力。比如，在他人需要帮助时，我们是否能够积极主动地伸出援手，是否能够做出对他人或社会有益的行为，这些都至关重要。此次全球新冠肺炎大规模暴发，在党中央、国务院的领导下，民众广泛响应，自愿捐款捐物，国内大小企业紧急生产抗疫物资，各地区连夜输送蔬果粮食，帮助重灾区抗击疫情，才使得我国有条不紊地打赢了这场疫情防控战，这些都是亲社会行为（prosocial behaviors）的表现。

亲社会行为就是指一切符合社会期望而对他人、群体或社会有益的行为，主要包括助人、分享、谦让、安慰、合作、志愿行动以及慈善捐助等。要想培育积极健康的社会心态，就得了解居民的亲社会行为状况。对个人而言，亲社会行为有助于提升个体自尊；对人际关系而言，亲社会行为有助于提升人际交往的质量，促进人际适应和人际和谐；对社会而言，亲社会行为是社会公益和社会责任的象征，更是社会和谐发展与建构的基础①。这些都对培育积极健康的社会心态有重要作用。

因此，本研究目的在于了解居民现如今的亲社会行为状况，为建设社会心理服务体系提供资料和证据支持。

---

① 冯琳琳：《亲社会行为对幸福感的影响：基本心理需要的中介作用和动机的调节作用》，山东师范大学博士学位论文，2017。

二 研究方法

（一）调查对象

本研究共调查了 1810 名北京市常住居民，剔除未认真填答的 7 人，剩余有效样本数为 1803。具体人口学变量分布见表 1。

表 1 样本基本信息

单位：人，%

人口学变量	类 别	人数	百分比
性 别	男	895	49.6
	女	908	50.4
年 龄	20 岁及以下	61	3.4
	21~30 岁	313	17.4
	31~40 岁	329	18.2
	41~50 岁	336	18.6
	51 岁及以上	762	42.3
	缺失	2	0.1
月收入	无收入	76	4.2
	2000 元及以下	156	8.7
	2001~8847 元	885	49.1
	8848~15000 元	473	26.2
	15001~20000 元	140	7.8
	20001~40000 元	55	3.1
	40001 元及以上	18	0.9
户籍所在地	北京城市	926	51.4
	北京农村	227	12.6
	外地城市	482	26.7
	外地农村	168	9.3
政治面貌	共产党员	571	31.7
	共青团员	452	25.1
	民主党派	12	0.7
	群众	768	42.5

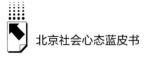

续表

人口学变量	类别	人数	百分比
宗教信仰	中国特色社会主义	1258	69.8
	命运	42	2.3
	无信仰	371	20.6
	基督教	23	1.3
	天主教	4	0.2
	佛教	87	4.8
	道教	8	0.4
	伊斯兰教	5	0.3
	其他	1	0.1
	缺失	4	0.2
房产数量	一套房产	1196	66.3
	两套房产	429	23.8
	三套及以上房产	126	7.1
	没有房产	28	1.6
	缺失	24	1.2
婚姻状况	未婚	291	16.2
	已婚	1459	80.9
	同居	13	0.7
	离婚	27	1.5
	丧偶	13	0.7
受教育程度	小学及以下	13	0.7
	初中	115	6.4
	中专或职高	224	12.4
	高中	229	12.7
	大专	330	18.3
	本科	774	43.0
	硕士	101	5.6
	博士	17	0.9
主观社会阶层	最上层	4	0.2
	中上层	138	7.7
	中层	905	50.2
	中下层	667	37.0
	最下层	89	4.9
现居住地	城市	1403	77.8
	农村	203	11.3
	郊区	197	10.9

续表

人口学变量	类　别	人数	百分比
子女数	一个孩子	1150	63.8
	两个孩子	311	17.2
	三个及以上孩子	21	1.2
	未生育	321	17.8
工作状态	正式工作	1263	70.1
	临时工作	107	5.9
	无业、失业或下岗	60	3.3
	离退休	235	13.0
	学生	135	7.5
	其他	3	0.2
汽车数量	一辆汽车	1239	68.6
	两辆汽车	263	14.6
	三辆及以上汽车	33	1.9
	没有汽车	266	14.8
	缺失	2	0.1

（二）调查过程

首先，查找文献资料和调查问卷，并经专家组和课题组成员反复讨论后，确定最终使用的问卷。之后，通过网络平台 Credamo、"问卷星"和面对面等方式发放问卷，符合条件的居民在网上填写问卷，作答完毕后提交。最后，问卷回收后，筛除未认真填答的问卷。

（三）调查内容

1. 基本人口信息问卷

包括性别、年龄、婚姻状况、教育水平、工作状态、月收入、现居住地、户籍所在地、子女数、客观经济条件（根据房产数量和汽车数量等来判断）和主观社会阶层等。

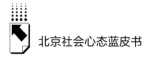

2. 亲社会行为问卷

本研究采用丛文君[①]修订的《亲社会行为测量问卷》来测量亲社会行为水平。此问卷总共 23 个题项，由六个维度组成，分别为公开性、匿名性、利他性、依从性、情绪性和紧急性。该问卷采用自评式 5 点计分，从"完全不符合"到"完全符合"，分别计 1 ~ 5 分。该问卷在本研究中的 Cronbach's α 为 0.92。

3. 生活满意度量表

生活满意度量表（The Satisfaction with Life Scale，SWLS）由 Diener[②]等于 1985 年编制，迄今已在包括中国在内的全球 150 多个国家应用过，被证明具有良好的信度和效度。网络测验和纸笔测验的信度分别为 α = 0.84 和 α = 0.75[③]。本量表共有 5 个项目，问卷采用 7 点计分法，以表明被试对项目的同意程度，"1"表示非常不同意，"7"表示非常同意。整个量表分数的分布范围为 5 ~ 35 分。

4. 亲环境行为量表

采用刘贤伟[④]编制的自评亲环境行为量表。该量表共有 11 个项目 2 个维度。其中公领域行为 6 个项目，私领域行为 5 个项目。公领域行为主要指参加公共组织的环境保护行为，例如为环保组织捐款等；私领域行为主要指个人日常生活中的环保行为，如购买环保产品等。采用 5 点计分法，其中 1 表示"从不"、2 表示"很少"、3 表示"偶尔"、4 表示"有时"、5 表示"经常"。总分范围在 11 ~ 55 分，分数越高，表示被试平时的亲环境行为水平越高。

---

① 丛文君：《大学生亲社会行为类型的研究》，南京师范大学硕士学位论文，2008。

② Ed Diener, Emmons, et al., "The Satisfaction with Life Scale," *Journal of Personality Assessment* 49 (1985): pp. 71 - 75.

③ 蔡华俭、林永佳、伍秋萍、严乐、黄玄凤：《网络测验和纸笔测验的测量不变性研究——以生活满意度量表为例》，《心理学报》2008 年第 2 期，第 228 ~ 239 页。

④ 刘贤伟：《价值观、新生态范式以及环境心理控制源对亲环境行为的影响》，北京林业大学硕士学位论文，2012，第 58 页。

5. 价值观量表

本研究采用 Schwartz 等人①编制的价值观量表（Schwartz Values Survey，SVS），包含 10 个价值观，选用其中集体主义价值观范畴的"慈善"、"普遍性"、"遵从"、"安全"和"传统"价值观进行施测。慈善指维护和提高那些自己熟识者的福利。普遍性指为了所有人类和自然的福祉而理解、欣赏、忍耐、保护。遵从指对伤害他人或违背社会期望的倾向加以限制。安全指社会稳定、关系稳定和自我稳定。传统指尊重、赞成和接受文化或宗教的习俗和理念。该量表采用 6 点计分（1 = "非常不相似"，6 = "非常相似"），要求被试评定每个条目与自己价值观的相似性，其分值越高，则表示该价值观类型对于其越重要。

三 北京市居民亲社会行为的总体状况

在本次调查中，北京市居民的亲社会行为总均分为 84.13（$SD = 11.07$），接近量表中值 84 分，这说明北京市居民的亲社会行为处于中等水平。

进一步对北京市居民亲社会行为的六个维度进行分析：在公开性维度上，北京市居民的均分为 14.18（$SD = 2.96$），显著高于中值 14 分，$t(1802) = 2.59$，$p < 0.05$；在匿名性维度上，北京市居民的均分为 18.85（$SD = 2.85$），显著低于中值 19 分，$t(1802) = -2.26$，$p < 0.05$；在利他性维度上，北京市居民的均分为 16.68（$SD = 3.47$），显著低于中值 17 分，$t(1802) = -3.88$，$p < 0.001$；在依从性维度上，北京市居民的均分为 7.65（$SD = 1.56$），显著低于中值 8 分，$t(1802) = -9.53$，$p < 0.001$；在情绪性维度上，北京市居民的均分为 14.42（$SD = 2.41$），显著高于中值 14 分，$t(1802) = 7.47$，$p < 0.001$；在紧急性维度上，北京市居民的

---

① Shalom H. Schwartz, Klaus Boehnke, "Evaluating the Structure of Human Values with Confirmatory Factor Analysis," *Jonrnal of Research in Personality* 38（2004）：pp. 230 – 255.

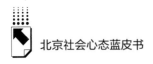

均分为 12.34 （$SD = 1.69$），显著高于中值 12 分，$t（1802）= 8.63$，$p < 0.001$。

为了解北京市居民亲社会行为六个维度之间的差异，现计算亲社会行为六个维度的量表均值（各维度得分除以各维度题数），六个维度的总分均值从低到高分别为利他性（$M = 3.34$，$SD = 0.69$）、公开性（$M = 3.55$，$SD = 0.74$）、情绪性（$M = 3.61$，$SD = 0.60$）、匿名性（$M = 3.77$，$SD = 0.57$）、依从性（$M = 3.83$，$SD = 0.78$）和紧急性（$M = 4.11$，$SD = 0.56$），其中，北京市居民在紧急性维度上的得分最高。

上述结果表明，总体上北京市居民的亲社会行为处于中等水平，其中公开性维度、情绪性维度以及紧急性维度得分高于中值，说明北京市居民在公开情境下、情绪受到感染情境下以及紧急情况下更容易做出亲社会行为。

四　北京市居民亲社会行为在人口学因素上的差异分析

本研究主要分析不同性别、年龄、婚姻状况、教育水平、工作状态、月收入、现居住地、户籍所在地、拥有子女数以及主观社会阶层的北京市居民的亲社会行为状况。

（一）北京市居民亲社会行为在性别上的差异分析

本调查结果显示（见图 1），男性（$M = 84.60$，$SD = 10.54$）和女性（$M = 83.67$，$SD = 11.56$）的亲社会行为得分无显著差异，$t（1801）= 1.79$，$p > 0.05$。

（二）北京市居民亲社会行为在年龄段上的差异分析

本调查结果显示，21～30 岁居民（$M = 84.34$，$SD = 11.03$）、31～40 岁居民（$M = 84.63$，$SD = 11.84$）、51 岁及以上居民（$M = 84.22$，$SD =$

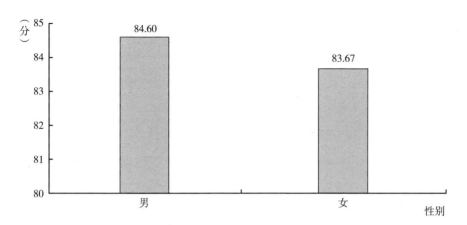

图 1　不同性别的北京市居民亲社会行为得分

11. 12）的亲社会行为得分高于量表中间值 84 分；20 岁及以下居民（$M =$ 82. 05，$SD = 8.78$）和 41~50 岁居民（$M = 83.67$，$SD = 10.59$）的亲社会行为得分低于量表中间值。

采用方差分析的方法，分析不同年龄段居民的亲社会行为是否存在显著差异。结果发现（见图 2），20 岁及以下、21~30 岁、31~40 岁、41~50 岁以及 51 岁及以上居民的亲社会行为无显著差异，$F_{(4,1796)} = 0.92$，$p > 0.05$。

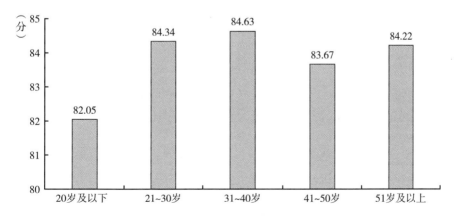

图 2　不同年龄段北京市居民亲社会行为得分

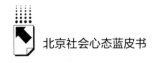

（三）北京市居民亲社会行为在婚姻状况上的差异

在本调查中，由于同居者人数过少，因此将同居和已婚居民合并统计。数据显示，同居或已婚居民亲社会行为得分高于量表中间值；未婚居民、离婚居民和丧偶居民亲社会行为得分低于量表中间值。

采用方差分析的方法，分析婚姻状况与亲社会行为之间的关系。结果发现，婚姻状况对居民的亲社会行为有显著影响，F（3，1799）= 5.25，$p < 0.01$。

进一步事后检验分析表明（见图3），北京市未婚居民的亲社会行为得分显著低于同居或已婚居民（$p < 0.01$），同居或已婚居民的亲社会行为得分显著高于离婚的居民（$p < 0.05$）。

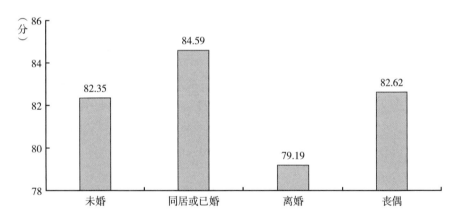

图3　不同婚姻状况的北京市居民亲社会行为得分

（四）北京市居民亲社会行为在教育水平上的差异

由于小学和初中教育水平的居民、硕士和博士教育水平的居民数量较少，因而在此合并分析。数据显示，大专和本科居民亲社会行为得分高于量表中间值；初中及以下居民、中专或职高居民、高中居民、硕士及以上居民亲社会得分低于量表中间值。

采用方差分析的方法，分析教育水平与亲社会行为之间的关系。结果发现，教育水平对居民的亲社会行为有显著影响，$F(5, 1797) = 2.47$，$p < 0.05$。

进一步事后检验分析表明（见表2和图4），北京市中专或职高和高中教育水平的居民亲社会行为得分显著低于教育水平为本科的居民（$p < 0.05$）。

表2　不同受教育程度的北京市居民亲社会行为的平均值和标准差（$M \pm SD$）

单位：分

项　目	教育水平	$M \pm SD$	F
亲社会行为得分	初中及以下	83.70 ± 11.85	2.47*
	中专或职高	82.77 ± 11.90	
	高　中	83.10 ± 11.43	
	大　专	84.64 ± 11.68	
	本　科	84.91 ± 10.19	
	硕士及以上	82.63 ± 11.26	

注：*，$p < 0.05$；**，$p < 0.01$；***，$p < 0.001$。下同。

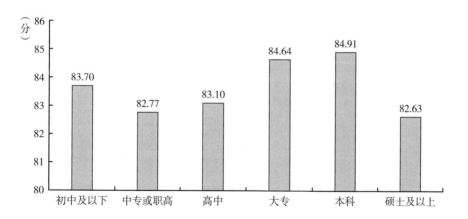

图4　不同受教育程度的北京市居民亲社会行为得分

（五）北京市居民亲社会行为在工作状态上的差异

在本调查中，有正式工作的居民，无业、失业或下岗的居民和离退休的居民亲社会行为得分高于量表中间值；临时工作的居民和学生的亲社会行为得分低于量表中间值。

采用方差分析的方法，分析不同工作状态与亲社会行为之间的关系。结果发现，工作状态对居民的亲社会行为有显著影响，$F_{(4, 1795)} = 6.19$，$p < 0.001$。

进一步事后检验分析表明（见表3和图5），北京市有正式工作的居民和离退休的居民亲社会行为得分显著高于有临时工作的居民（$p < 0.05$）和学生（$p < 0.001$），无业、失业或下岗的居民亲社会行为得分也显著高于学生（$p < 0.01$）。

表3　不同工作状态的北京市居民亲社会行为平均值和标准差（$M \pm SD$）

单位：分

项　目	工作状态	$M \pm SD$	F
亲社会行为得分	正式工作	84.64 ± 10.85	6.19***
	临时工作	81.92 ± 11.92	
	无业、失业或下岗	84.40 ± 11.63	
	离退休	84.65 ± 11.48	
	学　生	80.21 ± 10.55	

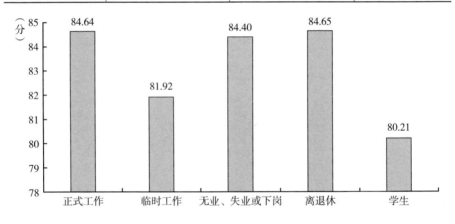

图5　不同工作状态的北京市居民亲社会行为得分

（六）北京市居民亲社会行为在月收入上的差异

在本调查中，由于无收入和月收入在40001元及以上的居民人数过少，因此将无收入和月收入在2000元及以下的居民合并统计，把月收入在40001元及以上和月收入在20001～40000元的居民合并统计。数据显示，月收入在2000元以上的居民亲社会行为得分都高于量表中间值；月收入在2000元及以下的居民亲社会得分低于量表中间值。

采用方差分析的方法，分析居民的不同月收入与亲社会行为之间的关系。结果发现，月收入对居民的亲社会行为有极显著影响，$F(4, 1798) = 7.82$，$p < 0.001$。

进一步事后检验分析表明（见表4和图6），月收入在2000元及以下的北京市居民的亲社会行为得分显著低于其他月收入的居民（$p < 0.001$）。

表4 不同月收入的北京市居民亲社会行为平均值和标准差（M ± SD）

项　目	月收入	$M \pm SD$	F
亲社会行为得分	2000元及以下	80.41 ± 9.74	7.82***
	2001~8847元	84.55 ± 11.53	
	8848~15000元	84.82 ± 10.36	
	15001~20000元	84.49 ± 11.00	
	20001元及以上	85.66 ± 11.90	

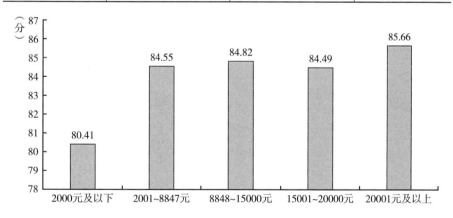

图6 不同月收入的北京市居民亲社会行为得分

（七）北京市居民亲社会行为在现居住地上的差异

结果表明，只有现居住于北京城区的居民亲社会行为得分高于量表中间值，现居住于北京农村和郊区的居民亲社会得分均低于量表中间值。其中，

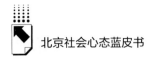

目前居住于北京郊区的居民亲社会行为得分最低。

采用方差分析的方法，分析居民的现居住地与亲社会行为之间的关系。结果发现，不同现居住地对居民的亲社会行为没有显著影响，F（2，1800）= 2.79，$p > 0.05$。

但进一步事后检验分析则表明，北京市在城区居住的居民亲社会行为得分显著高于在郊区居住的居民（$p < 0.05$）。北京市不同现居住地的居民亲社会行为得分情况见图7。

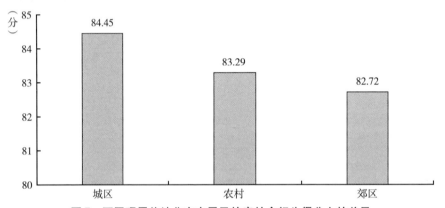

图7 不同现居住地北京市居民的亲社会行为得分上的差异

（八）北京市居民亲社会行为在户籍所在地上的差异

结果表明，户籍所在地是北京城市和农村的居民亲社会行为得分都高于量表中间值；户籍所在地在外地城市和农村的居民亲社会行为得分低于量表中间值。其中，户籍所在地是北京农村的居民亲社会行为得分最高，户籍所在地是外地农村的居民亲社会行为得分最低。

采用方差分析的方法，分析居民的不同户籍所在地与亲社会行为之间的关系。结果发现，户籍所在地对居民的亲社会行为有极显著影响，F（3，1799）= 15.79，$p < 0.001$。

进一步事后检验分析表明（见表5和图8），户籍地为北京城市的居民和北京农村的居民的亲社会行为得分显著高于户籍地为外地城市和外地农村的居民（$p < 0.001$）。

表5　不同户籍所在地的北京市居民亲社会行为平均值和标准差（$M \pm SD$）

单位：分

项　目	户籍所在地	$M \pm SD$	F
亲社会行为得分	北京城市	85.38 ± 11.11	15.79***
	北京农村	85.69 ± 10.85	
	外地城市	82.06 ± 10.64	
	外地农村	81.04 ± 10.92	

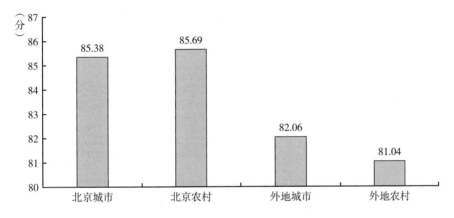

图8　不同户籍所在地北京市居民的亲社会行为得分

（九）北京市居民亲社会行为在拥有孩子数上的差异

在本调查中，由于有三个及以上孩子的居民人数过少，因此将有两个孩子和三个及以上孩子的居民合并统计。分析显示，有孩子的居民亲社会行为得分都高于量表中间值，未生育过的居民亲社会行为得分低于量表中间值。

采用方差分析的方法，分析居民拥有的孩子数量与亲社会行为之间的关系。结果发现，孩子数量对居民的亲社会行为有显著影响，$F（2，1800）$ = 6.90，$p < 0.01$。

进一步事后检验分析表明（见表6和图9），拥有一个孩子的居民亲社会行为得分显著高于未生育的居民（$p < 0.01$），拥有两个及以上孩子的居民亲社会行为得分显著高于未生育的居民（$p < 0.001$）。

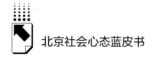
表6　不同子女数的北京市居民亲社会行为平均值和标准差（$M \pm SD$）

单位：分

项　目	子女数	$M \pm SD$	F
亲社会行为得分	未生育	82.22 ± 10.82	6.90 **
	一个孩子	84.32 ± 11.11	
	两个及以上孩子	85.33 ± 10.98	

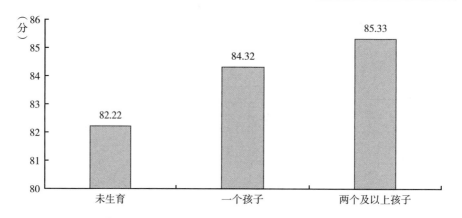

图9　不同子女数的北京市居民亲社会行为得分

（十）北京市居民亲社会行为在主观社会阶层上的差异

在本调查中，由于主观社会阶层在最上层的居民和最下层的居民人数过少，因此将主观社会阶层最上层和中上层的居民合并统计为上层，将主观社会阶层最下层和中下层的居民合并统计为下层。分析显示，主观社会阶层处于上层和中层的居民亲社会行为得分都高于量表中间值，主观社会阶层处于下层的居民亲社会行为得分低于量表中间值。

采用方差分析的方法，分析居民的主观社会阶层与亲社会行为之间的关系。结果发现，主观社会阶层对居民的亲社会行为有极显著影响，F（2，1800）= 20.84，$p < 0.001$。

进一步事后检验分析表明（见表7和图10），主观社会阶层为下层的居民亲社会行为得分显著低于中层的居民（$p < 0.001$），主观社会阶层为中层的居民亲社会行为得分显著低于上层的居民（$p < 0.001$）。

表7　不同主观社会阶层的北京市居民亲社会行为平均值和标准差（$M \pm SD$）

单位：分

项　目	主观社会阶层	$M \pm SD$	F
亲社会行为得分	下层	82.49 ± 11.06	20.84 ***
	中层	84.84 ± 10.72	
	上层	88.32 ± 11.77	

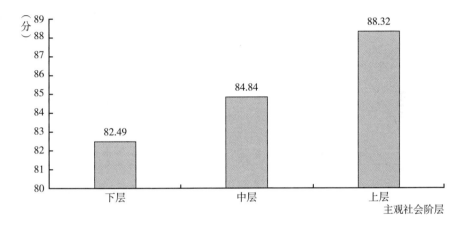

图10　不同主观社会阶层的北京市居民亲社会行为得分

五　北京市居民亲社会行为的相关因素分析

（一）不同生活满意度对北京市居民亲社会行为的影响

把生活满意度按照平均分加减一个标准差的方式，分为高、中、低三个组，采用方差分析比较亲社会行为在不同生活满意度上的差异。结果如表8和图11所示。

方差分析结果显示，不同生活满意度居民的亲社会行为存在显著差异，$F (2，1800) = 105.45，p < 0.001$。进一步事后检验结果表明，生活满意度高、中、低组居民的亲社会行为得分依次降低。

183

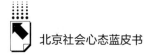

表8　不同生活满意度的北京市居民亲社会行为平均值和标准差（*M* ± *SD*）

单位：分

项　目	生活满意度	*M* ± *SD*	*F*
亲社会行为得分	低分组	78. 89 ± 10. 08	105. 45 ***
	中分组	83. 88 ± 10. 15	
	高分组	91. 18 ± 12. 16	

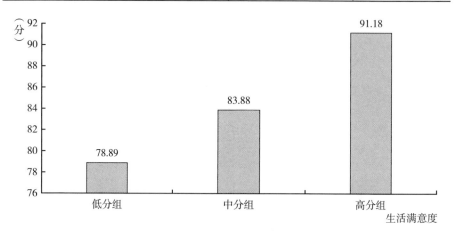

图11　不同生活满意度的北京市居民亲社会行为得分

（二）北京市居民不同亲环境行为水平对亲社会行为的影响

同样，把亲环境行为得分按照平均分加减一个标准差的方式，分为高、中、低三个组，之后采用方差分析的方法，比较亲社会行为在不同亲环境行为水平上的差异，结果见表9和图12。

方差分析结果显示，不同亲环境行为水平的居民在亲社会行为上存在极显著差异，F（2，1800）＝175.94，$p < 0.001$。进一步事后检验结果表明，亲环境行为高分组的居民亲社会行为总分均值最高，低分组的居民亲社会行为总分均值最低；亲环境行为高分组的居民亲社会行为显著高于低分组和中分组的居民，而亲环境行为中分组的居民亲社会行为又显著高于低分组的居民。从图12可以明显看出，亲环境行为水平越高的居民，其亲社会行为得分越高。

表9 不同亲环境行为水平的北京市居民亲社会行为平均值和标准差 （$M \pm SD$）

单位：分

项 目	亲环境行为	$M \pm SD$	F
亲社会行为得分	低分组	75. 87 ± 10. 03	175. 94 ***
	中分组	84. 75 ± 9. 87	
	高分组	91. 24 ± 11. 32	

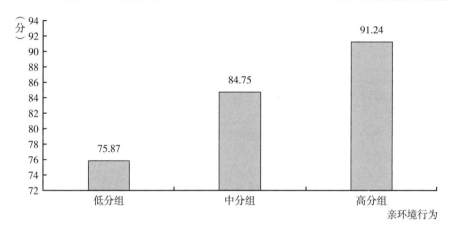

图12 不同亲环境行为水平的北京市居民亲社会行为得分

（三）北京市居民不同集体主义价值观得分对亲社会行为的影响

依旧将集体主义价值观得分按照平均分加减一个标准差的方式，分为高、中、低三个组，之后采用方差分析的方法，比较亲社会行为在不同集体主义价值观水平上的差异，结果见表10和图13。

表10 不同集体主义价值观得分的北京市居民亲社会行为平均值和标准差 （$M \pm SD$）

单位：分

项 目	集体主义价值观	$M \pm SD$	F
亲社会行为得分	低分组	76. 07 ± 10. 63	190. 00 ***
	中分组	84. 06 ± 9. 67	
	高分组	92. 91 ± 11. 21	

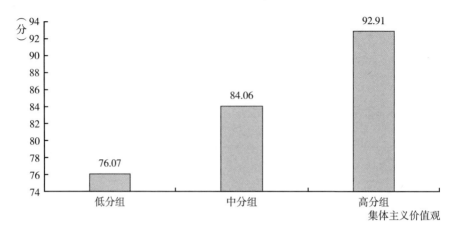

图 13　不同集体主义价值观得分的北京市居民亲社会行为得分

方差分析结果显示，不同集体主义价值观得分的居民在亲社会行为上存在极显著差异，$F(2,1800)=190.00$，$p<0.001$。进一步事后检验结果表明，集体主义价值观高分组的居民亲社会行为总分均值最高，低分组的居民亲社会行为总分均值最低；集体主义价值观高分组的居民亲社会行为总分均值显著高于低分组和中分组的居民，而集体主义价值观中分组的居民亲社会行为总分均值又显著高于低分组的居民。从图 13 可以明显看出，集体主义价值观得分越高的居民，其亲社会行为得分越高。

（四）北京市居民的亲社会行为与各影响因素的相关分析

采用相关分析法考察亲社会行为与生活满意度、亲环境行为及集体主义价值观之间的关系。结果发现，亲社会行为和生活满意度、亲环境行为及集体主义价值观之间均呈显著正相关，见表 11。

表 11　北京市居民亲社会行为得分与各影响因素的相关系数

项目	亲社会行为	生活满意度	亲环境行为	集体主义价值观
亲社会行为	1			
生活满意度	0.38**	1		
亲环境行为	0.46**	0.33**	1	
集体主义价值观	0.45**	0.30**	0.52**	1

六 总讨论

（一）北京市居民的亲社会行为现状

本调查显示，北京市居民的亲社会行为总体处于中等水平，其中公开性维度、情绪性维度以及紧急性维度得分高于量表中间值，匿名性维度、利他性维度以及依从性维度得分低于量表中间值，说明北京市居民在公开情境下、情绪受到感染情境下以及紧急情况下更容易做出亲社会行为。

（二）不同群体的亲社会行为水平现状

在本次调查中，北京市居民的亲社会行为水平与性别无关。具体而言，男性和女性居民的亲社会行为水平无明显差别。

在不同年龄上，31~40岁居民的亲社会行为得分最高，20岁及以下居民的亲社会行为得分最低，但是20岁及以下、21~30岁、31~40岁、41~50岁和51岁及以上的居民亲社会行为并无显著差异。

在不同婚姻状况上，同居和已婚居民的亲社会行为得分显著高于未婚和离异居民，这说明拥有亲密关系的个体更倾向于做出亲社会行为。

在不同教育水平上，本科学历居民亲社会行为水平最高，而其他各学历的居民亲社会行为水平差异较大，这需要我们重视在各教育阶段对学生的培养情况，提高学生亲社会行为的水平。

在不同工作状态上，有正式工作的居民亲社会行为得分最高，并显著高于有临时工作的居民和学生，这可能由于有正式工作的居民认为自己生活稳定，比有临时工作的居民和学生更加有经济能力或固定时间帮助他人，因此更容易做出亲社会行为。

在不同月收入上，月收入20001元及以上的居民亲社会行为得分最高，目前月收入2000元及以下的居民亲社会行为得分最低，且显著低于其他月收入的居民。这说明个体的经济条件也会影响个体做出亲社会行为的倾向。

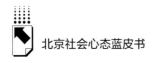

当居民自身的经济条件能够很好地满足自己的生活需要时，他们就更可能对别人伸出援手，做出更多亲社会行为。

在不同现居住地上，居住于北京城区的居民亲社会行为得分最高，目前居住于北京郊区的居民亲社会行为得分最低，且北京市在城区居住的居民亲社会行为得分显著高于在郊区居住的居民。这可能与居住于城区的居民生活水平较高有关，生活水平较高时居民会更有条件自主帮助他人或回应他人的求助。当然，这也可能与郊区人口密度较低有关，居民习惯自己解决自己的问题，因此郊区的居民的亲社会行为相对较少。

在不同户籍所在地上，户籍为北京城市的居民和北京农村的居民的亲社会行为得分显著高于户籍为外地城市和外地农村的居民，这也许是因为户籍为外地的居民对北京的归属感没有户籍是北京的居民强烈。他们虽然现在居住于北京，但仍有漂泊之感，觉得自己并不真正属于北京，这种不稳定感影响了户籍在外地居民的亲社会行为。

从不同孩子数量上看，无论是有一个孩子、两个孩子还是三个及以上孩子的居民，其亲社会行为得分都高于未生育过的居民亲社会行为得分。其中，拥有两个及以上孩子的居民亲社会行为得分最高。说明生育过孩子的居民亲社会行为倾向比未生育过的居民更高。这可能是由于生育过孩子的居民在抚养孩子的时候感受到对于相对弱小的个体要给予更多关爱和帮助，因此当遇到需要帮助的他人时，更能理解他人希望得到帮助的心情，从而做出更多亲社会行为。

从不同主观社会阶层看，主观社会阶层越高的居民其亲社会行为得分越高，且有显著差异。这说明居民主观认为自己是否富足会显著影响居民助人行为发生的概率。当居民认为自己生活富足时，更愿意帮助他人。

（三）北京市居民亲社会行为与生活满意度、亲环境行为以及集体主义价值观的关系

不同生活满意度的居民在亲社会行为上存在极显著差异，生活满意度越高的居民，其亲社会行为得分越高。这进一步说明了，当居民对美好生活的要求被更好地满足后，就会积极主动地关注他人的状况，提供更多帮助。如

果居民对自己的生活都并不满意，自己的需求都没有得到满足时，自然就不会为他人提供援助。恰如《管子》中所说的那样：仓廪实而知礼节，衣食足而知荣辱。满足民众的基本生活需要，让他们过上富裕的小康生活，也就为亲社会行为的发生打下了坚实的基础。

不同亲环境行为水平居民在亲社会行为上存在极显著差异，亲环境行为得分越高的居民，其亲社会行为得分越高。亲环境行为水平越高，说明居民对环境的关注度较高，更希望对环境做出保护性行为，如为保护环境主题的公益活动捐款或做志愿者、在日常生活中垃圾分类、少用可能会污染环境的产品等。因此，亲环境行为也是一种为保护环境付出自己努力的行为，这与亲社会行为中的积极主动地为他人提供帮助，或积极响应他人的求助有很多相似之处，这就可以解释为什么亲环境行为与亲社会行为之间呈正相关。

不同集体主义价值观得分的居民在亲社会行为上存在极显著差异，集体主义价值观得分越高的居民，其亲社会行为得分越高。集体主义价值观得分越高，说明居民更能够为身边的人付出时间和精力，认为支持、理解他人的需求非常重要。因此，当他人遇到困难时，他也会倾尽全力帮助他们，即产生更多的亲社会行为。

七 建议及对策

（一）大力开展亲社会教育，加大亲社会行为宣传力度

本调查显示，北京市居民的亲社会行为处于中等水平，因此应开展教育和宣传活动，努力提升全民的亲社会行为水平。如在机关单位中开展党建教育活动，提高党员干部的亲社会行为频率，同时积极弘扬社会主义正能量，大力倡导我国优秀传统文化，促进居民亲社会行为的产生；利用电视、电台媒体以及微信、微博平台，宣传在大众身边发生的亲社会行为；在学校中举办宣传亲社会行为的讲座，如邀请抗击新冠肺炎疫情中奋不顾身前往抗疫一

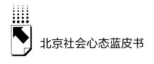

线的医生护士志愿者们为学生讲述抗疫过程中发生的感人故事，激发学生的亲社会感，以促进亲社会行为的产生。

（二）营造和谐的社会氛围，拉近居民间的距离，增强外地来京工作居民的归属感

众所周知，人与人之间的距离感会抑制亲社会行为的产生，居民之间彼此冷漠相待，又如何会积极主动地为他人提供力所能及的帮助呢？因此，积极营造和谐的社会氛围，努力拉近居民之间的心理距离是提高居民亲社会行为水平的又一重要措施。比如，以社区和企业为单位，开展相帮相助的活动，以加强彼此之间的了解；大力推进社区心理服务站工作，全面保障社区内居民的心理健康，帮助生活、工作中产生不良情绪的居民排解压力，以便能更好地应对工作生活中的困难；同时对外地来京工作的居民提供社区关怀，让他们感受到社区、企业的温暖，以提升其城市归属感，从而促进亲社会行为的产生。

（三）加强就业工作，改善民生，提高居民的生活满意度

本调查显示，有正式工作居民的亲社会行为得分高于临时工作及失业等居民，月收入在 2001 元及以上居民的亲社会行为得分显著高于月收入在 2000 元及以下的居民，且主观社会阶层越高的居民亲社会行为得分越高。由此可见，提高就业率、改善民生、增加居民收入在提升亲社会行为中的重要性。马斯洛的需要层次理论也显示，只有个体的生理需要、安全需要等被充分满足后，归属与爱的需要才会越发强烈。也就是说，当居民生活稳定、经济状况良好时，他们才更可能关注他人，显现出爱人和被爱的需要。研究结果也显示，居民的亲社会行为和生活满意度息息相关。因此，重视居民就业、加强民生工作是激发居民亲社会行为以及创建和谐社会的重中之重。

B.10
北京市居民亲环境行为调查报告

田 浩 李秋怡*

摘　要：　本研究采用亲环境行为自评量表对北京市常住居民的亲环境行为
状况进行调查。结果发现，北京市居民的亲环境行为处于中等偏
上水平；亲环境行为水平在部分人口学变量上存在显著差异。具
体而言，女性在私领域的亲环境行为水平显著高于男性；30岁及
以下居民的亲环境行为水平显著低于30岁以上居民；已婚居民的
亲环境行为水平显著高于未婚居民和离婚或丧偶居民；居住在城
区和郊区居民的亲环境行为水平显著高于农村居民；主观社会阶
层处于上层、中层的居民的亲环境行为水平显著高于其他；未生
育孩子居民的亲环境行为水平显著低于其他。此外，北京市居民的
亲环境行为水平与生活满意度、环保意识、价值观呈显著正相关。

关键词：　亲环境行为　生活满意度　环保意识　北京市民

一　引言

党的十八大以来，在以习近平同志为核心的党中央领导下，生态环境保
护工作发生历史性、转折性、全局性的变化，生态文明建设力度之大前所未
有。习近平总书记多次指出，要牢固树立"绿水青山就是金山银山"的理

---

* 田浩，博士，北京林业大学人文社会科学学院副教授，硕士生导师，主要研究方向为文化心
理学和生态环境心理学；李秋怡，北京林业大学人文社会科学学院在读研究生。

念。在环境心理学等研究领域，研究者用亲环境行为（pro-environmental behavior）一词指能够对生态环境产生积极影响的行为[1]，它是个体自发做出的对环境友好的建设性行为，能够为生态环境的积极转变提供动力。人与自然的和谐共生有赖于生态环境的持续显著改善，而亲环境行为在生态环境保护工作中扮演着重要角色。

亲环境行为与一些人口学变量之间存在关系。在性别上，国外研究报告指出，相对于男性，女性表现出更多的亲环境行为[2]。国内研究在此基础上进一步提出，亲环境行为在私人领域和公共领域表现出性别差异，女性更多倾向在私人领域表现出亲环境行为[3]。在年龄上，年幼与年长的人之间亲环境行为存在差异，但具体结论尚未统一，部分研究显示年长的人亲环境行为更多[4]，另一部分研究则调查出年轻人拥有更强的环保意识[5]。在受教育程度上，受教育程度与亲环境行为呈正相关，即接受更高水平教育的人倾向做出更多的亲环境行为[6]。

亲环境行为的影响因素研究显示，影响亲环境行为的因素主要分为个体内部因素和外部情境因素。在个体内部因素上，价值观起到显著影响作用，高自我超越[7]、高利他价值观[8]的个体往往亲环境行为水平更高。环境关心

[1] Jensen, B. B., "Knowledge, Action and Pro-environmental Behaviour," *Environmental Education Research* 8 (2002): pp. 325 – 334.

[2] Hunter, L. M., Hatch, A., Johnson, A., "Cross-National Gender Variation in Environmental Behaviors," *Social Science Quarterly* 85 (2004): pp. 677 – 694.

[3] 杜平、张林虓：《性别化的亲环境行为——性别平等意识与环境问题感知的中介效应分析》，《社会学评论》2020年第2期，第47~60页。

[4] Hines, J. M., Hungerford, H. R., Tomera, A. N., "Analysis and Synthesis of Research on Responsible Environmental Behavior: A Meta-Analysis, *The Journal of Environmental Education* 18 (1987): pp. 1 – 8.

[5] 曹家文：《城市居民亲环境行为与社会人口学变量的关系》，《中国经贸导刊（中）》2020年第7期，第118~121页。

[6] Theodori, G. L., Luloff, A. E., "Position on Environmental Issues and Engagement in Proenvironmental Behaviors," *Society & Natural Resources* 15 (2002): pp. 471 – 482.

[7] Stern, P. C., et al., "Values, Beliefs, and Proenvironmental Action: Attitude Formation Toward Emergent Attitude Objects". *Journal of Applied Social Psychology*, 25 (1995): pp. 1611 – 1636.

[8] 刘贤伟、吴建平：《大学生环境价值观与亲环境行为：环境关心的中介作用》，《心理与行为研究》2013年第6期，第780~785页。

与亲环境行为存在正相关，有研究显示对环境关心程度高的个体具有更强的环保意识，更愿意进行绿色消费①。在外部情境因素上，生态环境的改善能有效预测亲环境行为，如空气质量的提高能够培养个体环境态度②，培养对自然的敬畏与依恋③④。个体亲环境行为受到个体生活满意度的影响，亲环境行为也能提升个体生活满意度⑤。

本调查以18~70岁北京市常住居民为研究对象，考察北京市居民的亲环境行为现状，分析亲环境行为在年龄、性别、职业、受教育程度等人口学变量上的差异，并探究其与生活满意度、环保意识、价值观等的关系，结合研究结果提出针对性的政策建议。

二 研究方法

（一）研究对象

本调查采取多阶段随机抽样法，通过网络平台和面对面等方式发放问卷，人员基本信息如表1所示。

表1 调查对象基本信息

单位：人，%

人口学变量	类别	人数	百分比
性别	男	869	49.40
	女	889	50.60

① 刘贤伟：《价值观、新生态范式以及环境心理控制源对亲环境行为的影响》，北京林业大学硕士学位论文，2012，第58页。

② 盛光华、戴佳彤、龚思羽：《空气质量对中国居民亲环境行为的影响机制研究》，《西安交通大学学报》（社会科学版）2020年第2期，第95~103页。

③ 孙颖、贾东丽、蒋奖、刘子双：《敬畏对亲环境行为意向的影响》，《心理与行为研究》2020年第3期，第383~389页。

④ 张茜、杨东旭、李思逸、李文明：《地方依恋对森林旅游游客亲环境行为的调节效应》，《中南林业科技大学学报》2020年第8期，第164~172页。

⑤ 杜平、张林娍：《性别化的亲环境行为——性别平等意识与环境问题感知的中介效应分析》，《社会学评论》2020年第2期，第47~60页。

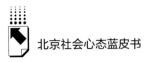

续表

人口学变量	类别	人数	百分比
年龄	20 岁及以下	64	3.64
	21～30 岁	302	17.18
	31～40 岁	323	18.37
	41～50 岁	324	18.43
	51 岁及以上	743	42.26
	缺失	2	0.11
月收入	无收入	74	4.21
	2000 元及以下	152	8.65
	2001～8847 元	860	48.92
	8848～15000 元	468	26.62
	15001～20000 元	137	7.79
	20001～40000 元	51	2.90
	40001 元及以上	16	0.91
户籍所在地	北京城市	897	51.02
	北京农村	221	12.57
	外地城市	474	26.96
	外地农村	166	9.44
政治面貌	共产党员	557	31.68
	共青团员	445	25.31
	民主党派	12	0.68
	群众	744	42.32
子女数	未生育	315	17.92
	一个孩子	1127	64.11
	两个孩子	298	16.95
	三个及以上孩子	18	1.02
工作状态	正式工作	1234	70.19
	临时工作	105	5.97
	无业、失业或下岗	56	3.19
	离退休	228	12.97
	学生	132	7.51
	其他	3	0.17
婚姻状况	未婚	286	16.27
	已婚	1421	80.83
	同居	12	0.68
	离婚	26	1.48
	丧偶	13	0.74

人口学变量	类别	人数	百分比
受教育程度	初中及以下	123	6.70
	中专或职高	217	12.34
	高中	221	12.57
	大专	319	18.15
	本科	764	43.46
	硕士及以上	114	6.48
主观社会阶层	最上层	4	0.23
	中上层	131	7.45
	中层	883	50.23
	中下层	655	37.26
	最下层	85	4.84
民族	汉族	1682	95.68
	少数民族	76	4.32
住址	城市	1365	77.65
	郊区	195	11.09
	农村	198	11.26
何时来京	来京不足一年	170	9.67
	来京超过一年	816	46.42
	出生成长在北京	772	43.91
职业	教师	103	5.86
	机关干部或公务员	105	5.97
	服务业工作人员	134	7.62
	医务工作者	59	3.36
	外企职员	71	4.04
	私企职员	451	25.65
	国企员工	324	18.43
	自由职业者	73	4.15
	其他	19	1.08
	缺失	419	23.83

（二）研究工具

1. 人口统计学信息

包括性别、年龄、民族、信仰、婚姻状况、受教育程度、工作状态、职业、月收入、子女数、主观社会阶层等。

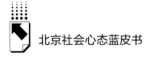

2. 亲环境行为量表

采用刘贤伟编制的自评亲环境行为量表①。该量表共有 11 个项目，包括公领域和私领域 2 个维度。其中公领域行为 6 个项目，私领域行为 5 个项目。公领域行为主要指参加公共组织的环境保护行为，例如为环保组织捐款等；私领域行为主要指个人日常生活中的环保行为，如购买环保产品等。采用 5 点计分法（1 = 从不，2 = 很少，3 = 偶尔，4 = 有时，5 = 经常）。总分范围在 11~55 分，分数越高，表示居民的亲环境行为水平越高。

3. 环保意识量表

采用凌志东等设计的居民环保意识调查问卷②，问卷共 15 个项目，包含环保行为、环保理念、环保知识三个维度。其中环保行为 6 个项目，环保理念 5 个项目，环保知识 4 个项目。问卷采用 4 点计分法（1 = 从不，2 = 偶尔，3 = 经常，4 = 总是），问卷总分为 60 分，得分越高表示居民的环保意识越强。

4. 生活满意度量表

采用由 Diener 等人于 1985 年编制的生活满意度量表③。生活满意度问卷共有 5 个项目，要求被试在 7 点量表上表明自己对题项所陈述情况的同意程度（1 = 非常不同意，7 = 非常同意），得分越高表示居民生活满意度越高。

5. 价值观量表

采用 Schwartz 编制的价值观量表④，选用其中集体主义价值观范畴的"慈善"、"普遍性"、"遵从"、"安全"和"传统"价值观进行施测。慈善

---

① 刘贤伟：《价值观、新生态范式以及环境心理控制源对亲环境行为的影响》，北京林业大学硕士学位论文，2012，第 58 页。

② 凌志东、杨春红：《基于问卷调查的江苏居民环保意识定量评价》，《统计与决策》2010 年第 24 期，第 75~77 页。

③ Ed Diener, et al., "The Satisfaction with Life Scale," *Journal of Personality Assessment* 49. 1 (1985): pp. 71 – 75.

④ Shalom H. Schwartz, Klaus Boehnke. "Evaluating the Structure of Human Values with Confirmatory Factor Analysis," *Journal of Research in Personality* 38 (2004): pp. 230 – 255.

指维护和提高那些自己熟识的人们的福利。普遍性指为了所有人和自然的福祉而理解、欣赏、忍耐、保护。遵从指对伤害他人或违背社会期望的倾向加以限制。安全指社会稳定、关系稳定和自我稳定。传统指尊重、赞成和接受文化或宗教的习俗和理念。该量表采用6点计分（1＝非常不相似，6＝非常相似），要求被试评定每个条目与自己价值观的相似性，其分值越高，则表示该价值观类型对于居民的重要程度越高。

三 结果分析

（一）北京市居民亲环境行为的总体特点

北京市居民亲环境行为均分为45.08，题目均分为4.10，高于中值3，说明北京市居民亲环境行为总体处于中等偏上水平。在亲环境行为的两个维度下，公领域维度的得分均值为23.01，题目均分为3.84，私领域维度的得分均值为22.07，题目均分为4.41，两个领域的题目均分也都高于题目中值，说明北京市居民的公领域和私领域的亲环境行为都处于中等偏上水平（见表2）。

表2 北京市居民亲环境行为平均分和标准差

单位：分

维　度	$M \pm SD$	题目均分
公领域	23.01 ± 4.88	3.84
私领域	22.07 ± 3.08	4.41
亲环境行为总分	45.08 ± 6.98	4.10

（二）北京市居民亲环境行为人口学统计分析

1. 北京市居民亲环境行为的性别差异

采用独立样本 t 检验，结果显示北京市居民亲环境行为在总体上（$t = -1.33$,

$p > 0.05$）和公领域内（$t = 0.52$，$p > 0.05$）不存在显著的性别差异，在私领域内存在显著的性别差异（$t = -3.84$，$p < 0.001$），女性的私领域亲环境行为水平显著高于男性，表明在日常生活中女性的环保行为相对较多（见表3）。

表3　不同性别北京市居民亲环境行为平均值与标准差（$M \pm SD$）

单位：分

维度	性别	$M \pm SD$	t
公领域	男	23.07 ± 4.84	0.52
	女	22.95 ± 4.91	
私领域	男	21.78 ± 3.28	-3.84 ***
	女	22.35 ± 2.85	
亲环境行为	男	44.86 ± 7.21	-1.33
	女	45.30 ± 6.74	

注：* 表示 $p < 0.05$，** 表示 $p < 0.01$，*** $p < 0.001$，下同。

2. 北京市居民亲环境行为的年龄差异

采用单因素方差分析，结果显示北京市居民的亲环境行为存在年龄差异（$F = 6.63$，$p < 0.001$）。事后检验结果显示，20 岁及以下居民的亲环境行为水平显著低于其他年龄居民。

亲环境行为水平由 20 岁及以下到 41~50 岁的居民逐步增高，之后随年龄的增长出现下降趋势。亲环境行为水平随年龄增长而提高的趋势，表明个体成长过程中环保意识不断增强，个体的道德感与约束感逐步发展，因此亲环境行为增多（见图1）。

表4　不同年龄段北京市居民的亲环境行为平均值与标准差（$M \pm SD$）

项　目	年龄段	$M \pm SD$	F
亲环境行为	20 岁及以下	42.02 ± 6.86	6.63 ***
	21~30 岁	43.90 ± 6.89	
	31~40 岁	45.58 ± 7.12	
	41~50 岁	45.63 ± 6.63	
	51 岁及以上	45.39 ± 6.99	

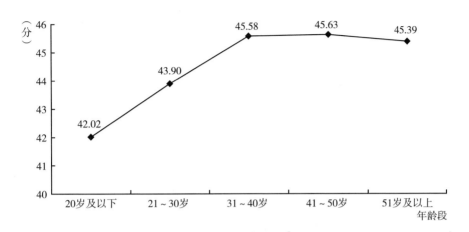

图1 不同年龄段的北京市居民亲环境行为得分

3. 北京市居民亲环境行为的婚姻状况差异

由于"离婚"与"丧偶"人数较少，故将这两类人合并为"离婚或丧偶"。采用单因素方差分析，结果显示北京市居民亲环境行为水平在不同婚姻状况下存在显著差异（$F = 17.51$，$p < 0.001$）。事后检验结果显示，已婚居民的亲环境行为水平显著高于未婚居民和离婚或丧偶居民（见表5和图2）。

表5 不同婚姻状况北京市居民亲环境行为平均值与标准差（$M \pm SD$）

单位：分

项　目	婚姻状况	$M \pm SD$	F
亲环境行为	未　婚	42.53 ± 6.97	17.51 ***
	已　婚	45.65 ± 6.89	
	同　居	44.50 ± 4.28	
	离婚或丧偶	43.08 ± 6.37	

4. 北京市居民亲环境行为的家庭住址差异

采用单因素方差分析，结果显示北京市居民的亲环境行为在家庭住址上

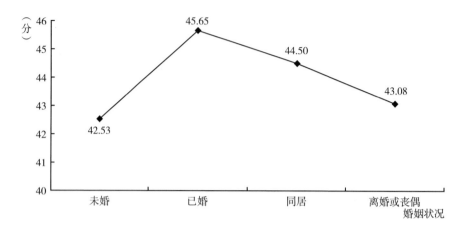

图2　不同婚姻状况的北京市居民亲环境行为得分

存在显著差异（$F = 4.64$，$p < 0.05$）。事后检验结果显示，居住在农村的居民亲环境行为水平显著低于居住在城区、郊区的居民（见表6和图3）。

表6　不同住址北京市居民的亲环境行为平均值与标准差（$M \pm SD$）

单位：分

项　目	住址	$M \pm SD$	F
亲环境行为	城　区	45.22 ± 6.96	4.64 *
	农　村	43.69 ± 7.52	
	郊　区	45.55 ± 6.38	

5. 北京市居民亲环境行为的户籍差异

采用单因素方差分析，结果显示北京市的居民亲环境行为在户籍上存在显著差异（$F = 7.81$，$p < 0.001$）。事后检验结果显示，北京城市居民的亲环境行为水平显著高于外地城市和外地农村居民（见表7和图4）。

亲环境行为水平从户籍为北京城市到外地农村出现下降趋势。地区的经济水平会影响人的行为，经济水平较高的地区，人们对美好生活环境的追求凸显，进而更加追求创造宜人的居住环境。

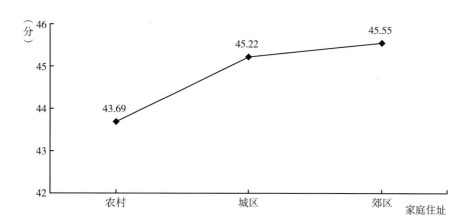

图3 不同家庭住址的北京市居民亲环境行为得分

表7 不同户籍北京市居民的亲环境行为平均值与标准差（$M \pm SD$）

单位：分

项 目	户籍	$M \pm SD$	F
亲环境行为	北京城市	45.64 ± 6.80	7.81***
	北京农村	45.45 ± 6.80	
	外地城市	44.58 ± 7.06	
	外地农村	43.03 ± 7.50	

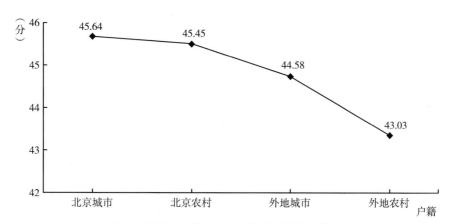

图4 不同户籍的北京市居民亲环境行为得分

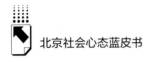

6. 北京市居民亲环境行为的主观社会阶层差异

由于"最上层"人数较少，故将"最上层"与"中上层"两类合并为"上层"。采用单因素方差分析，结果显示北京市居民的亲环境行为在主观社会阶层中存在显著差异（$F = 7.53$，$p < 0.001$）。事后检验结果显示，主观社会阶层为上层和中层人群的居民亲环境行为水平显著高于中下层和最下层人群（见表8和图5）。

表8　不同主观社会阶层的亲环境行为平均值与标准差（$M \pm SD$）

单位：分

项　目	主观社会阶层	$M \pm SD$	F
亲环境行为	上　层	46.68 ± 7.43	7.53***
	中　层	45.58 ± 6.23	
	中下层	44.35 ± 7.16	
	最下层	43.36 ± 7.57	

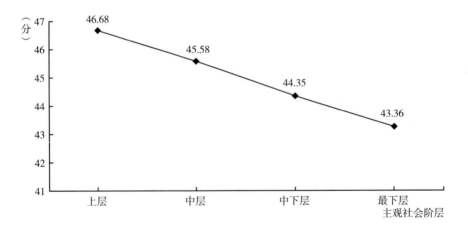

图5　不同主观社会阶层的北京市居民亲环境行为得分

7. 北京市居民亲环境行为的生育情况差异

由于生育"三个及以上孩子"的人数较少，故将"两个孩子"与"三个及以上孩子"两类合并为"两个及以上孩子"。采用单因素方差分析，结果显示,北京市居民亲环境行为在不同生育情况下存在显著差异($F =$ 28.62, $p < 0.001$)。事后检验结果显示,未生育的北京市居民的亲环境行为水平显著低于其他(见表9和图6)。

表9 不同生育状况的北京市居民亲环境行为平均值与标准差($M \pm SD$)

单位:分

项目	子女数	$M \pm SD$	F
亲环境行为	未生育	42.57 ±6.87	28.62***
	一个孩子	45.39 ±6.85	
	两个及以上孩子	46.47 ±6.92	

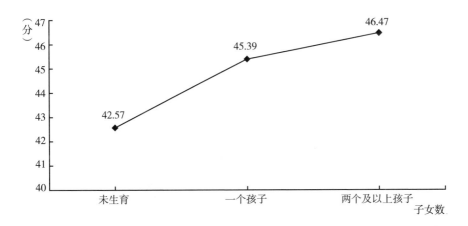

图6 不同生育状况的北京市居民亲环境行为得分

8. 北京市居民亲环境行为的工作状态差异

由于"其他""学生"两类人数较少,故将二者合并为"学生或其他"。采用单因素方差分析,结果显示北京市居民的亲环境行为水平在不同工作状态下存在显著差异($F = 12.89$, $p < 0.001$)。事后检验结果显示,"学生或其他"类居民的亲环境行为水平显著低于其余工作状态下的居民;无业、失业或下岗的居民亲环境行为水平显著低于离退休居民(见表10和图7)。

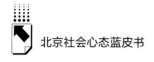

表10 不同工作状态下北京市居民的亲环境行为平均值与标准差（$M \pm SD$）

单位：分

项　目	工作状态	$M \pm SD$	F
亲环境行为	正式工作	45.41 ± 6.93	12.89***
	临时工作	44.84 ± 6.96	
	无业、失业或下岗	43.63 ± 6.83	
	离退休	46.06 ± 6.49	
	学生或其他	41.26 ± 7.07	

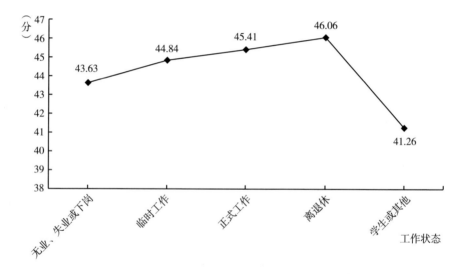

图7 不同工作状态的北京市居民亲环境行为得分

9. 北京市居民亲环境行为的月收入差异

由于"20001~40000"元与"40001元及以上"人数较少，故将二者合并为"20000元以上"。采用单因素方差分析，结果显示北京市居民的亲环境行为在不同月收入下存在显著差异（$F = 15.05$，$p < 0.001$）。事后检验结果显示，无收入和月收入2000元以下的北京市居民的亲环境行为水平显著低于月收入2000元以上的居民（见表11）。

亲环境行为水平由无收入至月收入 8848 ~ 15000 元逐步上升, 后出现下降趋势。从 2000 元及以下至 2001 ~ 8847 元的居民亲环境行为水平增幅最大, 表明一定范围内经济收入的增长能促进亲环境行为 (见图 8)。

表 11　不同经济收入北京居民亲环境行为平均值与标准差 (*M* ± *SD*)

单位: 分

项　目	客观经济水平(月收入)	*M* ± *SD*	*F*
亲环境行为	无收入	41. 28 ± 7. 11	15. 05 ***
	2000 元及以下	41. 54 ± 6. 82	
	2001 ~ 8847 元	45. 61 ± 6. 66	
	8848 ~ 15000 元	45. 89 ± 6. 66	
	15001 ~ 20000 元	45. 06 ± 7. 80	
	20000 元以上	44. 91 ± 7. 99	

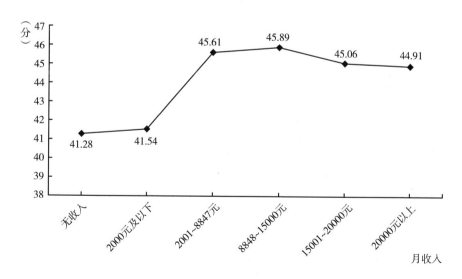

图 8　不同收入情况的北京市居民亲环境行为得分

10. 北京市居民亲环境行为的职业差异

采用单因素方差分析, 结果显示北京市居民的亲环境行为在不同职业中

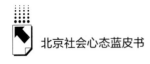

存在显著差异（$F=3.36$，$p<0.01$）。事后检验结果显示，除去教师与医务工作者外，北京市外企职员的亲环境行为水平显著高于从事其他职业的个体（见表12和图9）。

北京市外企职员的亲环境行为得分在所有职业类型中最高，可能是由于外企公司的企业文化、工作机制和工作伙伴等因素为在其中工作的人创造了更多利于实施亲环境行为的空间与氛围（见图9）。

表12　不同职业的亲环境行为平均值与标准差（$M \pm SD$）

单位：分

项　目	职　业	$M \pm SD$	F
亲环境行为	教　师	46.63 ± 6.46	3.36**
	机关干部或公务员	45.24 ± 7.34	
	服务业工作人员	45.89 ± 6.93	
	医务工作者	46.07 ± 7.83	
	外企职员	47.87 ± 6.28	
	私企职员	44.28 ± 7.04	
	国企员工	45.73 ± 6.43	
	自由职业	45.03 ± 6.75	
	其　他	44.47 ± 9.29	

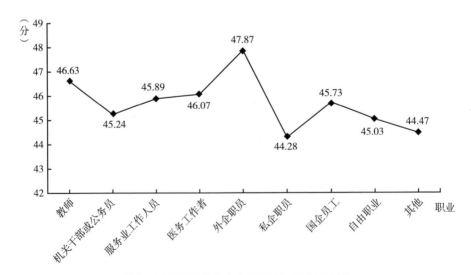

图9　不同职业的北京市居民亲环境行为得分

（三）北京市居民亲环境行为与生活满意度、环保意识和价值观的关系

1. 北京市居民亲环境行为与生活满意度的关系

亲环境行为与生活满意度之间的相关分析显示二者之间存在显著的正相关（$r = 0.33$，$p < 0.01$）（见表13）。

表13　亲环境行为与生活满意度的相关性

单位：分

	生活满意度
亲环境行为	0.33 **

采用线性回归，结果显示北京市居民的生活满意度对亲环境行为的正向预测作用显著（$F = 211.69$，$p < 0.001$）。随着生活满意度提高，居民能够实施更多亲环境行为（见表14）。

表14　亲环境行为与生活满意度回归分析

因变量	预测变量	B	β	t	R^2	F
亲环境行为	生活满意度	0.35	0.33	14.55 ***	0.11	211.69 ***

将生活满意度按照平均数加减一个标准差的方式分为生活满意度低、中等、高三组，采用单因素方差分析，结果显示北京市居民的亲环境行为在生活满意度上存在显著差异（$F = 71.42$，$p < 0.001$）。多重比较结果显示，生活满意度高的居民，其亲环境行为水平显著高于其他两组居民（见表15）。

表15　不同生活满意度居民的亲环境行为平均值与标准差（$M \pm SD$）

单位：分

生活满意度	$M \pm SD$	F
生活满意度低	42.25 ± 7.56	
生活满意度中等	44.97 ± 6.59	71.42 ***
生活满意度高	48.85 ± 6.92	

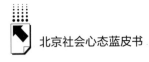

2. 北京市居民亲环境行为与环保意识的关系

亲环境行为与环保意识之间的相关分析显示二者之间存在显著的正相关（$r = 0.75$，$p < 0.01$）（见表16）。

表16　亲环境行为与环保意识的相关性

	环保意识
亲环境行为	0.75 **

采用线性回归，结果显示北京市居民的环保意识对亲环境行为的正向预测作用显著（$F = 2305.70$，$p < 0.001$）。随着环保意识的提高，北京市居民能够实施更多亲环境行为（见表17）。

表17　环保意识对亲环境行为的回归分析

因变量	预测变量	B	β	t	R^2	F
亲环境行为	环保意识	0.81	0.75	48.02 ***	0.57	2305.70 ***

将环保意识按照平均数加减一个标准差的方式分为环保意识低、中等、高三组，采用单因素方差分析，结果显示北京市居民的亲环境行为在环保意识上存在显著差异（$F = 654.91$，$p < 0.001$）。多重比较结果显示，环保意识高的居民亲环境行为水平显著高于其他两组居民（见表18）。

表18　不同环保意识的北京市居民亲环境行为平均值与标准差（$M \pm SD$）

单位：分

环保意识	$M \pm SD$	F
环保意识低	35.99 ± 6.26	
环保意识中等	45.31 ± 5.42	654.91 ***
环保意识高	51.69 ± 3.66	

3. 北京市居民亲环境行为与价值观的关系

亲环境行为与价值观之间的相关分析显示亲环境行为和价值观之间存在显著的正相关（$r = 0.54$，$p < 0.01$）（见表19）。

表19　亲环境行为与价值观的相关性

	价值观
亲环境行为	0.54**

采用线性回归，结果显示北京市居民的价值观对亲环境行为的正向预测作用显著（$F=704.01$，$p<0.001$），随着价值观在居民心中重要程度的增加，北京市居民能够实施更多的亲环境行为。

表20　亲环境行为与价值观回归分析

因变量	预测变量	B	β	t	R^2	F
亲环境行为	价值观	0.30	0.54	26.53***	0.29	704.01***

将价值观按照平均数加减一个标准差的方式分为低、中等、高三组，采用单因素方差分析，结果显示北京市居民的亲环境行为在不同价值观下存在显著差异（$F=266.73$，$p<0.001$）。多重比较结果显示，价值观高分组的居民亲环境行为水平显著高于其他两组（见表21）。

表21　不同价值观重要程度居民的亲环境行为平均值与标准差（M ± SD）

单位：分

价值观	$M \pm SD$	F
重要程度低	37.89 ± 7.42	
重要程度中等	45.36 ± 6.06	266.73***
重要程度高	50.08 ± 4.99	

四　主要结论

第一，北京市居民的亲环境行为处于中等偏上水平。

第二，北京市居民的亲环境行为在部分人口学变量（性别、年龄、婚姻状况、家庭住址、户籍所在地、主观社会阶层、生育状况等）上存在显著差异。女性在私领域的亲环境行为水平显著高于男性；20 岁及以下居民的亲环境行为水平最低，30 岁及以下居民的亲环境行为水平显著低于 30 岁以上居民；未婚和离婚或丧偶居民的亲环境行为水平显著低于已婚居民；居住在城区和郊区居民的亲环境行为水平显著高于农村居民；主观社会阶层处于上层、中层的居民的亲环境行为水平显著高于其他；生育两个及以上孩子的居民的亲环境行为水平显著高于其他。

第三，北京市居民的亲环境行为与生活满意度、环保意识、价值观之间呈现显著正相关。

五　对策与建议

（一）加强居民亲环境行为的基础研究

本研究虽然对北京市居民亲环境行为进行了初步探索，发现了一些初步规律，但其中仍有不少问题有待探究。例如，调查发现亲环境行为与居民年龄有关，30 岁及以下居民的亲环境行为水平显著低于 30 岁以上居民，那么这种关系的内在机制是什么，亲环境行为的差异是由内在的环保意识差异还是外在的经济地位差异所致？再如，调查发现北京市居民的亲环境行为与生活满意度等因素相关。然而，这种相关是否存在因果关系，影响的方向和机制如何？这些问题，都需要在今后的研究和工作中求证。

（二）通过改善生态环境促进亲环境行为

人与环境是相互作用、相互影响的。一方面，人民群众需要优美宜人的生态环境，为人民群众创造良好的生态环境是缓解当下社会心理问题的客观要求①。习近平总书记在 2018 年 5 月召开的全国生态环境保护大会上强调：

---

① 崔有波：《基于民生视角的社会焦虑问题研究》，《湖南行政学院学报》2019 年第 3 期，第 42 ~ 48 页。

"要提供更多优质生态产品以满足人民日益增长的优美生态环境需要。"另一方面，良好的生态环境也有利于促进居民的亲环境行为。本研究表明，亲环境行为存在城乡差异，也受到生活满意度的影响。这些结果提示，居住环境质量是影响亲环境行为的一个重要因素。人们渴望生活在绿色洁净、美好宜人的家园，在这样的环境中，人们的幸福感也随之增强，反过来也有助于促进居民的亲环境行为。

（三）制定差异化的亲环境行为提升策略

根据研究结果，北京市居民的亲环境行为在性别、年龄、婚姻状况、家庭住址、户籍所在地、主观社会阶层、生育状况等人口学变量上存在显著差异。因此，在制定相关的亲环境行为策略或政策时，应充分考虑不同人群的亲环境行为差异，开展有针对性的亲环境行为推动策略。针对青少年群体，有必要通过学校加强环境教育和环保实践等途径，增强其环境保护意识。而针对农村居民亲环境行为水平较低的现状，也应开展有针对性的环保宣传和教育活动。

B.11
抗疫志愿精神研究报告

—— 以京鄂 iWill 志愿者联合行动为例

翟雁　杨团*

摘　要： 本文对2020年初"京鄂 iWill 志愿者联合行动"的抗疫志愿服务开展行动研究后发现，抗疫志愿者在重大疫情面前所表现出志愿无偿驰援湖北的"逆行"抗疫行动，是其积极社会心态和内在多元需求的抗疫志愿精神的体现。而平台型社会组织的跨界联合机制与社会支持体系是保障与激励抗疫志愿精神的必要条件。

关键词： 抗疫　志愿者　志愿精神　平台型社会组织

一　研究概况

2019 年底 2020 年初，新冠肺炎疫情突袭而至。为了护佑生命，为了国家安全，千千万万个普通人挺身而出，不论职业、性别、地域和服务岗位。他们无所畏惧、自愿奉献、不计代价、扛起责任、勇挑重担、日夜值守、千里驰援，表现出中国人民的抗疫志愿精神。

＊ 本研究主笔人：翟雁，北京市社会心理工作联合会副会长，北京志愿服务联合会常务理事，北京博能志愿公益基金会理事长，北京惠泽人公益发展中心创始人；杨团，中国社会科学院研究员，京鄂 iWill 志愿者联合行动专家志愿者。课题组成员惠泽人理事张杨、运营总监李晓、项目总监李静等人对本研究提供专业支持与帮助。

习近平主席在 2020 年 9 月 8 日全国抗击新冠肺炎疫情表彰大会上的讲话中说："在同疫魔的殊死较量中，中国人民和中华民族以敢于斗争、敢于胜利的大无畏气概，铸就了生命至上、举国同心、舍生忘死、尊重科学、命运与共的伟大抗疫精神。"① 而这个伟大的抗疫精神，包含了中国人民的新时代志愿精神，积极奉献、人道救援、大爱无疆。

本课题组以"京鄂 iWill 志愿者联合行动"为个案研究，通过对参与抗疫社会心理救援工作的专业志愿者开展行动研究和社会学调查，分析研究 2020 年志愿者所体现的抗疫志愿精神及其价值。

（一）京鄂 iWill 志愿者联合行动简介

"京鄂 iWill 志愿者联合行动"（以下简称 iWill 行动）是由北京市社会心理工作联合会、北京博能志愿公益基金会和北京惠泽人公益发展中心于 2020 年 1 月 23 日联合发起抗击疫情志愿者救援项目，瞄准 2020 年初受新冠肺炎疫情影响的湖北地区的社区居民所开展的社会心理救援专业志愿者行动。其使命是为湖北疫区前线社区和志愿服务组织提供建制式专业志愿者团队，开展专业咨询培训、志愿者管理平台运营体系保障、相关领域专家志愿者智库活动、互联网络信息技术支持以及社会资源对接与整合等，搭建志愿者参与社会公共危机事件的平台机制，为公众参与公共卫生救援和社会治理提供解决方案和社会支持。

"iWill 行动"共联合了 75 家政府有关部委、企业和社会组织，动员和组织来自全国的心理咨询师、心理卫生和健康工作者、医师护师、社会工作师、律师、商业管理者和社会学、公共管理与公共卫生等领域的专家学者、政府部委管理者等志愿者 2924 人。他们无偿参与到京鄂及国内外疫情高风险地区和国家的在线抗疫救援中，直接服务受疫情影响的居民和海外华人华侨 12 万多人，志愿服务时长 15 万多小时，为社会抗疫捐赠专业服务价值

---

① 人民网 – 中国共产党新闻网，2020 年 9 月 8 日。

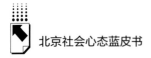

1500 多万元①。开创了专业志愿者参与全球重大公共卫生事件的新模式（见图 1），为社会心理工作者更加有效参与社会治理创新进行了有益的尝试。

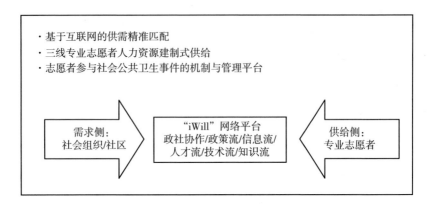

·基于互联网的供需精准匹配
·三线专业志愿者人力资源建制式供给
·志愿者参与社会公共卫生事件的机制与管理平台

需求侧：
社会组织/社区

"iWill" 网络平台
政社协作/政策流/信息流/
人才流/技术流/知识流

供给侧：
专业志愿者

图 1　京鄂 iWill 志愿者联合行动模式

（二）问题提出

此次新冠肺炎疫情在全球暴发，是对各国公共卫生防疫和社会治理的一次大考，也给专业志愿者参与国家乃至全球重大公共卫生事件提供了社会实践契机。在武汉地区突发公共卫生事件初期，人们面对未知、不确定和高风险的疫情所形成的社会恐慌及各种生命威胁和生活困境，当地志愿者第一时间冒着疫情危险冲到前线和社区开展自救与援助，而首都乃至全国志愿者们通过社会组织或自发组织，利用互联网在线驰援受疫情影响的群众，与时间赛跑、日夜奋战。他们为什么在危机时刻逆行而动，牺牲春节假期参与无偿救援行动？他们为什么愿意奉献专业技能和爱心去服务陌生人？他们是如何被动员和组织起来的？哪些措施能够吸引、保障和激励他们开展专业救援志愿服务工作？他们在志愿救援中遇到哪些困难和挑战？采取了什么样的解决方案？经历了哪些心理过程？他们如何认知抗疫志愿精神？

---

① 按照联合国劳工组织测量志愿服务的"替代成本计算"方法进行核算：专业人士人均小时工资报酬 100 元/小时×专业志愿服务时间（小时数），15 万小时相当于 1500 万元专业服务价值。

北京市社会心理工作联合会（以下简称"社心联"）作为首都枢纽型社会组织，如何激励抗疫志愿精神，培育一支社会心理专业志愿者队伍？如何将 iWill 行动成果进行转化，将社会心理救援战时经验转化为常态化和可持续化社会心理服务机制，从而提升社区和全社会抗击风险的韧性？为此，iWill 行动的发起方之一，社心联理事单位北京惠泽人公益发展中心组织参与 iWill 行动的专家学者与核心志愿者管理人员组成本课题组，开展研究和社会学调查，对有 2083 名志愿者的 iWill 志愿者数据库①进行数据分析，并对 156 位骨干志愿者的访谈记录②进行词云分析，试图对抗疫志愿者的志愿精神，及其社会组织即兴平台等影响因素进行研究和报告。

风险社会时代已经来临，新冠病毒疫情防控以及重大不确定性变局成为新常态，研究"抗疫志愿精神"将为志愿者和社会组织参与常态化疫情防控提供经验借鉴和理论指导，也为政府在社会治理创新与社会风险防控的公共管理方面提供社会实证经验。

（三）本课题研究框架与方法

国内针对志愿精神的研究并不多，对重大疫情中的志愿精神研究尚属空白。本课题应用"社会心态理论"③ 框架，通过研究分析 iWill 志愿者群体在抗疫志愿服务中的社会需要、社会认知、社会情感、社会价值观和社会行动，以及在重大公共卫生事件中的社会组织即兴平台支持等相关影响因素，对照"伟大的抗疫精神"④，提出中国志愿者的"抗疫志愿精神"构成要素及其价值。

"社会心态是在一定社会环境和文化影响下形成的，社会中多数成员表

---

① 本研究的所有志愿者数据均来自 iWill 志愿者联合行动《iWill 志愿者数据库》，2020 年 7 月。
② iWill 骨干志愿者访谈记录包括两项资料：一是由项目管理组编辑的《iWill 抗疫志愿者人物志》，二是由中华女子学院社会工作学院王婴教授带领的 iWill 行动研究组采访编写的《iWill 志愿者画像》，2020 年 7 月。
③ 王俊秀：《社会心态理论：一种宏观社会心理学范式》，社会科学文献出版社，2014。
④ 辛鸣：《论伟大抗疫精神》，中国共产党新闻网，2020 年 9 月 14 日。

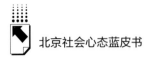

现出普遍的、一致的心理特点和行为模式，并成为影响每个个体成员行为的模板。"①联合国前秘书长科菲·安南在"2001国际志愿者年"启动仪式上的讲话中指出："志愿精神的核心是服务、团结的理想和共同使这个世界变得更加美好的信念。从这个意义上说，志愿精神是联合国精神的最终体现。"志愿精神是社会心态中重要的积极力量，本课题研究聚焦抗疫志愿者心态及其志愿精神，以及平台型组织即兴和社会治理结构单位对志愿精神的影响（见图2）。

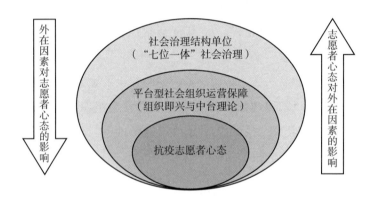

图2　抗疫志愿精神研究框架

抗疫志愿者心态：抗疫志愿者心态是本文研究的重点对象，根据社会心态指数体系的五个要素（见图3），分析志愿者在抗疫志愿服务中所体现出的志愿精神。

平台型社会组织运营保障：平台型社会组织在社会重大事件复杂紧急情况下所开展的"非计划性"、"突发性"和"即时性"的组织行为是动员和组织志愿者参与社会救援的基础，也是志愿者践行志愿精神的载体②。本研究根据"平台型组织理论"分析其在组织即兴和建制式管理、调动社会资源、保障和激励志愿者有效参与抗疫志愿服务等方面的作用。

① 王俊秀：《社会心态理论：一种宏观的社会心理学范式》，社会科学文献出版社，2014。
② 黄勇、彭纪生：《组织即兴：现状与展望》，《管理学报》2012年第7期。

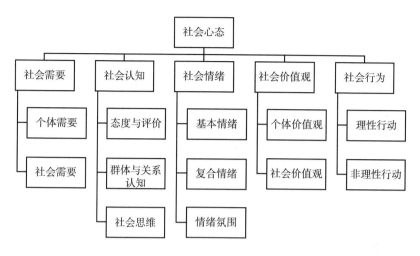

图3　社会心态指标体系

资料来源：王俊秀：《社会心态理论：一种宏观社会心理学范式》，社会科学文献出版社，2014。

社会治理结构单位：本研究关注在重大公共卫生事件中的政府部门与社会组织的合作机制，特别是组建具有社会治理功能的"新单位"结构，这是志愿者参与的社会支持体系中重要的社会环境因素，也是"党委领导、政府负责、民主协商、社会协同、公众参与、法治保障、科技支撑""七位一体"中国社会治理模式的创新实践。

本课题采用文献研究法和与 iWill 志愿者访谈，并利用"百度指数"①和"微思词云—在线词云生成工具"②，对 2083 名 iWill 志愿者报名数据和访谈记录进行高频词抓取和定性分析研究，对比疫情下公众关注和 iWill 志愿者的社会需要与个体需要，研究志愿者服务动机和抗疫志愿服务心态。

二　抗击新冠肺炎疫情的中国志愿者概览

根据国务院 2020 年 6 月 7 日发布的《抗击新冠肺炎疫情的中国行动》

---

① 参见百度指数（baidu. com）。

② 微思词云—在线词云生成工具，https：//wis－ai. com/wordcloud。

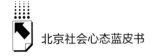
白皮书报告①，截至 5 月 31 日，各级慈善组织、红十字会累计接受社会捐赠资金约 389.3 亿元，物资约 9.9 亿件。400 万社区工作者和 881 万注册志愿者②投入疫情防控战斗中，志愿服务项目超过 46 万个，记录志愿服务时间超过 2.9 亿小时。另外有 1300 多万名党员以及数百万未注册志愿者参与了抗疫志愿服务，初步估算在 2020 年抗击新冠肺炎疫情的战斗中，中国至少有超过 2000 万名抗疫志愿者。

本研究于 2020 年 12 月底选取了 2020 年全年的百度指数搜索热词"志愿者""抗疫志愿者""武汉捐赠"，对新冠肺炎疫情突发初期的公众心态进行相关调查，有如下发现。

（1）公众在互联网对"志愿者"的关注于 1 月底开始，至 2 月 10 日达到峰值 1400 多万人次，那时正是全国各地开展抗疫救援和疫情防控的关键时期。第二个关注高峰是 6～7 月南方洪灾时期，在 7 月 15 日搜索"志愿者"达到峰值 1200 多万人次（见图 4）。由此可以看出，公众在面对社会公共灾难事件时，更加关注志愿者，寻找可能参与志愿服务的机会。

（2）对"抗疫志愿者"的关注始于 2020 年 2 月 10 日，此时也正是公众关注"志愿者"的高峰。在 2 月 11～13 日公众对"抗疫志愿者"的搜索达到峰值，每天有 120 万～130 万人次（见图 5）。在关注"抗疫志愿者"的城市排名中，北京市排名首位。

关注"抗疫志愿者"的网民中，29 岁及以下的青年占到近 80%，女性占到 78%（见图 6）。

（3）全国人民关注"武汉捐赠"，北京市名列第一（见图 7）。根据百度出品的《新型肺炎大数据报告－武汉篇》③显示，自 1 月下旬开始，全国人民对捐款及救助武汉的关注度持续提升，其中北京市民最为关注。

---

① 国务院：《抗击新冠肺炎疫情的中国行动》白皮书，2020 年 6 月 7 日。
② 注册志愿者是指在全国志愿服务信息系统（中国志愿服务网 www.chinavolunteer.cn）上进行注册的志愿者，未在该平台注册的志愿者被称为"未注册志愿者"。
③ 百度百家号：《新型肺炎大数据报告－武汉篇》，2020 年 1 月 28 日。

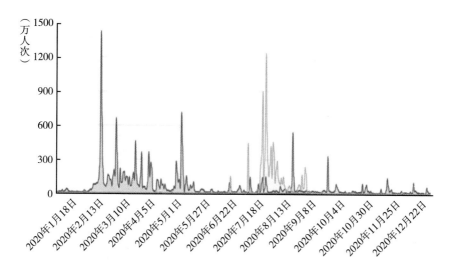

图4　公众关注"志愿者"的时间和人次

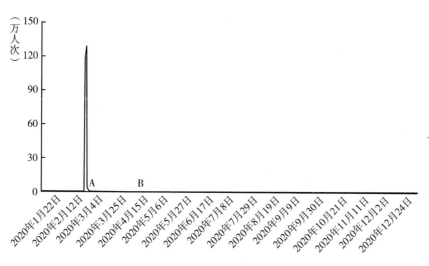

图5　全国网民关注"抗疫志愿者"

综上可见，2020年1月23日武汉市因新冠肺炎疫情突发而紧急封城，全国人民开始关注和参与抗疫战斗之时，最先关注"抗疫志愿者"的全国网民中，78%的是女性，约80%的是29岁及以下的青年，而北京市民在全国各城市中最为关注"武汉捐赠"和"抗疫志愿者"。

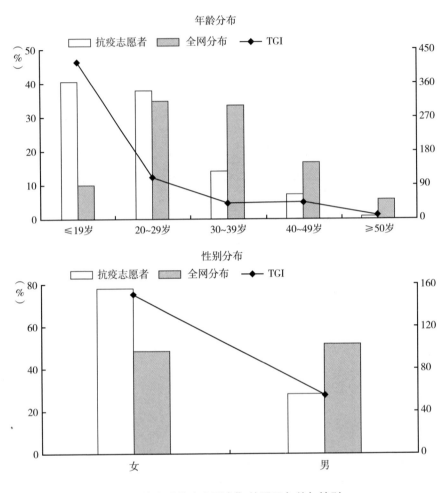

图6 关注"抗疫志愿者"的网民年龄与性别

三 iWill 志愿者联合行动

iWill 志愿者联合行动是由专业志愿者组成的组织即兴①项目，从 2020

---

① 卞吉华等：《组织即兴与即兴学习》，国家自然基金项目成果，2017 年 3 月。

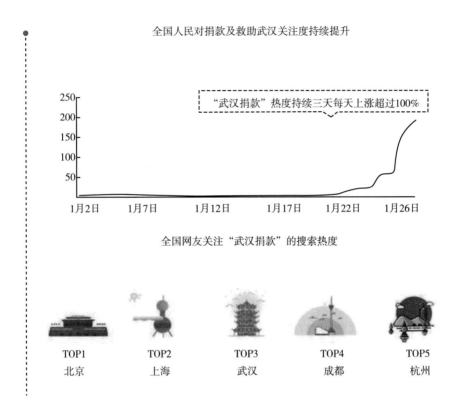

图7 1月下旬全国关注"武汉捐赠"

年1月23日开启在线服务，截至7月18日，iWill志愿者联合行动共动员和招募2924名专业志愿者和75家社会机构参与，对志愿者参与抗疫工作进行组织、研发、计划、实施、管理、监测评估与探索优化。

（一）"iWill"的发起与六次战疫

2020年1月22日几位京鄂资深专业志愿者①为应对武汉地区突发的新冠肺炎疫情，联合北京市社会心理工作联合会、北京惠泽人公益发展中

---

① 专业志愿者发起人主要有：翟雁（北京博能志愿公益基金会理事长）、杨团（中国社科院研究员）、张青之（北京市社会心理工作联合会会长）、郝南（卓明救灾信息中心理事长）、徐会坛（爱德基金会传一基金经理）、严昌筠（湖北荆门义工联秘书长）。

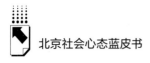

心、北京博能志愿公益基金会等共同发起 iWill 行动，在北京三一公益基金会、友成基金会的资助下，招募全国医师、社工师、心理师和专家志愿者等为武汉乃至湖北提供在线心理抗疫和社会救助志愿服务。

在武汉疫情紧急救援工作稍稍缓解之后，iWill 项目为回应首都疫情防控需要，于 2 月 1 日启动"北京 iWill 社区心理抗疫行动"，在北京市民政局的指导下为北京市 110 个社区提供在线心理抗疫服务。

3 月 11 日新冠肺炎疫情全球大流行，iWill 与中国青年志愿者协会秘书处共同发起"iWill 志愿者联合行动海外支援项目"，在华侨公益基金会资助下，北京惠泽人公益发展中心和上海和普青少年服务中心共同执行，借鉴驰援湖北武汉的经验，为海外华人华侨和留学生开展"三师三线联动"专业志愿服务。

当疫情在中国口岸城市绥芬河地区出现输入性病例，"iWill 黑龙江志愿者支援项目"于 4 月 22 日启动。

5 月 19 日又针对吉林舒兰地区输入性病例疫情启动了"iWill 吉林志愿者支援项目"，在当地有关部门的指导下，支持在地社会组织复制在线专业志愿服务以及联合行动模式，进行建制化赋能。

6 月 11 日，北京新发地疫情来了个"回马枪"，iWill 第六次启动紧急响应机制，北京市社会心理工作联合会主办"三师进社区"首都疫情防控志愿行动，为社区提供居民核酸检测、社区消杀服务、隔离人员心理咨询与生活服务等专业支援。

（二）iWill "三师三线志愿者联动"模式

iWil 行动于 1 月 23 日启动，即根据武汉社区居家隔离所出现的疫情危机情况，开展紧急调研与社会心理救援，并于当天探索开发"三师志愿者联动"模式，即招募组织"心理咨询师 + 医师 + 社工师"三师合一服务小组，通过"在地社区 + 在地社会组织 + 在线社群"线下线上的三社联动，为受到疫情影响的当地群众提供疫情防控科普、就医和防疫指导、社会心理救援和生活困难帮助等专业咨询与救助服务，解决群众心理恐慌、疫情防控和生活困难等问题。随着前线抗疫服务需要和志愿者人数的增加,iWill 行动开展志愿者分类管理与分工协作,开创了"三线志愿者"管理模式。

"三线志愿者"是指按照一线直接服务、二线中台管理、三线后台支持的建制,分别建立志愿者社群,通过集群化联动和交互,为在地志愿者和社区所提供的专业志愿服务提供精准对接支持。对三线志愿者实施分类管理:

一线志愿者:是直接服务疫区困难群体的专业志愿者,主要是社工师、医师、心理咨询师,以及律师、教师等专业志愿者在社区和社群里开展一线志愿服务,他们主要提供信息咨询、知识解答、相关专业辅导和陪伴等社会支持服务。

二线志愿者:是服务于一线志愿者的管理型志愿者,主要是社群管理者、项目经理、志愿者管理者、培训师、督导师、互联网 IT 技师、行政管理与财务管理者、品牌传播和宣传人员等,他们构成建制化志愿服务运营平台,支持一线志愿者实现最大化服务效益。

三线志愿者:是服务于整体行动的专家智库和指挥者,主要由相关领域和专业的政府部委领导、专家学者、资深社会组织领袖等组成,他们对疫情进行实时研判,深入调研和整合社会资源,就行动做出战略决策,指挥并监督联合行动,确保志愿行动的公信力和社会影响力(见图 8)。

(三)iWill 志愿者服务成效

1. 快速响应社区抗疫需求,缓解一线社区抗疫压力

在武汉疫情突发期间,疫区居民面临就医难、住院难、居家和社区隔离防疫难,以及"封城"等导致的心理问题。疫情初期,受到疫情的传染性和社区防疫措施的影响,当地志愿资源呈现一定的混乱和无序状态。疫情下外地志愿者无法深入疫情现场提供服务与支持,也很难解决服务需求匹配链接的问题。在此背景下,iWill 志愿者联合行动快速进行三师志愿者队伍筛

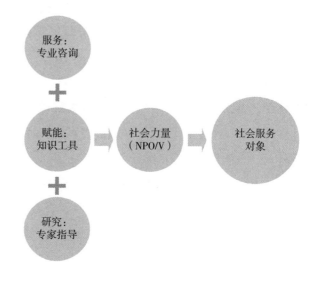

- **一线志愿者联动：**
  心理咨询师+社工师+
  医师+律师+教师

- **二线志愿者知识赋能：**
  基于iWill平台的志愿者
  与项目管理工具、知识
  手册、解决方案、智力
  工作坊、在线课堂与岗
  位教练和督导

- **三线志愿者研究倡导：**
  专家学者和有关领导，
  对疫情和政策进行研判
  与分析，开展专题研究
  与政策建议，志愿精神
  传播与倡导等

图8　iWill 三线志愿者联动模式

选、培训、组建，并落地社区，为疫区居民提供在线社会心理救助服务，部分解决了志愿者无法进入社区提供直接服务的现实困境。"社工师＋心理咨询师＋医师"的三师联动模式，一方面提供日常医药咨询、情绪疏导等面向居民的服务，另一方面为疫区社区工作人员缓解防治压力。

2. 直接服务受疫情影响的人群12万多人次

iWill 志愿者直接服务人群为受疫情影响严重地区的居民和华人留学生群体，共计服务 12 万多人次。服务国家和地区主要有：中国武汉及湖北省周边城市、北京、黑龙江、吉林、四川、山东、陕西、广东和海南等，为 115564 名当地居民和 60 家志愿服务组织服务；并在北美洲、欧洲、澳洲和亚洲等 10 个国家为当地的 8015 名海外华人华侨和留学生，以及 15 个海外华人志愿服务团体提供专业服务与赋能支持（见图9）。

志愿者服务对象主要是受到疫情影响的当地居民和弱势群体，即优先帮助老弱病残、妇女儿童和病患家庭。项目以社区为基础开展志愿服务，主要提供心理咨询、医疗健康、生活服务、居民核酸检测、社区疫情防控调研、

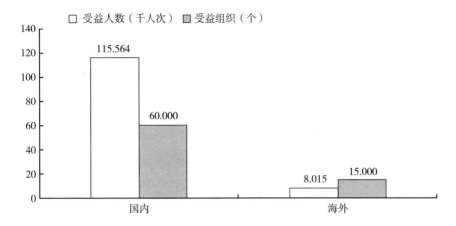

图9　iWill 直接受益人和组织

社区环境消杀等帮助，缓解人们在特殊时期的生活与心理压力。在提供咨询与社区服务的同时，还为当地志愿服务组织和志愿者骨干提供能力建设服务，促进社区自助、互助和建立联合防疫及社会支持体系。

3. 专业志愿服务价值

（1）志愿者服务价值：iWill 志愿者在服务中表现出了超强的凝聚力与责任心，"三师联动"志愿者在居民微信群里轮流值班，社工志愿者每天及时转发准确的疫情信息。医护以及心理志愿者将药物干预和心理干预相结合，积极为疑似患者以及普通民众答疑解惑，缓解他们的紧张情绪，宣传科普知识，阻止恐慌蔓延。在服务的过程中勤于思考，除自己帮助居民外，还考虑链接哪些资源可以更多更有效地帮助疫区居民。一个人的能量是有限的，而要汇聚社会众多专业志愿者力量，多专业、多地区、多样化地解决疫区具体问题，就需要多维度系统思考与研究。iWill 专业志愿者边做边研发的"三师三线联动模式"，能在第一时间快速应用到社区抗疫中，较好地发挥专业志愿者的作用，并取得了相应成效，这是本次志愿服务项目最大的收获。所有的志愿者都以饱满的热情和专业的态度投入服务中，这个过程体现了奉献友爱、互助进步、专业志善的志愿服务精神。iWill 专业志愿者自 1 月 23 日启动志愿服务到 7 月 18 日结束，共计无偿捐赠专业志愿服务时间 15.37 万小时，

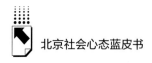

其中国内志愿服务时间为 14.27 万小时，海外志愿服务时间为 1.1 万小时。按照专业人员平均工资报酬 100 元/小时标准核算，志愿者贡献服务价值为 1537 万元。iWill 专业志愿者行动共获得公益基金会资助 53 万元，其投入产出比为 1∶29，是平时日常志愿服务（平均为 1∶3）效益的 9 倍。

（2）志愿者成长：志愿者在为受疫情影响的人们提供专业陪伴与咨询服务、提升群体抗疫成效的同时，自身也收获了许多。一是服务学习，iWill 的二、三线志愿者为一线志愿者提供了 100 多次专业培训，以及持续的在线督导，让志愿者在服务中学习，提升专业技能；二是自我提升，志愿者在服务他人中化解了自身的焦虑和一些生活困惑，感受到艰难时刻的社会团结与凝聚力，增强了抗疫的信心；三是志愿者在战斗中所结下的友谊和社会信任也继续延伸到日常生活中。

四 iWill 抗疫志愿者社会心态

iWill 行动自 1 月 23 日开始招募抗疫志愿者，到 6 月 20 日结束应急救援志愿服务的约半年内，共有 3000 多名专业人士报名成为 iWill 抗疫志愿者，通过资质筛查和在线面试共录取 2000 多人参与到抗疫志愿服务中。本研究针对 iWill 志愿者数据库中的 2083 名志愿者进行社会心态相关因素分析。

（一）人口学状况

在 2083 名参与 iWill 抗疫志愿服务的志愿者中，女性为 1598 名，占比 77%（见图 10）。本案例显示女性是社会心理、社会工作和医疗健康等抗疫专业志愿服务的主力军，这与全国网民中关注"抗疫志愿者"者以女性为主是相符的。

志愿者年龄分布以中青年为主，其中 18～35 岁者占比 63%，36～54 岁者占比 33%，55 岁及以上者占比 3.6%。另外有 16 名中学生在其父母带领下也参与了 iWill 抗疫志愿服务行动（见图 11）。

志愿者受教育程度以本科学历（含在校大学生）为主，为 1683 人，占比

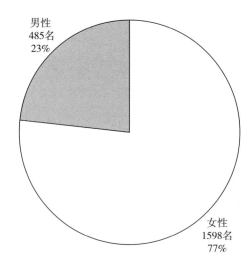

男性
485名
23%

女性
1598名
77%

图 10 iWill 志愿者性别比

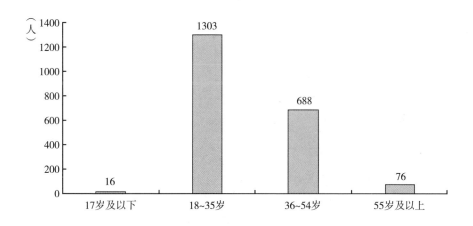

（人）

1400

1200

1000

800

600

400

200

0

16

1303

688

76

17岁及以下 　　18~35岁 　　36~54岁 　　55岁及以上

图 11 iWill 志愿者年龄分布

81%；其次是硕士以上学历216人（占比10%），大专学历168人（占比8%）（见图12）。

志愿者的专业背景，以心理专业为主，共有580人（占比28%），社会学和社会工作专业261人（占比13%），医护专业184人（占比9%），媒

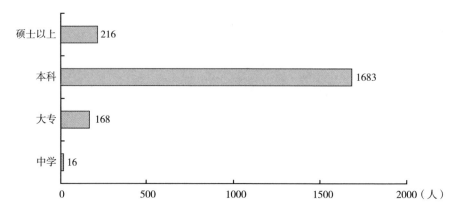

图12 iWill 志愿者受教育程度

体127人（占比6%），教师、企业管理人员、IT技术人员等占5%，另外还有大学生348人（占比17%）（见图13）。

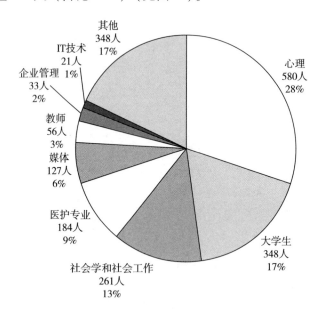

图13 iWill 志愿者专业背景

志愿者所在省市：50%的志愿者来自北京（有1036人），其次是山东、河北、上海、黑龙江、吉林、广东等地。由于 iWill 行动主要由北京专业志愿者和公益机构共同发起，志愿者招募也是基于北京地区开展，因此北京地区的志愿者参与人数最多。

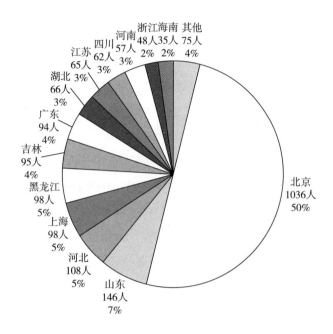

图14　iWill 志愿者所在省份

　　iWill 抗疫志愿者人口特征画像：参与 iWill 抗疫社会心理救援志愿服务的志愿者主要是来自北京、本科以上学历的中青年职业女性，大多具有心理学、社会学和社会工作、医疗护理和健康、媒体、企业管理和 IT 技术等专业背景，一些在校大学生也积极参与专业志愿服务的辅助性工作。

（二）社会需要

　　在社会群众普遍担忧疫情、躲避或停止行动的时候，却有一些人向着疫区而行，成为"逆行者"。是什么在驱动志愿者冒着风险、牺牲个人时间，自愿、无偿地参与公益服务？其内在动力是什么？有关动机理论，最为人们所熟知的是马斯洛的"需求层次理论"，主要包括七个层次：生理、安全、爱与归属、尊重、求知、审美和自我实现。

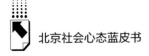

《中国志愿服务大辞典》[①]认为志愿者的服务动机是多元和复杂的，主要包括：助人利他、回应社会需要；参与社会事务，解决社会问题；承担公民责任，回报社会；发挥各自专长，实现自我价值；结交朋友，拓宽社会关系，获得认可与社会归属；提升个人技能和领导力，自我成长与发展等。在志愿者服务动机中，包含了利他、利己与合作主义等多重内容。

《2019 年中国志愿服务指数发展报告》[②] 显示，在常态化社会生活中，每年有 7000 多万名志愿者参与有组织的正式志愿服务活动，活跃在城乡社会服务中，他们从事志愿服务的原因主要是"帮助有需要的人"（84. 24%）、"为社会、国家做贡献"（59. 52%）和"锻炼自己的能力"（56. 1%）。

本报告对在非常态重大公共卫生事件中的 iWill 志愿者个体参与志愿服务的动机进行分析。所有的 iWill 志愿者在报名参加抗疫志愿服务时，都填写了申请表，其中针对"参加抗疫志愿服务的原因"回答，体现了志愿者参与的动机和个体需要。本调研按照马斯洛的需求层次理论梳理抗疫志愿者的需求动机（见图 15）。

图 15　马斯洛需求层次理论示意

①　北京志愿服务发展研究会编《中国志愿服务大辞典》，中国大百科全书出版社，2014，第 13 页。
②　翟雁、辛华、张杨：《2019 年中国志愿服务指数发展报告》，载杨团主编《中国慈善发展报告（2020）》，社会科学文献出版社，2020。

1. 突发公共卫生事件造成重大社会问题

社会灾难是唤醒志愿者参与志愿服务的重要因素。2020年新冠肺炎疫情突发导致的严重社会问题主要体现在三个方面：一是公众的生命健康面临巨大威胁，2020年伊始，面对来势汹汹的新冠病毒，人们毫无防备和认知，武汉当地市民最先面对感染新冠肺炎和死亡的威胁。二是生活社会秩序被打乱，在1月23日武汉封城之后，千万武汉居民的日常生活受到严重影响，停工停产也导致一些家庭失去收入来源。三是人们的心理恐慌，严重突发公共卫生事件所造成的社会心理恐慌不仅出现在武汉，而且已经波及全国。

河海大学社会发展研究所的《应对新冠肺炎疫情的社会心态与行为》的调查报告[1]显示，公众对新冠肺炎疫情事件普遍表现出极大的关注（93%），对疫情的重视程度很高（97%），认为疫情对人们的影响非常严重（96%），每天花费1小时以上关注疫情相关新闻的人数占比为82%。对于确诊及疑似患者，71%的人表达应该得到社会各界帮助，38%的人表达了极大的同情，也有48%的人表示"情况复杂，需要根据具体情况而定"。94%的受访者调整了自己的春节期间活动安排，99%的人比往年大幅度削减了春节期间的聚集活动次数。32%的人对城市封闭带来部分物资短缺、物价上涨使生活成本提高感到焦虑，24%的人认为工作受疫情影响导致家庭收入减少；18%的人认为居家隔离生活会引发家庭矛盾和压力；16%的人因为封闭措施暂时失去了工作和收入，导致家庭生活陷入困难；湖北部分地区人员受到社会排斥，有3.5%的受访者对受到排斥现象存在焦虑。疫情严重影响了公众对到湖北或其他疫情严重地区工作、学习的意愿。这些调研数据也体现了公众（包括志愿者）的社会需求。

2. 志愿者服务动机

在iWill志愿者中，绝大多数志愿者（98%）都有"想帮助受到疫情威胁的同胞"（帮助他人），或者"为武汉人民排忧解难"的社会关爱之心；有82%的志愿者认为"在当前国家有需要、人民有困难的时候，我有责任

---

[1]　河海大学社会发展研究所：《应对新冠肺炎疫情的社会心态与行为》，2020年2月27日。

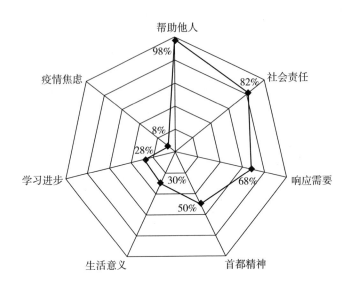

图 16　iWill 志愿服务动机

去服务"(社会责任),68%的志愿者曾经有过志愿服务的经验,他们希望"一方有难,八方支援"(响应需要),而北京志愿者们(50%)更加强调首都人的公益利他的志愿精神(首都精神);有30%的人提到"疫情防控在家隔离无聊,而做志愿者能够感受到社会生活的意义"(生活意义);有28%的人是"希望学习了解防疫知识"和"获得专家督导,提高专业技能"(学习进步);有8%的志愿者因为"关注疫情也有焦虑"或"牵挂在武汉的亲友"(疫情焦虑)等而报名志愿者。

对156名志愿者骨干的访谈记录和管理记录的文献研究发现,志愿者在志愿服务中的个体需求见表1。

表 1　iWill 志愿者个体需求分析

个体需要	人次	占比(%)	相关词
生理需要	0	0	吃饭、住房、生活
安全需要	10	6.4	焦虑、担心、亲友感染、身体健康
爱与归属需要	121	77.56	志愿者、温暖、认同、团队、关爱、一起、协作、交流、工作

续表

个体需要	人次	占比(%)	相关词
尊重需要	65	41.67	平等、参与、共享、提升信心
求知需要	106	67.95	志愿服务、学习、成长、进步、专业知识、智慧、视野、提升
审美需要	89	57.05	服务对象改善、社区、社群、幸福、共同体、让社会变好
自我实现需要	98	62.8	责任、意义、价值

上述调研表明，志愿者参与志愿服务的个体需要，集中于"需求层次理论"的中高层需要。

（三）社会认知与社会价值观

本研究关注 iWill 志愿者群体的社会认知，即志愿者个体之间因内在联结而形成的心理群体，他们具有共同认可的社会共识和核心价值观，并且在共同的志愿服务中相互影响和强化共识。通过"微思词云"分析 iWill 骨干志愿者的访谈记录，可以看到他们对志愿服务的认知，将志愿服务视为一项参与社会服务的无偿工作，看到武汉群众的心理需要，通过组织化团队工作，提供专业支持（见图 17 和表 2）。

图 17　微思词云

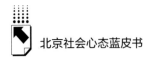
表2　iWill 骨干志愿者认知核心词

核心词	出现频次	词性
服务	454	v/n
我们	361	r
志愿者	310	n
志愿	249	n
工作	240	n
一个	231	m
专业	201	n
一些	141	m
这个	136	r
自己	135	r
心理	133	n
项目	123	n
需要	118	v
疫情	113	n
社工	106	n
居民	100	n
时候	100	n
问题	96	n
社会	96	n
大家	90	r
行动	89	n
觉得	87	v
公益	86	n

1. 社会价值认知

有68%的志愿者表示参与志愿服务是"乐于奉献自我","为抗疫行动献出自己的力量";有46%的志愿者谈到认同"iWill 专业志愿服务精神与实践"和"'三线联动'的专业志愿在线服务模式"。有42%的志愿者表示参与本次 iWill 联合行动,体会到了自身的价值所在,也体会到自己的志愿服务是有意义的;41%的志愿者表示会将"志愿工作坚持下去","疫情不除,日日坚守";有26%的志愿者表示,参与到 iWill 联合行动的志愿服务中来是义务的,"身为心理咨询师的我,有义务将专业所长用于服务广大有需要的民众!""作为一个心理工作者,我有义务做些工作来缓解大众,至少是周围朋友的恐慌情绪。""思路清晰了,我立即全身心投入援助工作中。"志愿者全身心投入、不计回报的义务付出也是 iWill 志愿精神的一个重要体现。有 22% 的志愿者在 iWill 联合行动中对志愿精神有了进一步理解,"志愿精神源于无私的爱、传递真诚的善","志愿精神已经成为我生命中不可分割的一部分";另外,有 17% 的志愿者表示在今后的志愿服务中将时刻准备着,随时为国家和人民贡献力量。

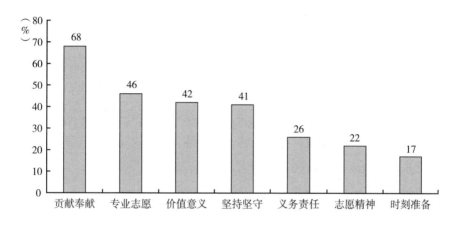

图 18   iWill 志愿者的社会价值认知

2. 提升自我认知

志愿者通过志愿服务从个人私领域,走入社会公共领域,并由此去实现个人渴望的公益目标或成就。志愿服务可以促进志愿者在服务中了解自我在他人和团队中的形象,从不同视角看待事物和自我,由此提升自我认知和自我价值。根据对 40 名 iWill 骨干志愿者的深度访谈发现[1],超过 80% 的志愿者在抗疫志愿服务中升华了个人情操和实现了自我成长,并且强化了他们的志愿精神和公益利他的志愿行为。

3. 促进职业发展

志愿者通过无偿的公益服务,获得与职业发展相关的好处。例如,发现

---

① 由中华女子学院社会工作学院王婴教授带领的研究团队,深度采访 40 名 iWill 骨干志愿者,编写口述实录报告《iWill 志愿者画像》,2020 年 6 月。

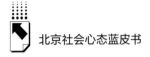

或开发新的职业岗位或创业机会，得到岗位实习与专业督导机会，参加学习和提升职业技能培训等。iWill 志愿者联合行动每周都为志愿者提供免费的培训和专家督导服务，从志愿者的服务反馈可以看出，90%以上的志愿者认为自己提升了心理咨询、社会工作等专业技能，有利于自己的职业发展，特别是通过志愿服务促进了志愿者从北京市社会心理工作联合会申请社会心理指导师考试和社区心理服务站申请等工作。

4. 志愿者践行社会主义核心价值观

有学者①认为，社会主义核心价值观分为三个层次：从国家层面来说，要建设一个富强、民主、文明、和谐的国家；在社会层面，是自由、平等、公正、法治，指的是人和人之间的关系、人和集体之间的关系；在个人层面，实际上是爱国、敬业、诚信、友善，这是我们个人应该做到的，是个人的目标。志愿者价值取向具有较强的亲社会性，他们在志愿服务中践行了社会主义核心价值观。以下摘录一些志愿者的心声。

（1）一线志愿者：直接提供抗疫社会心理服务。

张＊＊（医师）：从一个人的独行变成了一群人的共同前进，同伴们在这个过程中培养的默契能够让我深刻地感受到团队的凝聚力，也给我另外一个视角去看待生命和工作。

康＊＊（社工师）：这是一场没有硝烟的战争，我们是战友，伙伴的支持显得尤为重要。我一直记得组长对我说的："没关系，别怕，我们都在呢。"这句话给我很大鼓舞，让我坚持下来。

孙＊＊（心理咨询师）：我的家人是接触过疑似病人的医护人员，自己经历过那种提心吊胆的感觉，能和武汉居民充分共情，所以也想要为他们做点什么。能够用知识去帮助别人，是令我最开心的事情，每次从居民那里收到善意的回馈，都让我感觉到自己有价值。

（2）二线志愿者：运营和管理 iWill 志愿者平台体系，为一线志愿者提

---

① 陈瑛：《中国社科院研究员：核心价值观的三个层次反映最核心价值要求》，http://theory. people. com. cn/n/2014/0116/c148980 – 24138585. html，2014 年 1 月 16 日。

供保障和支持。

技术总监李＊＊（互联网技术专家）：我在这次行动中感受到了"生命影响生命"的志愿服务理念，强大使命感带来强大的凝聚力，让我们也贡献了最完美的技术服务。虽然我每天只能睡很少时间，但是看到一线志愿者能够尽快使用上我们开发的工具，就很开心。特别感谢石墨文档、腾讯、钉钉、企业微信等商业机构为我们提供的无偿支持。

社区总监王＊＊（＊＊学院社工系教授）：特别感谢 iWill 给了我这个机会，能为疫区做点什么。和武汉社区社工的对接能够让我们第一时间了解到武汉当地居民的生活需求并提供帮助。社区组的伙伴们还参与编写了《iWill 三群联动志愿服务手册》和《社区抗疫服务指南》。就像 iWill 的志愿理念"我愿意"一般，志愿者一直在按照"助人自助"的理念热情地开展志愿服务，体现了强大的志愿者精神。

项目总监宗＊＊（某国际咨询公司项目总监）：之前我做过一些志愿服务，但是完全用到我的项目管理专业和技术来做专业志愿服务这是第一次。iWill 项目的前方一线志愿者每天都在服务，而后方也不断有志愿者加入运营管理组。在一天工作中我最喜欢的时段，就是读每个一线社群中每个志愿者的服务记录，并进行梳理和分析，为第二天的服务提供专业支持。能够帮助到一线志愿者和当地居民，也让我感觉到自己的付出是有意义的。

志愿者经理刘＊＊（某志愿者协会秘书长）：这个项目给我感触特别深的是，它不但直接帮助了疫区的人民群众，还扶持培育了当地的社会组织和志愿者社团，让他们能够继续把这种模式推广运作下去。我来到这里不仅仅是付出，也学习到许多有效的专业管理方法，而且应用到我们自己的志愿服务项目管理中。

（3）三线志愿者：开展实时疫情研判与专业产品研发，提供专业督导和决策。

专家顾问杨＊＊（公共政策研究员）：我在 iWill 中连续 90 多天的无偿工作中，一直被志愿者们感动着，我的思想潮水也一直在奔腾。尽管我与志愿者们见不到面，但是我们是陌生的熟悉者，当我听到"80后""90后"志愿者们说，"感谢iWill让我在这场大战疫中没有缺席，今后若有战，只要有召唤，我必出列！"当时我就激动得湿了眼眶。一大批具有专业志愿精神的青年成长起来了，我们的一切付出都值得了。

（四）志愿者情感

iWill志愿者们在服务中不仅追求专业至善，而且带着情感投入服务，在志愿服务的不同阶段志愿者的情感也在发生变化。

1. 志愿者上岗之前

由于绝大多数志愿者没有参与过重大公共卫生事件的社会心理救援与社区防疫工作，在接受面试和岗前培训的过程中，志愿者们对将要服务的群体和志愿者伙伴感到"陌生"和"紧张"（72%）；也有30%的志愿者表示，在等候上岗服务的时间里，心情"急切""忐忑"；还有5%的志愿者对面试要求和筛选表示"不能理解"；有5%的志愿者因为"感到与想象不同"而临阵缺席，没有上岗。

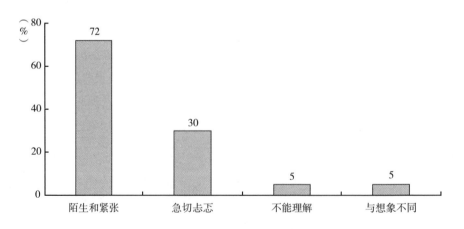

图19 iWill志愿者上岗前的情绪感受

2. 志愿服务初期

在志愿者参与抗疫志愿服务的初期，志愿者的情感与其所服务的居民密切相关。在参与志愿服务时，几乎所有的志愿者都提到了对疫区居民的支持，"为居民提供心理疏导方面的支持"，"为需要的人提供心理支持和陪伴"；有68%的志愿者表示感受到了居民的紧张、焦虑情绪，"给疫情中出现的焦虑情绪给予专业上的辅导"；有28%的志愿者体会到了所服务居民的恐惧不安；有28%的志愿者提及能够理解居民，做到与居民共情；也有27%的志愿者表示在志愿服务的过程中不仅自己给居民带去了温暖，居民也传递给自己力量和温暖；有20%的志愿者在服务初期受到隔离居民的误解、抱怨甚至是谩骂时，感到委屈生气。

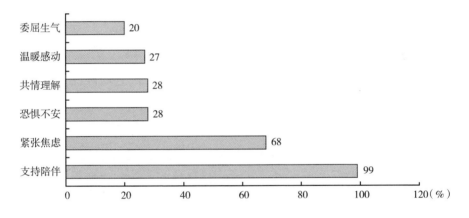

图20　iWill 志愿者在服务初期的情绪感受

3. 志愿服务之后

在志愿服务过后，87%的志愿者们感受到了力量，"社会力量支持是'抗疫'的重要一环"，"老师们接地气的培训给足了我力量"，"哪怕只能贡献微薄的力量，我也要守护有需要的人"；有55%的志愿者表示了对联合行动团队的感激以及对共同作战的战友的感激，"感谢这样的平台，提供了一个让我充实自己、提升个人价值的机会"。此外，志愿者们也感受到了服务的居民对自己的感谢，"居民们感受到了我们深深的关心，一直在给我们回复：'感谢！你们辛苦了！也注意休息！'"；有51%的志愿者表示在联合行动的志愿服务中得到了收获；41%的志愿者表示在志愿服务过后"感觉

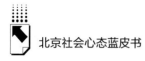
到了更加充实和幸福"，"从奉献中，得到了人生的快乐"；也有31%的志愿者提到"与志愿者伙伴们一起"，"结成伙伴"共同抗疫，为此感到骄傲。

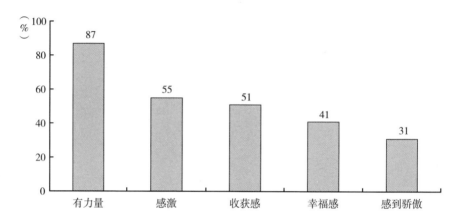

图21　iWill志愿者在服务后的感受

iWill志愿者在抗疫志愿服务过程中，可以看到超过80%的志愿者从未知紧张到产生共情与感动，最后到收获和幸福。值得注意的是这个过程并不仅仅是志愿者的单向感受，同时也伴随着服务对象的情绪改善，是一个"同频共振"的过程。

（五）志愿服务行为

调查发现，iWill志愿者中的绝大多数都具有亲社会行为特征。亲社会行为是指符合社会期望，对他人、群体或者社会有益的一类行为。如帮助他人、分享资源、团结协作、同情关爱、自我牺牲等。它既包括了自愿不求回报地帮助他人，也包括为实现某种目的的助人行为，是合乎社会道德标准的、积极而有社会责任感的行为。[1]志愿者的亲社会行为具有显著的社会学习与示范效应，可形成口口相传和熟人转介参与效应，从而强化志愿服务。

---

① 北京志愿服务发展研究会编《中国志愿服务大辞典》，中国大百科全书出版社，2014，第13页。

表 3　iWill 志愿者行动高频词

高频词	频次	人次占比（%）
学习成长	158	100
团队工作	141	89
共同、一起	126	80
知　识	109	69
主动报名	107	68
能　力	76	48
积极、按时	70	44
陪伴、关怀	67	42
义务、投入	41	26
第一时间	34	22

iWill 志愿者在抗疫志愿服务中主要经历了志愿报名、培训与服务学习、团队建设、专业服务，获得了个人成长。他们在助人中自助和互助，在服务社会中学习进步，收获成长和幸福。志愿者的服务行动体现了"奉献、友爱、互助、进步"的志愿精神。

1. 自愿报名与人际动员

iWill 志愿者全部是自愿报名加入的。"大家自愿放弃春节假期，组成社会心理援助服务团队"，"看到 iWill 志愿者联合行动消息时，我没有丝毫犹豫，马上报名参加了培训"，"了解到了京鄂 iWill 项目后，我义无反顾地报名了"。有 22% 的志愿者表示，在第一时间看到招募信息之后便立即报名参与到志愿服务中，"第一时间报名京鄂 iWill 志愿者联合行动，参加心理干预专业培训"，"放弃春节休息，第一时间报名参加 iWill 志愿行动，参加线上专业培训及政策学习"，这也表明志愿者们参加志愿服务有着内在的驱动力量。

在 iWill 志愿者中，通过熟人介绍参与志愿服务的人数约占 66%，从 1 月份首批报名参加的志愿者开始，他们一边服务一边转介绍更多的亲友和同事加入 iWill 志愿者行动，并形成了多轮的传递，形成了强大的社会网络与人际传播力量。iWill 志愿者李 * * 说，"当我加入 iWill 之后，我看到有一些岗位还需要志愿者时，我就在我们的社工群里转发了志愿者招募广告，并

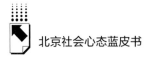
且把我们的大学老师也动员进来,请她指导我们具体工作"。另一位大学教授,她在参加 iWill 社会心理救援之后,也动员了她的学院十多名师生集体报名,加入专业志愿服务中。

根据志愿者报名来源统计,52%的志愿者是经过熟人介绍、在原有的社交群或朋友圈里看到招募信息的;33%的志愿者是在网络上搜索时发现招募信息的;另外有15%的志愿者是在搜索其他信息、新闻报道等时看到 iWill 志愿者招募信息的。

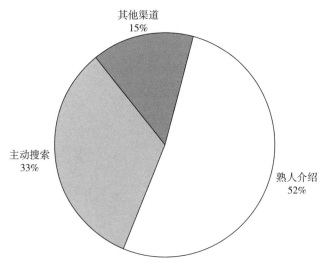

图 22　志愿者报名渠道

2. 积极的服务学习

所有的 iWill 志愿者都须经过培训才能上岗,在服务过程中还接受专家督导、主题培训和复盘学习。志愿者们边学习边服务,并通过服务中遇到的实际问题,再接受督导和学习交流,形成服务学习循环。志愿者们对此反响积极,并且形成了志愿者团队的服务学习文化氛围。

志愿者也在服务的过程中得到了收获和成长。所有的志愿者都表示在参与 iWill 志愿者联合行动的过程中,"得到了更好的成长,专业技能也在不断地提高","我一直紧跟团队学习成长"。有69%的志愿者表示在本次参与志愿服务的过程中接受了培训，"我紧紧跟随群里专家的每一节课，不断学习提高自身的知识"；也表示运用了自身的专业知识，"用自己的专业知识给需要帮助的武汉居民答疑解惑"，"运用自身心理学知识，给需要心理救助的人们送去点点温暖"。55%的志愿者提及得到专家督导，"能够得到平时敬重的专家亲自督导，非常有帮助"，"督导老师的耐心与专业给我很大的启发"。也有48%的志愿者提到能力获得认可，"我们的工作能力得到居民们的普遍认可""在这个团队里得到了更好的成长，专业技能也在不断地提高"，志愿者的专业技能也有所提升。有31%的志愿者提到"学习了复盘方法，从行动中学习"，"每天的复盘学习收获很大"。

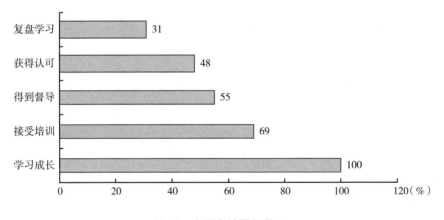

图23　志愿者的服务学习

3. 志愿者在联合行动中的团队建设

iWill志愿者分为三大队伍，一线为居民提供服务的"三师志愿者"（医师、心理师、社工师），二线提供中台运营管理和志愿者服务保障的管理团队志愿者，三线专家志愿者为联合行动提供决策研究和志愿者督导与培训。三大队伍分工协作，各有特色。

有89%的志愿者参与到各自的团队工作，每天上岗前签到，服务后复盘记录。有些团队的志愿者党员还成立了临时党支部小组，他们每天提前半小时到岗，下班之后依然关注群内的救助信息并且尽量给予及时回应。有

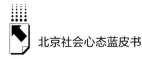

79%的志愿者提到在志愿服务的过程中团队所发挥的作用，"iWill 志愿者联合行动团队是一个非常专业、负责任的团队"，"我们每一个志愿者背后都有一个强大的支持团队在默默地支持着我们"。有76%的志愿者表示与其他志愿者们在共同做事，一起奋斗，感受到团队作战。"我们每天和当值医生、心理咨询师携手并进，共同奋斗"，"我们作为一个团队共同工作"。志愿者不仅在志愿服务中找到了团队归属感，也寻找到了志同道合的朋友。有68%的志愿者提到了虽然彼此素昧平生、从未谋面，却都是熟悉的陌生人，是"可信任的战友"。

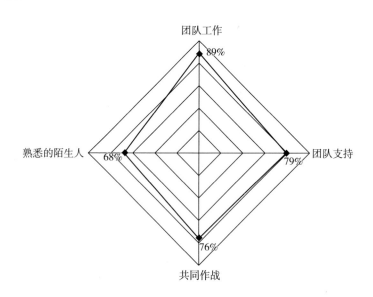

图24 iWill 志愿者的团队建设

4. 无偿提供专业服务

iWill 志愿者的专业服务主要通过在线方式进行组织、管理、咨询、培训、评估、研究与各类会议，部分一线志愿者在社区和城市进行社区消杀、防疫和生活用品运输与发送、社区防控工作、核酸检测服务、社区其他服务等，在半年的时间里，志愿者人均贡献志愿服务时间52.56小时。

iWill 一线志愿者全部具有心理咨询师、社工师、医师等职业资质，他们用专长服务人民。调研发现，有89%的志愿者对此表示非常认可，有志愿者表示"用自己的职业专长为武汉人民服务，看到了专业的力量"，"这是我第一次将职业技能应用于志愿服务中，感受到有温度的专业技术"。有44%的志愿者以饱满的热情积极对待居民微信群的工作，"在传播岗位上，我积极与各位有着丰富志愿服务经历的前辈们探讨，虚心求教"，"为了更好地胜任这份工作，我积极参加社心联的培训，多方搜集资讯，接受团队安排的督导，力图让自己更专业，让自己对来访者的陪伴更有温度"。并且在进行志愿服务时，志愿者都是认真遵守承诺，按时到岗服务，经常超时服务。"每天按时上岗，志愿者耐心解答每一个求助的人"，"参加培训、服从调配、按时值班，咨询、陪伴、记录、反馈"。

五　志愿者的社会支持体系

iWill 志愿者能够快速高效地参与到专业志愿服务中，实现服务对象及其所在地相关管理部门、志愿者个人和志愿服务组织方等多方协同共赢，以枢纽型社会组织作为平台依托，在党政领导指挥下，形成政社协作、公众参与、法治保障和科技支撑的社会治理格局。

（一）平台枢纽型社会组织

北京市社会心理工作联合会理事单位北京惠泽人公益发展中心负责建设的"志愿者管理体系（VMS）"，以及枢纽型社会组织社心联的政社协作机制，是支撑 iWill 三线志愿者联动的运营管理体系。在 iWill 行动中，依托于惠泽人日常的志愿者管理体系，建设了 iWill 行动组织即兴结构（见图25），由二线志愿者（前后共有 200 多名志愿者）对一线"三师志愿者"提供中台运营保障。平台总指挥部设在北京市社心联理事会，由执行总指挥负责项目实施；项目成立了两个专家团队，一是社会学和社工专家，二是心理学专家，负责疫情研究、研发服务模式、志愿者督导与危机干预等。项目中台系统主要由二线志愿者组成管理团队，共有七个部门，包括项目部、社区部、志愿者部、培训部、技术部、传播部和合作伙伴部（见图25）。项目部负责

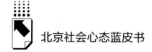

协助总指挥进行内部人员、资源等协调工作，及时收集数据、总结经验，同步进行流程优化和知识化，并在京鄂和全国各地及全球战场复制应用。

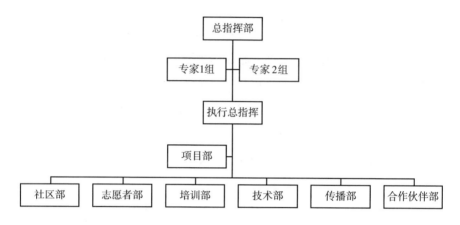

图 25　iWill 行动组织即兴结构

iWill 行动的特点是疫区需求第一，服务先行，迅速建群，后期进行制度完善。根据疫情发展变化和抗疫政策的完善不断调整服务制度、服务模式和志愿者服务队伍等。此次 iWill 志愿者联合行动模式打造了一支专业、高效的志愿者联合队伍，为之后北京、黑龙江、吉林等地和海外志愿服务提供了可推广和复制的模式，也为今后多元社会力量的联合提供了可借鉴的行动框架与经验。

（二）跨界协作的"新单位"机制

iWill 志愿者管理体系运营成功的基础是枢纽型社会组织在后台搭建的政社跨界协作的"新单位"机制。单位一般是指机关、团体、事业单位、企业等非自然人的实体或其下属部门①，本文提出的"新单位"特指由两个或以上不同领域的实体单位共同构建的具有单位属性的新机制，例如政府与社会组织、社会组织与企业，或者政社企多个部门单位的合作共建。

---

① 中国社会科学院语言研究所词典编辑室编《现代汉语词典（第 7 版）》，商务印书馆，2016。

　　iWill 行动基于抗疫"战时"的组织即兴，是一种临时性机制，如何基于"平战结合"形成一个"新单位"，建立一种常态化机制以适应常态化疫情防控的需要，这是 iWill 行动在中期时开始思考的问题。为此，iWill 中台在 2020 年 3 月提出建立"新单位"机制，即政社联合成立可自主独立运营的非法人单位——社会心理志愿工作委员会。这个新单位能实现"党委领导、政府负责、民主协商、社会协同、公众参与、法治保障、科技支撑，建设人人有责、人人尽责、人人享有的社会治理共同体"①。为此，三线志愿者专家团队总结此次京鄂 iWill 志愿者联合行动模式，其所开展的政社合作、政策倡导的尝试，不仅储备了大量有服务经验、有技术的专业志愿者，为今后发生类似公共卫生事件时的志愿者介入储备了一批接受过系统训练的专业志愿者，而且对国家公共政策的推动起到了一定的影响作用，应当进一步推动该模式成为可复制、可推广、常态化的重大公共卫生事件志愿服务模式。

　　iWill 行动自 5 月份开始策划和筹备"新单位"，并于 6 月 11 日的北京新发地战疫中"以战代训"，招募心理咨询师、医师、社会工作师和社会学研究背景的专业志愿者组建"三师"进社区"秘书长专班队伍"，有 40 多名 iWill 专业志愿者加入了社会心理志愿工作委员会筹备组，开启了平战结合的新单位筹备工作。到 iWill 行动参与的六场战疫全部结束之后，北京市社会心理工作联合会决定，将 iWill 志愿服务遗产正式转化为组织体系，利用中台管理体系、专业志愿者队伍、社区心理服务站和社会心理指导师等专业建设与发展体系，形成常态化社会心理服务机制，共成立 10 个专业委员会"新单位"，健全和完善首都社会心理服务体系。10 月 18 日在北京市社心联与中国社会心理学会联合主办的 2020 年社会心理服务高峰论坛上，新单位"社会心理志愿工作委员会"（以下简称志工委）正式成立。

　　志工委定位于社会心理志愿工作的中台枢纽，其主要使命是联合、协作、支持专业志愿者开展社会心理救援与服务，促进社会公众参与共建共

---

① 中国共产党第十九届中央委员会第四次全体会议通过的《中共中央关于坚持和完善中国特色社会主义制度　推进国家治理体系和治理能力现代化若干重大问题的决定》。

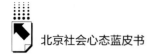

享。主要职责是三个建设：一是专业志愿者队伍建设，二是社会心理专业志愿服务基地建设，三是社会心理志愿服务标准化体系建设。建设平战结合的专业志愿者协调机制，从而保障专业志愿者的有序和有效参与。

六 抗疫志愿精神

（一）抗疫精神

习近平总书记在全国抗击新冠肺炎疫情表彰大会上的发言，将抗疫精神提炼为五个方面：生命至上、举国同心、舍生忘死、尊重科学、命运与共。《光明日报》发文对抗疫精神进行了具体诠释[1]。

病毒没有国界，疫情不分种族，人类是休戚与共的命运共同体。我们发起了新中国成立以来援助时间最集中、涉及范围最广的紧急人道主义行动，为全球疫情防控注入源源不断的动力，充分展示了讲信义、重情义、扬正义、守道义的大国形象，生动诠释了为世界谋大同、推动构建人类命运共同体的大国担当。

抗疫精神包含着人道主义思想。人道主义特别关注人的生命和基本生存权利，是一种以人为本、以人为中心的世界观。人道主义有七项原则：理性价值、自由探索价值、个人尊严价值、道德平行原则、自由理想原则、宗教怀疑主义原则、伦理本质原则。[2]

（二）专业志愿者特征

课题组通过对 iWill 专业志愿者的研究发现，他们普遍具有以下五个方面的共同特征。

（1）经济自由：具有良好的教育背景的在职工作者，他们大多有稳定

① 沈小平：《大力弘扬伟大的抗疫精神》，https：//theory. gmw. cn/2020 – 09/16/content_34191877. htm，2020 年 9 月 16 日。
② 百度百科，2020 年 11 月。

的职业收入或者经济财富自由，所有可以不为报酬和物质回报参与公益行动；

（2）意志自由：具有积极向上的价值观和追求美好生活的信念，自主决定自己参与公共事务、从事公益服务的选择，并且能够承担相应的社会责任；

（3）时间自由：时间对于每个人都是公平的，捐赠时间是志愿服务的必要条件，也是衡量志愿服务价值的标准。当志愿者自我决定将私人时间用于服务公众时，他的生命就具有了公共价值。

（4）专业自由：在当前高风险时代下，疫情使得社会问题更加复杂和不确定，人们对于公共服务的要求更加多元和专业化，志愿服务者也要具有更加专业、创新和包容性解决问题的能力。志愿者运用自身所具有的专业技能和社会资源动员与整合能力，这是专业志愿服务的要素。

（5）组织自由：在应对重大公共卫生事件中，人们必须加强团结以共克时艰。因此专业而有效的组织、分工与协作尤为重要。由众多陌生的志愿者快速组建一个团队，这需要每个志愿者承担组织即兴的服务职责，是公民学习如何有序、规范和有效地参与公共事务和解决社会问题的过程。

以上五个方面构成了新时代专业人士的专业志愿精神：为回应社会公共需求和解决社会问题，由专业人士自愿、无偿地运用自己的专业技能和时间，有组织地开展公益服务，具有服务社区的美好信念和团结共建的信心。

（三）抗疫志愿精神

伟大的抗疫会战迸发出巨大的志愿精神、公益能量，体现了专业志愿精神。正如本文前面所述，数以千万计的普通人投入救灾和疫情防控的志愿服务中，他们通过互联网为受疫情影响的群众排忧解困，提供医疗健康、心理卫生等专业服务与信息沟通。而 iWill 案例以及大量的志愿者抗疫行动，深刻反映出志愿者在最短时间聚集最多公益能量的史无前例的抗疫志愿精神。

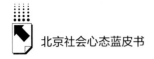

伟大的抗疫会战，给予志愿精神和志愿服务以新的启迪。志愿服务不一定隶属于某个行业，不一定基于正式组织管理，也不一定是登记注册的。志愿精神就是不求回报，愿意为社会公益奉献自己的时间和精力，志愿服务的普及化、大众化、生活化、过程化正是社会文明的重要标志，人人可成为志愿者，且随时可做志愿服务。疫后的中国，能否成为志愿中国、志愿社会，这是抗疫向我们提出的一个重大命题。它意味着破除我们头脑中、行为中的种种禁忌，形成人人可成为志愿者、随时可做志愿服务、志愿服务生活化、志愿服务社会化的新景象。

志愿服务即生活：源于孟子建立了人性本善的学说，恻隐之心，仁之端也；羞恶之心，义之端也；辞让之心，礼之端也；是非之心，智之端也。在风云突变、抗疫全球化、世界面临百年未有之大变局、中华民族伟大复兴的外部环境发生重大改变、未来充满不确定性、复杂多变的风险时代，可以预见，在汇聚民族文化认同的中国志愿精神引领下，中国专业志愿服务将会有一个大发展，将在凝聚专业力量、振奋公民精神、高效组团出海、实现社会价值中展现其不可替代的核心作用。当全体公民都愿意用自己的时间、体力、经验、专长，在日常生活中为社会做一份贡献时，这个社会一定会变得更美好、更和谐、更加和而不同。同时，这种人人志愿、人人贡献的社会就能较为容易地形成共建共商共享的社会生态，社会共治的新秩序也就会在这种志愿无疆的生态中逐渐培育和生长起来。

志愿服务所创造的社会信任、公益理想和社会效益，能够促进社会团结，正如联合国前秘书长对志愿精神所作的阐述，"志愿精神的核心是服务、团结的理想和共同使这个世界变得更加美好的信念"。因此，志愿服务能够增加公民互助和社会凝聚力，从而更大范围地推动社会资本建设和发展。而此次抗疫志愿精神也为中国建设突发公共卫生事件应急救援的社会协同机制和社会治理创新奠定了更加坚定的社会基础。

抗疫志愿精神，是人们在人类生命健康遭受重创和威胁之时，自发地构成命运共同体团结一心、勇于担当、克服困难、共建家园的美好信念。

七 总 结

中国抗疫志愿精神在新时代专业志愿精神的基础上，引领千千万万公众自愿、无偿地参与全球重大公共卫生事件，志愿精神是伟大的抗疫精神的组成部分。研究发现，社会心理抗疫服务志愿者主要是中青年知识女性群体，她们的亲社会性志愿行为具有多元动机并创造了较为丰富的社会资本。她们基于公益组织和平台的专业支持，更加专业、规范和有序地参与社会服务，使得民众更加团结、共同抵御风险和恢复生产，社区家园更加有韧性。研究发现，高效的志愿服务需要专业化平台型组织的支持，而政社协作和社会治理机制，是公众参与重大公共卫生事件的必要保障。

B.12
疫情期间社区老人生活需求的调查报告

陈 珊 赵一达*

摘　要： 为更好地帮助老人克服疫情影响，北京市社会心理服务促进中心
于2020年6月在全市48个街道进行抽样调查，了解疫情期间社区老
人遇到的主要困难和生活需求。结果显示：社区老人最期望能安
全地活动和购物；社区老人，特别是健康状况不佳的老人，尤其
期望拥有安全便利的医疗服务；独居老人的心理抚慰需求最强。
报告建议：构建社区老年服务支持网络；采用现代科技降低就医过
程中的风险；社会心理服务站（中心）积极开展针对老人的心理服
务工作；推动社会心理服务工作加快融入社区养老服务体系。

关键词： 社区老人　生活需求　疫情期间　北京市

疫情期间，保障社区老人的正常生活是社会治理的重要任务。为更好地
帮助老人克服疫情影响，北京市社会心理服务促进中心在全市 16 个区的 48
个街道进行抽样调查，了解疫情期间社区老人遇到的主要困难和生活需求，
对疫情期间保证和提高社区养老服务工作提出建议。调查共收回有效问卷
329 份，其中，性别分布为：男性 132 人，女性 197 人。年龄分布为：60 ~
64 周岁 140 人，比例为 42.55%；65 ~ 69 周岁 112 人，比例为 34.04%；
70 ~ 74 周岁 41 人，比例为 12.46%；75 ~ 79 周岁 19 人，比例为 5.78%；
80 周岁及以上 17 人，比例为 5.17%。

* 陈珊，北京市社会心理服务促进中心副研究员，主要研究方向为心理健康、居民心态；赵一
达，硕士，北京市社会心理服务促进中心，主要研究方向为社会心态。

一　疫情期间社区老人面临的主要困难

疫情期间社区老人面临的主要困难表现在以下方面。

1. 日常生活和休闲活动受到较大影响

51.98%的社区老人反映"没法像以前那样出去遛弯或活动"，46.50%的老人反映"无法走亲戚或回老家"，38.30%的老人反映"没法和邻居或朋友聚会聊天"。另外，"买菜、生活用品不方便""不会用手机网上购物""社区养老服务（老年餐桌、棋牌室等）暂停，原有服务无法继续享受"等也影响老年人日常生活和休闲活动。

表1　疫情期间，社区老人生活中面临的困难

单位：人，%

选项	人数	选择比例
没法像以前那样出去遛弯或活动	171	51.98
无法走亲戚或回老家	153	46.50
没法和邻居或朋友聚会聊天	126	38.30
买菜、生活用品不方便	74	22.49
没法去医院看病、拿药了	70	21.28
不会用手机网上购物	58	17.63
社区养老服务（老年餐桌、棋牌室等）暂停,原有服务无法继续享受	50	15.20
每天做饭和其他家务,觉得辛苦	48	14.59
去医院看病、拿药时不知道如何防护	47	14.29
在家照看孩子,觉得辛苦	46	13.98
家里有人失业或收入下降,生活受影响	40	12.16
没有人陪伴,感觉孤独	21	6.38
心情苦闷,没有人诉说	21	6.38
家里有人是大夫或护士,担心他们	14	4.26
无法得到疾病康复帮助或护理	13	3.95
行动不便,无法取快递	12	3.65

困　　难	人数	选择比例
担心在海外的亲人	12	3.65
请不到保姆、小时工或护理人员	8	2.43
跟其他家庭成员有矛盾、处不好	7	2.13
其他	29	8.81

调查人群中，有 33 位是独居老人，独居老人的主要困难表现为遛弯、聚会聊天等休闲活动和购物，33.30%的独居老人反映社区养老服务的暂停对他们影响很大，主要原因是独居老人的日常生活更依赖社区养老服务。

2. 就医等医疗服务方面的困难

分别有 21.28%、14.29%和 3.95%的老人反映"没法去医院看病、拿药了"，"去医院看病、拿药时不知道如何防护"，"无法得到疾病康复帮助或护理"；健康状况不佳的老人（在调查中定义为：去年去医院看病超过 10 次，共有 39 人）在上述三方面有困难的比例分别为 30.80%、17.90%和 10.30%。健康状况不佳的老人在看病、就医方面遇到的困难更大。部分居民反映看病要网上挂号、使用健康码等，在使用电子产品方面有困难。部分独居老人也反映看病和拿药有较大困难。

3. 疫情延续给部分老人（特别是独居老人）带来情绪困扰

大多社区老人的情绪受二次新冠肺炎疫情的影响较小。8.21%的社区老人感觉自己的情绪变差，79.03%的老人感觉情绪状态变化不大，12.77%的老人感觉情绪状态变好一些，情绪变好的老人认为政府在防控方面有经验，对政府带领百姓克服疫情更有信心。

部分社区老人感受到焦虑、抑郁和孤独，独居老人的负性情绪（尤其是孤独感）更强。从整体来看，有焦虑情绪（自我报告为经常或有时感到焦虑）的老人占比为 24.31%；感受到抑郁（自我报告为经常或有时感到抑郁）的老人占比为 15.80%；感觉到孤独（自我报告为经常或有时感到孤独）的老人占比为 14.89%。独居老人群体中，感到焦虑、抑郁和孤独的比例分别为 33.30% 、21.30% 和 45.50% ，具有负面情绪的独居老人比例显著高于老人的整体水平。

表2　感到焦虑的社区老人人数及比例

单位：人,%

项　　目	人数	选择比例
1. 经常感到焦虑	15	4.56
2. 有时感到焦虑	65	19.75
3. 偶尔感到焦虑	141	42.86
4. 从不感到焦虑	108	32.83
合　　计	329	100.00

表3　感到抑郁的社区老人人数及比例

单位：人,%

项　　目	人数	选择比例
1. 经常感到抑郁	4	1.21
2. 有时感到抑郁	48	14.59
3. 偶尔感到抑郁	96	29.18
4. 从不感到抑郁	181	55.02
合　　计	329	100.00

表4　感到孤独的社区老人人数及比例

单位：人,%

项　　目	人数	选择比例
1. 经常感到孤独	11	3.34
2. 有时感到孤独	38	11.55
3. 偶尔感到孤独	93	28.27
4. 从不感到孤独	187	56.84
合　　计	329	100.00

从原因看，疫情影响了社区老人的日常活动和休闲娱乐活动，对疫情何时结束的不确定以及对家人的担心造成了老人的心理困扰。部分老人担心从事医护工作的亲人、海外的亲人和家里的孩子。

二　疫情期间社区老人的生活需求

1. 社区老人最期望能安全地活动和购物，独居老人尤其希望逐步恢复养老服务项目

疫情期间，社区老人最希望"有安全的方式去活动或娱乐"（选择率为54.10%）、"逐步恢复或建立助餐服务等社区养老服务项目"（选择率为19.45%）、"帮助购买蔬菜粮食和其他日用品"（选择率为17.33%）。另外，也希望"帮助购买口罩等防护用品""帮助家人找到工作""有人帮助分担家务或帮忙看孩子"等。39.40%的独居老人在"希望逐步恢复或建立助餐服务等社区养老服务项目"，"帮助购买蔬菜粮食和其他日用品"方面比其他老人的需求更为迫切。

表5　社区老人最希望得到帮助的事情

单位：人，%

项　　目	人数	选择比例
有安全的方式去活动或娱乐	178	54.10
能安全地就医拿药	137	41.64
逐步恢复或建立助餐服务等社区养老服务项目	64	19.45
帮助购买蔬菜粮食和其他日用品	57	17.33
帮助缓解不良情绪	45	13.68
能有人陪伴或聊天	43	13.07
帮助购买口罩等防护用品	26	7.90
帮助网上购物或帮助取发快递	25	7.60
有人帮助分担家务或帮忙看孩子	24	7.29
帮助家人找到工作	23	6.99
医务人员上门看病或护理	22	6.69
需要人照顾或救助	13	3.95
帮助处理家庭矛盾	8	2.43
其他	34	10.33

2. 社区老人特别是健康状况不佳的老人尤其期望安全便利的医疗服务

在医疗服务方面，41.64%的社区老人希望"能安全地就医拿药"，6.69%的老人期望"医务人员上门看病或护理"；健康状况不佳的老人中，有46.20%的人希望能安全地就医拿药，12.80%的人希望医务人员上门看病或护理；有9.10%的独居老人希望医务人员上门看病或护理。

3. 独居老人的心理抚慰需求最强

在心理服务需求方面，13.68%的老人希望"帮助缓解不良情绪"、13.07%的老人希望"能有人陪伴或聊天"。独居老人中，有54.50%的人希望"能有人陪伴或聊天"，33.30%的人希望能"帮助缓解不良情绪"。独居老人的心理抚慰需求远高于社区老人的整体水平。

除了家人外，社区老人也希望得到居委会、街道工作人员、社区医院及其他医疗机构、养老服务机构和心理服务组织的帮助。

三　提升社区老人养老服务水平的建议

为帮助社区老人更好地防疫，也为疫情之后完善现有社区老人养老服务工作体系，以应对未来的公共卫生风险，对社区老人的服务工作提出建议。

1. 解决当前老人购物、休闲活动等困难，构建社区老年服务支持网络

逐步恢复社区养老服务机构功能。现阶段低风险地区可根据实际条件逐步恢复助餐服务、棋牌室等社区养老服务项目，引导老人在安全区域进行日常休闲活动。在疫情稳定期间，增加社区养老服务项目。

社区工作中提高需求与服务的协同性。社区和养老服务机构汇集更多的志愿力量，帮助老年人学会网上挂号、使用健康码、网上购物等操作。为有需要的老人，特别是独居老人，提供助行、购买生活用品和防护用品、取收快递等服务，解决老人日常生活问题。

社区老人最为信任和依赖居委会、街道等政府基层组织和养老服务机构。从长远看，解决社区老人特别是部分独居老人的养老问题，需要以政府

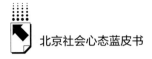

基层组织为领导，构建一个能长期服务于社区老人的社区支持网络。如动员社区内的企业和社会组织等提供人力、物力和财力支持；鼓励大学生（包括部分中学生）参与到社区老年服务工作中去，为老人提供信息分享、电子产品技能教学、助行助医等服务。

积极参与社会活动的老年人更适应老年生活环境，生活满意度更高，并且大多北京老人政治觉悟高、公益心强。因此，可以充分发挥社区老人参与公共事务的主观能动性。鼓励老人通过微信群、书面、电话或邮箱等方式参与与养老相关的公共事务讨论与决策。

2. 疫情期间采用现代科技降低就医过程的风险，促进医疗卫生服务与养老服务有机融合

在技术层面，采用现代科技降低老人就医取药过程中的病毒感染风险。利用现代互联网信息化技术，建立问诊、咨询等"云"看病医疗平台。运用非接触性的诊疗方式，帮助老人得到关于疫情防护、自身疾病、用药和护理等方面的专业意见，解决老人疫情期间出行难、看病难的问题。

在工作机制层面，疫情期间老人看病难的问题也反映了之前就存在的养老体系与医疗体系之间衔接不完善的问题。在国家提倡"大病在医院、小病在社区"的医疗布局下，把社区医疗服务作为家庭养老、社区养老服务的重要保障之一，加强养老服务与医疗服务之间的有机衔接。一是社区医院拓展社区养老医疗服务内容，把医疗服务与居家养老、社区养老相融合，使老年人"医""养"一体化、常态化。二是加强社区医院与社区养老服务工作的联结。加强社区医院与社区老人（特别是独居老人或失能老人）的医疗联系，提供日常的医疗咨询、开药、电话定期回访等。有条件的社区医院应探索特殊时期上门医疗服务方式。三是大医院加强为社区医院的医疗服务提供技术和人才支持。社区医院的工作人员定期到大医院进修学习，大医院也可以通过专家坐诊等方式支持社区医院。

大力培养养老护理服务人才。现阶段养老护理人员数量与社会需求之间有很大的差距，培养养老护理人才，提高护理人员职业化与专业化程度，满足养老护理服务需求。

3. 社会心理服务站（中心）积极开展老人心理服务工作，推动社会心理服务工作加快融入社区养老服务体系

截至2020年底，北京市民政局在全市已经建成121家社会心理服务站（中心），服务惠及1411个社区，2020年有64个服务站（中心）在建。疫情期间，充分发挥社会心理服务站（中心）的作用，把老年心理健康与精神抚慰工作融入养老服务体系建设中。以现有社区心理服务站（中心）为主体，以提供心理服务的社会机构、教育系统的心理工作者和社会心理志愿者为补充力量，采取编写发放宣传资料、电话咨询、网络咨询和心理公开课等多种方式，针对疫情发展的不同阶段、不同风险级别和不同情绪问题，为社区老人提供心理疏导与支持。部分老人因为疫情而产生焦虑、担忧，要结合新冠防护知识疫情发展信息对老人进行心理安抚；对于因就医取药和康复护理不方便产生不良情绪的老人，要充分了解所在地区的医疗服务信息，在对老年人进行心理疏导的同时提供相关医疗和防护信息。

疫情期间及之后，老年心理健康服务工作仍需要保持常态化，促进社区心理服务工作参与到老人"医""养"工作的不同环节，推动社会心理服务工作加快融入社区养老服务体系。

4. 加大互联网大数据和人工智能等科技在养老服务中的应用力度

把互联网技术应用到养老服务中，以提高养老服务供给质量。在居家养老、社区养老和机构养老等各领域建设数字化养老服务平台，发挥互联网技术在养老服务信息共享、健康管理、资源分配、人员培训、远程指导、服务评估和监督管理等方面的作用。运用大数据技术提升养老服务供需双方的衔接水平，预测医疗服务需求，科学配置养老服务资源。

运用人工智能技术，开发养老服务的高科技产品。在全球疫情背景下，通过人工智能进行老年人护理和病人护理的需求会更大。北京发挥技术和资本优势，加强政策支持，创新机制，引导高新科技关注养老服务领域，挖掘人工智能技术应用在养老服务领域的市场潜力，开发居家服务、安全服务、远程诊疗、健康护理和康复服务等人工智能产品，提高养老服务的科技水平。

心理健康篇

Mental Health

B.13
北京市居民心理健康研究

高　晶　于凯丽　徐奥铭*

摘　要： 　目的：本研究旨在了解北京市居民的心理健康现状并探索居民心理健康的影响因素。研究方法：本次研究采用自测心理健康评定子量表、一般自我效能感量表和亲社会行为测量问卷，对1756名北京市居民进行调查。研究结果：（1）北京市居民心理健康平均分为67.94，处于中等偏上水平。（2）北京市居民的心理健康水平受到年龄、婚姻状况、受教育程度、户籍所在地、月收入水平以及主观社会阶层等人口学变量的影响。（3）逐步回归分析显示亲社会行为和一般自我效能感均可显著正向预测心理健康，即亲社会行为和一般自我效能感水平越高，心理健康水平越高。

* 高晶，国家心理健康和精神卫生防治中心副研究员；于凯丽，北京林业大学人文社会科学学院在读硕士；徐奥铭，北京林业大学人文社会科学学院在读硕士。

关键词： 北京市居民　心理健康　亲社会行为　一般自我效能感

一　研究背景

党的十九大做出了实施健康中国战略的重大决策部署，这其中也包括心理健康。心理健康是人在成长和发展过程中认知合理、情绪稳定、行为适当、人际和谐、适应变化的一种良好状态，是健康的重要组成部分[①]。

目前，心理健康问题普遍存在于我国居民中。2011～2012年，国民重要心理特征调查项目显示，农业户口居民中，心理健康状况"差"的占2.6%，心理健康状况"较差"的占18.3%，非农业户口居民中，这两项分别为2%和13.8%[②]。2017～2018年对中国居民心理健康状况的调查结果表明，我国城镇人口中有11%～15%的人心理健康状况较差，2%～3%的人心理健康状况差[③]。此外，我国常见精神障碍和心理行为问题人数逐年增多。我国抑郁症患病率达到2.1%，焦虑障碍患病率达4.98%。截至2017年底，全国已登记在册的严重精神障碍患者有581万人。北京大学第六医院社会精神病学与行为医学研究室黄悦勤等进行了"中国精神卫生调查"，调查显示：焦虑障碍患病率最高，终生患病率为7.57%；心境障碍其次，终生患病率为7.37%[④]。这说明居民心理健康问题不容忽视。

此外，2020年新型冠状病毒席卷全球，给全世界人民的生活带来了极大影响。世卫组织总干事谭德塞强调，疫情期间社交活动的缺乏对很多人的心理健康产生了深远影响，新冠肺炎疫情造成焦虑和恐惧。钟南山院士也强调，"健康的一半是心理健康，疾病的一半是心理疾病，我们应关注健康的

---

① 《健康中国行动（2019～2030年）：总体要求、重大行动及主要指标》，《中国循环杂志》2019年第9期，第846～858页。

② 雷巧莉：《高校心理健康教育课程实施的现状与问题分析》，中南民族大学硕士学位论文，2019。

③ 杨帅：《中国首部心理健康蓝皮书正式出炉》，《中华灾害救援医学》2019年第3期，第145～145页。

④ 黄悦勤：《中国精神卫生调查概况》，《心理与健康》2018年第10期，第14～16页。

薄弱环节"。

综上可知，我国居民心理健康问题不容忽视。此次调查的对象为北京市居民，他们在一线城市工作生活，不得不面对随着社会转型出现的利益分化和日益扩大的收入差距、阶层分化，日益激烈的岗位竞争，家庭工作的平衡问题，家庭内部的矛盾问题，缺乏普遍的心理健康教育和专业的心理危机干预机制，自我调适能力不足等问题，这种环境大大提高了个体出现心理和行为问题的可能性。因此，本研究拟分析北京市居民的心理健康现状，研究心理健康的影响因素，以期帮助卫生行政部门提出更多、更有效的政策，为临床干预提供参考，提高整体医疗水平。

二 研究方法

（一）抽样与调查

本次研究采用 Credamo 网络平台和问卷星，以及面对面等方式发放问卷。本次调查采用抽样调查法对北京市 16 个区的 18～70 岁常住居民进行问卷调查。剔除无效问卷后，最终有效问卷为 1756 份，被试分布见表1。

表 1 被调查者基本信息

单位：人，%

人口学变量	类别	人数	百分比
性　别	男	868	49.43
	女	888	50.57
年龄	20 岁及以下	64	3.64
	21～30 岁	302	17.20
	31～40 岁	323	18.39
	41～50 岁	324	18.45
	51 岁及以上	743	42.31

续表

人口学变量	类别	人数	百分比
婚姻状况	未婚	286	16.29
	已婚	1419	80.81
	同居	12	0.68
	离婚	26	1.48
	丧偶	13	0.74
户籍所在地	北京城市	895	50.97
	北京农村	221	12.59
	外地城市	474	26.99
	外地农村	166	9.45
月收入	无收入	74	4.21
	2000 元及以下	152	8.66
	2001~8847 元	858	48.86
	8848~15000 元	468	26.65
	15001~20000 元	137	7.80
	20001~40000 元	51	2.90
	40001 元及以上	16	0.91
主观社会阶层	上层	135	7.69
	中层	883	50.28
	中下层	654	37.24
	最下层	84	4.78
受教育程度	初中及以下	123	7.00
	中职或职高	217	12.36
	高中	221	12.59
	大专	318	18.11
	本科	763	43.45
	硕士或博士	114	6.49

（二）研究工具

1. 基本人口统计学变量

人口统计学变量包括性别、年龄、民族、受教育程度、月收入、婚姻状况、户籍所在地和主观社会阶层等。

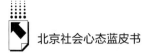

2. 心理健康量表

采用自测健康评定量表中的自测心理健康评定子量表①测量北京市居民的心理健康状况。该量表由许军等人编制，共 16 个项目，包括三个维度：正向情绪（条目 1、2、3、4、5）、心理症状与负向情绪（这是反向指标，得分越高，心理症状与负向情绪越少，条目 6、7、8、9、10、11、12，全部反向计分）和认知功能（条目 13、14、15）。采用 11 点计分，从"非常差"到"非常好"分别记 0 ~ 10 分，条目 1 ~ 15 原始分相加即总分，总分范围为 0 ~ 150 分，分数越高则个体心理健康状况越好。本研究中，该量表的 Cronbach's alpha 系数为 0.92，表明该量表的题目之间具有一致性。本研究中，使用第 16 题计算效标关联效度，系数为 0.73，表明该量表具有效度。为了便于与其他的心理健康数据进行比较，本文将数据转换为百分制。

3. 亲社会行为量表

本研究采用丛文君修订的《亲社会行为测量问卷》②来测量亲社会行为水平。此问卷共 23 个题项，由六个维度组成，分别为公开性、匿名性、利他性、依从性、情绪性和紧急性。该问卷采用李克特 5 点计分，从"完全不符合"到"完全符合"，分别计 1 ~ 5 分。该问卷在本研究中的 Cronbach's αlpha 为 0.92。

4. 一般自我效能感量表

本研究采用 Schwarzer 编制、王才康等修订的一般自我效能感量表③测量北京市居民的一般自我效能感。该量表共 10 个项目，采用 5 点计分，从"完全不符合"到"完全符合"分别计 1 ~ 5 分，得分越高，表示个体的一般自我效能感水平越高。本研究中，该量表的 Cronbach's alpha 系数为 0.91。

① 许军、王斌会、胡敏燕、杨云滨、陈和年、解亚宁：《自测健康评定量表的研制与考评》，《中国行为医学科学》2000 年第 1 期，第 69 ~ 72 页。

② 丛文君：《大学生亲社会行为类型的研究》，南京师范大学硕士学位论文，2008。

③ 王才康、胡中锋、刘勇：《一般自我效能感量表的信度和效度研究》，《应用心理学》2001 年第 1 期，第 37 ~ 40 页。

三 研究结果

（一）北京市居民心理健康状况

本研究中心理健康包括正向情绪、心理症状与负向情绪和认知功能三个维度。正向情绪是指人的一种积极情绪，包括开心、乐观、自信、欣赏、放松等。心理症状指情绪问题，比如长期持续的情绪低落状态或者长期持续的情绪高涨状态，也指人际关系问题，比如亲子关系、婚姻家庭关系及周围的人际关系出现问题，出现社会退缩的行为；负向情绪指焦虑、紧张、愤怒、沮丧、悲伤和痛苦等情绪。认知功能一般包括感觉、知觉、注意、记忆、思维、想象等一些基本的心理过程。

北京市居民心理健康总分及分维度得分见表2。

表2 心理健康及其各维度的平均值与标准差

单位：分

项目	平均值	标准差
心理健康总分	67.94	14.19
正向情绪	80.40	14.88
心理症状与负向情绪	56.40	18.76
认知功能	74.09	15.51

心理健康总分、正向情绪维度、心理症状与负向情绪维度和认知功能维度得分均在 0~100 分，以此作为参考可知北京市居民心理健康状况总体处于中等偏上水平，正向情绪处于中等偏上水平，心理症状与负向情绪处于中等水平，认知功能处于中等偏上水平。

本调查对 2019 年和 2020 年北京市居民心理健康水平进行独立样本 t 检验后发现，2020 年北京市居民心理健康总分为 67.94，显著高于 2019 年北京市居民心理健康总分 60.52（$t = 15.32$，$p < 0.001$）。

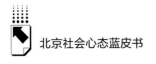
（二）不同特征居民的心理健康状况

不同特征如性别、年龄和婚姻状况等，可能影响居民的心理健康水平，因此本研究通过统计分析方法来判断这种影响是否存在，并根据结果提出提升心理健康水平的相关建议。

1. 不同性别的北京市居民心理健康水平没有显著差异

不同性别居民的心理健康水平可能存在差异[①]，本研究通过独立样本 t 检验来判断性别会否影响北京市居民的心理健康水平。结果发现：在心理健康总分、正向情绪、心理症状与负向情绪以及认知功能上，男性与女性得分均不存在显著差异，即不同性别的北京市居民心理健康水平无差异。这与《北京市社会心态蓝皮书（2019～2020）》的心理健康研究报告的结论一致。具体结果见图1。

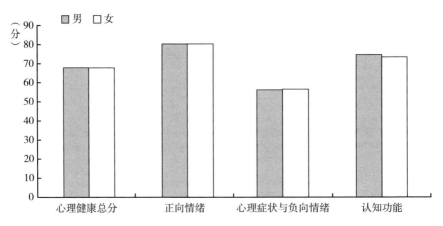

图1 不同性别居民心理健康及其各维度得分

2. 30岁及以下居民的心理健康状况较差，其心理症状和负向情绪较多；40岁及以下居民的正向情绪水平较低；不同年龄段居民的认知功能无差异

不同年龄段的居民成长环境不同，学习与工作环境不同，这些可能导致

---

① 尚亚飞、赵锋：《社会适应能力在大学新生手机依赖和心理健康间的中介作用及性别的调节作用》，《现代预防医学》2019年第18期，第3390～3393页。

心理健康方面的差异。因此，本研究通过单因素方差分析来检验不同年龄段之间是否存在显著差异。具体结果见图2。结果发现：不同年龄段居民的心理健康总分存在显著差异（$F = 9.56$，$p < 0.001$）。事后比较显示，30 岁及以下居民的心理健康水平显著低于 30 岁及以上居民的心理健康水平，即 30 岁及以下居民的心理健康状况较差，但仍处于正常水平。

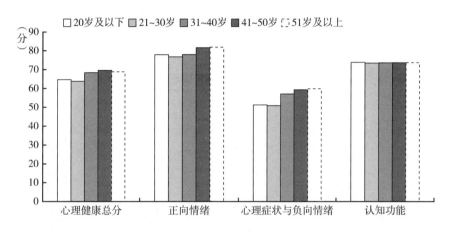

图2 不同年龄段居民的心理健康及其各维度得分

不同年龄段的居民在正向情绪维度上差异显著（$F = 7.09$，$p < 0.001$），事后比较分析显示，40 岁及以下年龄段的居民正向情绪水平较低，但仍处于正常水平。

不同年龄段的居民在心理症状与负向情绪上差异显著（$F = 10.47$，$p < 0.001$），事后比较分析显示，30 岁及以下年龄段居民的心理症状与负向情绪维度得分更低，心理症状与负向情绪更多，但总体仍处于正常水平。

不同年龄段的居民在认知功能上差异不显著（$F = 1.37$，$p = 0.242$）。

总体而言，30 岁及以下居民的心理健康状况较差；40 岁及以下居民的正向情绪水平较低，正向情绪较少；30 岁及以下居民的心理症状和负向情绪较多，不同年龄段居民的认知功能无显著差异。30 岁及以下北京市居民的心理健康状况较差，可能与他们面临购房、工作、家庭与学业等压力有关，也可能与他们缺少抵抗压力的心理资源和社会支持有关。

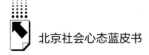

3. 离婚居民的心理健康状况较差，其正向情绪较少，心理症状与负向情绪较多，认知功能较差

婚姻状况可能也会影响心理健康状况，因此有必要通过单因素方差分析来检验心理健康水平及其各维度在婚姻状况方面是否存在显著差异。结果见图3。结果发现：不同婚姻状况的居民在心理健康总分上差异显著（$F = 25.26$，$p < 0.001$），事后比较分析显示，离婚的居民心理健康状况更差，但仍处于正常水平。

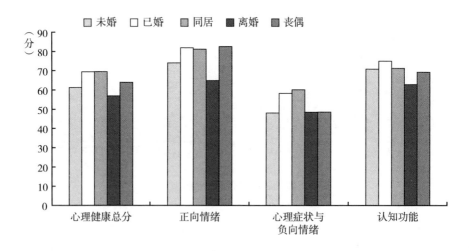

图3　不同婚姻状况居民的心理健康及其各维度得分

不同婚姻状况的居民在正向情绪上差异显著（$F = 19.11$，$p < 0.001$），事后比较分析显示，离婚的居民正向情绪更少，但仍处于正常水平。

不同婚姻状况的居民在心理症状与负向情绪上差异显著（$F = 19.74$，$p < 0.001$），未婚、离婚和丧偶的居民心理症状与负性情绪更多，但仍处于正常水平。

不同婚姻状况的居民在认知功能上差异显著（$F = 8.43$，$p < 0.001$），事后比较分析显示，离婚的居民认知功能更差，但仍处于正常水平。

离婚居民心理健康状况较差，正向情绪较少，未婚、离婚和丧偶居民的心理症状与负向情绪较多，离婚居民的认知功能较差。离婚居民得到的社会支持较少，面临的生活压力更大，这可能是他们心理健康状况较差的部分原因。

（三）不同社会经济地位居民的心理健康状况

本研究结合个体或家庭月收入、受教育程度和职业等因素衡量个体的社会经济地位①。有研究显示，社会经济地位是心理健康水平的影响因素②，因此本研究分析不同社会经济地位特征是否影响北京市居民心理健康状况。

1. 主观社会阶层为下层的北京市居民心理健康状况较差，正向情绪更少，心理症状与负向情绪更多，不同主观社会阶层的居民在认知功能上不具有显著差异

主观社会阶层强调个体认为自己在社会中所处的位置。主观社会阶层在一定程度上能够反映个体的社会经济地位，并且会影响个体的心理健康状况。因此，本研究通过单因素方差检验来判断不同主观社会阶层的北京市居民在心理健康水平上是否存在显著差异。具体结果见图4。结果发现，不同主观社会阶层的居民在心理健康总分上差异显著（$F = 9.23$，$p < 0.001$），事后比较分析显示，主观社会阶层为下层的居民心理健康状况更差。

不同主观社会阶层的居民在正向情绪维度上差异显著（$F = 7.86$，$p < 0.001$），事后比较分析显示，主观社会阶层为下层的居民正向情绪更少。

不同主观社会阶层的居民在心理症状与负向情绪维度上差异显著（$F = 8.208$，$p < 0.001$），事后比较分析显示，主观社会阶层为下层的居民心理症状与负向情绪更多。

不同主观社会阶层在认知功能上不具有显著差异（$F = 1.090$，$p = 0.354$）。

通过上述内容可知主观社会阶层为下层的居民心理健康总体上都是最差的。由此可知，社会经济地位会影响个体的心理健康。

---

① Jetta, C., "National Center for Educational Statistics", *Reference Reviews* 21 (2007): pp. 19 - 20.

② 焦开山：《健康不平等影响因素研究》，《社会学研究》2014 年第 5 期，第 24 ~ 46、241 ~ 242 页。

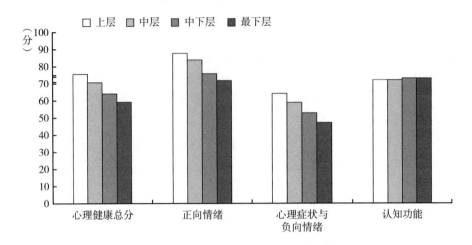

图4 不同主观社会阶层居民的心理健康及其各维度得分

2. 无收入和2000元及以下月收入的北京市居民心理健康状况最差，随着月收入的增加，北京市居民心理健康总分、正向情绪、认知功能都在不断提升，而心理症状与负向情绪不断减少

本研究拟通过单因素方差分析来判断不同月收入的北京市居民在心理健康方面的差异是否显著。具体结果见图5。结果发现，不同月收入的居民在心理健康总分上差异显著（$F = 16.68$，$p < 0.001$），事后比较分析显示，无收入和2000元及以下月收入的居民心理健康状况更差。

不同月收入的居民在正向情绪上差异显著（$F = 10.51$，$p < 0.001$），事后比较分析显示，无收入和2000元及以下月收入的居民正向情绪更少。

不同月收入的居民在心理症状与负向情绪上差异显著（$F = 11.09$，$p < 0.001$），事后比较分析显示，无收入和2000元及以下月收入的居民心理症状与负向情绪更多，但仍处于正常水平。

不同月收入的居民在认知功能上差异显著（$F = 14.40$，$p < 0.001$），事后比较分析显示，无收入和2000元及以下月收入的居民认知功能水平最差，月收入越低，认知功能越差。

通过上述结果可知，月收入和心理健康状况的确有关系。无收入和

2000元及以下月收入的个体，收入水平较低，心理健康各方面也较差。随着月收入增加，北京市居民心理健康水平、正向情绪及认知功能有所提升，心理症状与负向情绪有所减少。这一结果提示，政府应重点关注低收入北京市居民的心理健康状况。但是我们不能直接得出因果结论，因为也有可能是心理健康状况影响了月收入，例如认知功能越好，越能更好地应对工作中的挑战，职业道路更顺利，更有可能获得高收入。

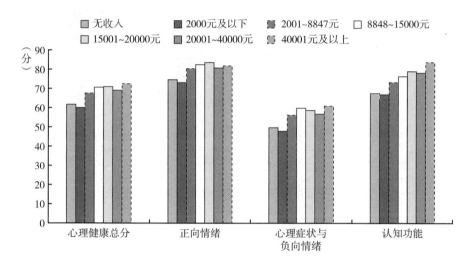

图5　不同月收入居民心理健康及其各维度得分

3. 受教育程度为硕士或博士的居民，心理健康状况较差

受教育程度作为衡量社会经济地位的一项指标，也可反映社会经济地位和心理健康的关系。因此，本研究通过单因素方差分析来判断不同受教育程度的北京市居民心理健康状况差异是否显著。具体结果见图6。结果发现，不同受教育程度的居民在心理健康总分上差异显著（$F = 6.35$，$p < 0.001$），事后比较分析显示，受教育程度为博士的居民心理健康状况总体上更差。

不同受教育程度的居民在正向情绪上差异显著（$F = 7.47$，$p < 0.001$），事后比较分析显示，受教育程度为博士的居民正向情绪更少。

不同受教育程度的居民在心理症状与负向情绪上差异显著（$F = 7.83$，$p < 0.001$），事后比较分析显示，受教育程度为博士的居民心理症状与负向

情绪更多。

不同受教育程度的居民在认知功能上差异不显著（$F = 1.13$, $p = 0.442$）。

通过上述分析发现心理健康水平并没有随着受教育程度增加而提升，受教育程度为硕士或博士的居民心理健康状况反而是最差的。

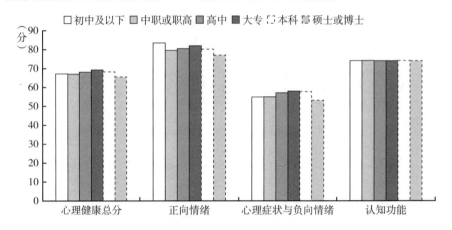

图6 不同受教育程度居民心理健康及其各维度得分

4. 户籍所在地为外地农村的居民心理健康状况、正向情绪、心理症状与负向情绪和认知功能均较差，户籍所在地为北京城市的居民心理健康状况、正向情绪、心理症状与负向情绪和认知功能均最好

本研究中将户籍所在地这一社会经济地位特征分为四个水平，即北京城市、北京农村、外地城市和外地农村。本研究拟通过单因素方差分析判断不同户籍所在地的居民心理健康状况是否存在差异。具体结果见图7。结果发现，不同户籍所在地的居民在心理健康总分上差异显著（$F = 25.64$, $p < 0.001$），事后比较分析显示，户籍所在地为外地农村的居民心理健康状况最差，户籍所在地为北京城市的居民心理健康状况最好。

不同户籍所在地的居民在正向情绪上差异显著（$F = 19.78$, $p < 0.001$），事后比较分析显示，户籍所在地为外地农村的居民正向情绪最少，户籍所在地为北京城市和北京农村的居民正向情绪最多。

不同户籍所在地的居民在心理症状与负向情绪上差异显著（$F = 19.60$,

$p < 0.001$），事后比较分析显示，户籍所在地为外地农村的居民心理症状与负向情绪最多，户籍所在地为北京城市的居民心理症状与负向情绪最少。

不同户籍所在地的居民在认知功能上差异显著（$F = 13.71$，$p < 0.001$），事后比较分析显示，户籍所在地为外地农村的居民认知功能最差，户籍所在地为北京城市的居民认知功能最好。

通过分析可知，户籍所在地为外地农村的居民心理健康状况、正向情绪以及认知功能较差，心理症状与负向情绪较多；户籍所在地为北京城市居民的心理健康状况较好，正向情绪较多，心理症状与负向情绪较少，认知功能较高。

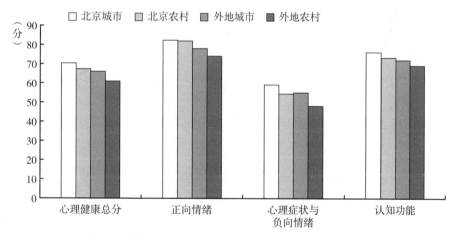

图7　不同户籍所在地居民的心理健康及其各维度得分

（四）心理健康与一般自我效能感和亲社会行为的关系

研究显示，心理健康与一般自我效能感[①]以及亲社会行为[②]之间均呈显著正相关。因此，本研究拟通过相关分析和回归分析来检验一般自我效能感

---

① 李松、冉光明、张琪、胡天强：《中国背景下自我效能感与心理健康的元分析》，《心理发展与教育》2019年第6期，第759~768页。

② 戴贤伟：《高中生感恩、亲社会行为与心理健康的关系研究》，信阳师范学院硕士学位论文，2017。

和亲社会行为与心理健康之间的关系。

采用皮尔逊积差相关分析，考察北京市居民的心理健康与一般自我效能感和亲社会行为的关系。结果表明，一般自我效能感、亲社会行为和心理健康均呈显著正相关。具体结果见表3。

表3　一般自我效能感、亲社会行为和心理健康的相关关系

项　目	心理健康	一般自我效能感	亲社会行为
心理健康	—		
一般自我效能感	0.58 **	—	
亲社会行为	0.33 **	0.44 **	—

注：** 表示 $p < 0.01$。

进一步通过回归分析探索这两个变量与心理健康的关系。以一般自我效能感和亲社会行为为预测变量，将心理健康设置为因变量，进行逐步回归，具体结果见表4。回归分析显示，一般自我效能感和亲社会行为均可正向预测心理健康。

表4　一般自我效能感和亲社会行为对心理健康的回归分析

因变量	预测变量	R^2	F	b	Beta	t
心理健康	亲社会行为	0.34	409.30 ***	0.19	0.10	4.35 ***
	一般自我效能感			1.90	0.53	23.46 ***

注：*** 表示 $p < 0.001$。

北京市居民可以通过提升一般自我效能感、增加亲社会行为来改善心理健康问题。当个体做出更多的亲社会行为时，也会拥有更多的正能量和积极情绪，对自己的评价也会上升，认为自己是善良和有价值的人，心理健康水平也随之提升。一般自我效能感强的人，认为自己有解决问题的能力，通常采用积极的应对方式面对生活中的困难和问题，较少通过自责、幻想、逃避等方式面对问题，因此出现心理问题的可能性较小，心理健康水平更高。

四 对策与建议

心理健康问题是影响经济社会发展的重大公共卫生问题和社会问题。根据 2020 年北京市居民心理健康调查结果，现提出如下建议。

（一）加强宣传教育，普及心理健康知识和技能

本研究发现，不同社会经济地位的居民，心理健康状况不同，这可能是因为社会经济地位越高的居民，接触心理健康知识的机会越多，更有可能学习心理健康技能。因此，应加强心理健康知识和技能的普及。针对社会公众开展心理健康教育，通过多种形式和平台，广泛进行心理健康科普宣传工作，通过群众喜欢的形式将心理健康知识融入他们的生活。

（二）加强宣传教育，纠正居民对心理健康的偏见

由于缺少相关知识，居民对"心理健康问题"一词持有偏见，大部分居民会把"心理"问题等同于"精神"问题，一旦某人出现心理上的问题，身边人会出现"羞耻感"等情绪和认知，在这种情绪的感染下这个人的心理问题会加剧，不利于其治疗和后期的康复。在孩子成长的过程中，家长一般更重视孩子的学习成绩、物质生活，而忽视或不重视学生情感需求的满足，从而造成孩子产生心理问题，孩子带着这些问题长大成人。2020 年北京市居民心理健康调查显示，受教育程度为硕士或博士的居民，心理健康状况最差，这也说明了传统教育关于心理健康的部分还不足。因此，在社会层面，为消除居民对心理问题存在的偏见和认识误区，应该加强对心理健康基本知识的宣传和普及，加大对心理健康教育的重视程度。

（三）建立健全心理健康服务体系

本研究发现 2020 年北京市居民心理健康总体上处于中等水平，可通

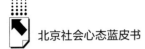

过健全心理健康服务体系来提升北京市居民的心理健康水平。心理健康服务需要整合利用各行各业资源，调动各类专业机构的积极性。从健全心理健康服务网络、完善社会心理服务平台建设、提升卫生机构服务能力、培育社会心理健康服务机构和加强心理健康人才队伍建设等方面，完善心理健康服务体系。完善北京市社会心理服务站点，普遍设立心理健康辅导室等场所或机构，各级各类医疗卫生机构要提升专业服务能力，充分发挥中医药在心理健康服务中的作用，基层要依托社会治理综合服务中心或乡镇（街道）基层治理平台建立心理咨询（辅导）室或社会工作室（站），支持培育专业化、规范化的社会心理健康服务机构，发挥行业组织的作用，扩大服务覆盖面。在心理健康服务人才培养方面，既要参考发达国家心理健康专业人才的以学历教育为主的培养模式，又要考虑我国专业人才培养基础薄弱的现状，将人才队伍建设远期目标和近期目标相结合。要求教育部门加大应用型心理健康专业人才培养力度，卫生健康部门通过不同层次的人才引进、交流及培训，完善学历教育和继续教育相结合的人才培养制度。

（四）推动心理健康教育和咨询干预服务

本研究发现，30岁及以下、离婚、主观社会阶层为下层、收入在2000元及以下、户籍所在地为外地农村的北京市居民心理健康状况最差，需要心理健康教育以及咨询干预服务，然而这些资源的不足，导致他们不能获得及时的帮助。因此需要推动心理健康教育和咨询干预服务，可以从以下几个方面展开。专科医院、开设心理门诊的综合性医院及社会心理健康服务机构要规范开展心理咨询服务。提高对危机干预和心理援助工作的重视程度，将危机干预和心理援助纳入应急预案，建立心理危机干预网络。扩大心理援助热线服务范围和内容，规范咨询服务流程，提供便捷、优质和专业的服务。要求各地加强心理健康基础理论研究、应用研究和成果转化，加强心理健康服务政策软科学研究。

（五）增加亲社会行为，增强一般自我效能感

研究显示，亲社会行为和一般自我效能感能显著正向预测心理健康。因此，可通过增加亲社会行为、增强一般自我效能感来提升心理健康水平。

在亲社会行为方面，政府可以增加志愿服务项目，为居民提供从事亲社会行为的机会。在一般自我效能感方面，政府应呼吁企业为工作人员创设鼓励和支持的环境。

（六）关注年轻人心理健康

本次研究发现30岁及以下年龄段的居民心理健康状况更差，正向情绪更少，心理症状与负向情绪更多。他们心理健康状况差，可能是因为他们面临巨大的压力，例如买房压力、工作压力、家庭压力和学业压力等，而且缺少抵抗压力的心理资源和社会支持。社会上不断有年轻人自杀的新闻传来，不断为我们敲响警钟——关注年轻人的心理健康问题。在年轻人成长的过程中，学校应当加强挫折教育和情绪调节教育等，提升年轻人的抗压能力。年轻人自身也应当不断提升抗打击能力。政府以及社会应当为年轻人营造一个更轻松的工作环境，以及增加就业岗位等。

B.14
北京市居民手机成瘾现状调查

李佩玲　于凯丽　徐奥铭*

摘　要：　本研究旨在了解当前北京市居民的手机成瘾程度以及北京
市居民手机成瘾的影响因素，采用手机成瘾量表对1756名
北京市常住居民进行问卷调查，通过独立样本 t 检验和单
因素方差分析等统计方法进行数据检验。研究结果发现：
（1）北京市居民手机成瘾总体上处于中等偏下水平，戒断
行为、突显行为、社交安抚、消极影响和 App 更新处于中
等偏下水平，App 使用处于中等偏上水平。（2）北京市居
民的手机成瘾水平受年龄、婚姻状况、受教育程度、户籍
所在地、月收入水平以及主观社会阶层等人口学变量的
影响。

关键词：　北京市居民　手机成瘾　智能手机

一　调查背景

手机已经成为人们生活中不可或缺的一部分。手机可以帮助人们开展线
上交流、购物、娱乐和学习等多种活动，给生活带来了极大的便利。但值得

---

* 李佩玲，中国地质大学心理咨询中心副教授，主要研究方向为大学生心理健康教育；于凯
丽，北京林业大学人文社会科学学院在读硕士；徐奥铭，北京林业大学人文社会科学学院在
读硕士。

注意的是，越来越多的人变得难以摆脱手机，甚至出现了手机成瘾现象①。手机成瘾是指个体由于对智能手机的过度使用且对该种行为无法控制而导致其社会功能受损并带来心理和行为问题的一种新型的行为成瘾②。根据国际调研机构 eMarketer 的报告，2018 年中国成年人平均每天在手机和平板电脑等电子产品上花费 2 小时 39 分钟，比 2017 年增长 11%③。也有研究显示，中国大学生中约有 21.3% 的人存在手机成瘾问题④，也就是说每 100 个大学生中就有大约 21 个学生面临手机成瘾的问题。

世卫组织警示，人们用手机进行社交活动、网购活动和游戏等都会上瘾，过度使用电子产品将严重危害中国人的身心健康：出现手指抽筋、手指关节僵硬、颈椎问题、腰椎问题和视力下降等身体问题，还会引起精神过度紧张、人际交往障碍等心理问题。最终导致个体的学习和工作效率下降。

如上所述，手机成瘾问题不容忽视。此研究将调查北京市居民的手机成瘾程度，探讨手机成瘾的影响因素，以期为卫生行政部门提出更多有效政策建议，为临床干预提供参考，提高整体医疗卫生水平。

二　研究方法

（一）研究对象

此次调查采用 Credamo 网络平台和问卷星等网络在线调查和面对面问卷调查的方法。

① Mahapatra, S. , "Smartphone Addiction and Associated Consequences: Role of Loneliness and Self-Regulation". *Behaviour & Information Technology*, (2019): pp. 1 – 12.
② 刘勤学、杨燕、林悦、余思、周宗奎：《智能手机成瘾：概念、测量及影响因素》，《中国临床心理学杂志》2017 年第 1 期，第 82 ~ 87 页。
③ 丁海琼：《中国家庭的数字反哺：概况、影响因素及效果研究》，深圳大学硕士学位论文，2019。
④ Long, J. , Liu, T. Q. , Liao, Y. H. , et al. , " Prevalence and Correlates of Problematic Smartphone Use in a Large Random Sample of Chinese Undergraduates". *Bmc Psychiatry*16 (2016): p. 408.

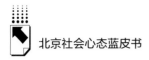

调查对象为北京市 16 个区 18～70 岁的常住居民。剔除无效问卷后，最终收集有效问卷 1756 份，被试分布见表 1。

表 1　被调查者基本信息

单位：人，%

人口学变量	类别	人数	百分比
性别	男	868	49.43
	女	888	50.57
年龄	20 岁及以下	64	3.64
	21～30 岁	302	17.20
	31～40 岁	323	18.39
	41～50 岁	324	18.45
	51 岁及以上	743	42.31
婚姻状况	未婚	286	16.29
	已婚	1419	80.81
	同居	12	0.68
	离婚	26	1.48
	丧偶	13	0.74
户籍所在地	北京城市	895	50.97
	北京农村	221	12.59
	外地城市	474	26.99
	外地农村	166	9.45
月收入	无收入	74	4.21
	2000 元及以下	152	8.66
	2001～8847 元	858	48.86
	8848～15000 元	468	26.65
	15001～20000 元	137	7.80
	20001～40000 元	51	2.90
	40001 元及以上	16	0.91
主观社会阶层	上层	135	7.69
	中层	883	50.28
	中下层	654	37.24
	最下层	84	4.78
受教育程度	初中及以下	123	7.00
	中职或职高	217	12.36
	高中	221	12.59
	大专	318	18.11
	本科	763	43.45
	硕士或博士	114	6.49

（二）研究工具

1. 基本人口统计学变量

基本人口统计学变量包括性别、年龄、婚姻状况、受教育程度、户籍所在地和主观经济阶层等。

2. 手机成瘾量表①

该量表由苏双等人编制，共22个项目，包括戒断行为（条目7、11、13、14、15、19、21）、突显行为（条目1、2、4）、社交安抚（条目5、6、16）、消极影响（条目3、9、10、17）、App 使用（条目8、18、22）和 App 更新（条目12、20）六个维度。采用5点计分，从"非常不符合"到"非常符合"分别记 $1 \sim 5$ 分；各项目的原始分相加即总分，总分越高则个体的手机成瘾程度越高。该量表具有良好的效度和信度，本研究中 Cronbach's alpha 系数为0.95。戒断行为指不能使用手机时心理或行为上的负面反应，突显行为指智能手机的使用占据了思维和行为活动的中心，社交安抚指智能手机在个体社交活动中所起的作用，消极影响指智能手机的过度使用造成工作和学习效率下降，App 使用指过度使用智能手机应用程序，App 更新指智能手机使用者对应用程序更新的过度关注。

（三）统计方法

本报告采用SPSS22.0进行描述统计分析、方差分析和相关分析等。

三 研究结果

（一）北京市居民手机成瘾现状

本研究发现，北京市居民手机成瘾总均分为 2.88，理论中值为 3 分，

---

① 苏双、潘婷婷、刘勤学、陈潇雯、王宇静、李明月：《大学生智能手机成瘾量表的初步编制》，《中国心理卫生杂志》2014 年第 5 期，第 392 ~ 397 页。

由此可知北京市居民手机成瘾程度整体处于中等偏下水平。戒断行为均分为2.96，理论中值为3分，由此可知北京市居民戒断行为处于中等偏下水平，即不能使用手机时，出现的负面反应不太明显。突显行为均分为2.90，理论中值为3分，由此可知北京市居民突显行为处于中等偏下水平，即智能手机并未占据全部的思维和行为活动中心。社交安抚均分为2.47，理论中值为3分，由此可知北京市居民社交安抚处于中等偏下水平，即智能手机在居民社交活动中所起的作用不太重要。消极影响均分为2.88，理论中值为3分，由此可知北京市居民消极影响处于中等偏下水平，即使用智能手机所带来的工作或学习效率下降不太明显。App使用均分为3.24，理论中值为3分，由此可知北京市居民App使用处于中等偏上水平，即居民对手机应用程序的使用频率过高。App更新均分为2.65，理论中值为3分，由此可知北京市居民App更新处于中等偏下的水平，即居民并未过度关注手机应用程序的更新（见表2）。

表2 手机成瘾及其各维度的平均值与标准差

单位：分

项目	平均值	标准差
手机成瘾	2.88	0.80
戒断行为	2.96	0.93
突显行为	2.90	1.03
社交安抚	2.47	0.91
消极影响	2.88	1.00
App使用	3.24	0.96
App更新	2.65	1.06

（二）不同人口学变量对北京市居民手机成瘾程度的影响

不同人口学变量，例如性别、年龄、婚姻状况等，可能影响北京市居民的手机成瘾水平。因此，采用独立样本t检验和方差分析做进一步检验，根据结果提出缓解手机成瘾的针对性建议。

1. 不同性别北京市居民的手机成瘾水平无显著差异

本研究通过独立样本 t 检验考察性别是否会影响北京市居民的手机成瘾水平。结果发现，男性与女性在手机成瘾总分、戒断行为、突显行为、社交安抚、消极影响、App 使用和 App 更新维度上均无显著差异，即不同性别的北京市居民手机成瘾水平不存在显著差异（见图 1）。

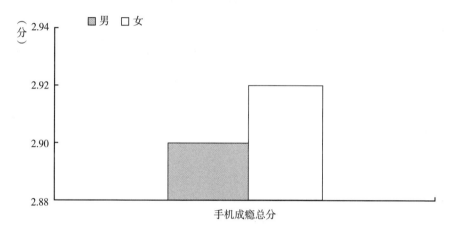

图 1　不同性别居民手机成瘾的总分

2. 总体上，年龄越小，手机成瘾程度越严重，其中30岁及以下北京市居民的手机成瘾情况最为严重

不同年龄段的居民成长环境不同，学习与工作环境不同，对手机的认识和使用情况也不同。因此，采用单因素方差分析检验不同年龄段北京市居民的手机成瘾水平是否存在显著差异。结果显示：不同年龄段的居民在手机成瘾总分上差异显著（$F = 15.07$，$p < 0.001$）。事后比较分析显示，30 岁及以下居民手机成瘾的总分显著高于 31～40 岁的居民，而 31～40 岁居民手机成瘾的总分显著高于 40 岁以上的居民，即 30 岁及以下年龄段的居民手机成瘾情况最为严重（见图 2）。

不同年龄段的居民在戒断行为上差异显著（$F = 11.42$，$p < 0.001$）。事后比较分析显示，40 岁及以下年龄段的居民戒断行为更多，当不能使用手机时，40 岁及以下的居民会有更多的负面反应。

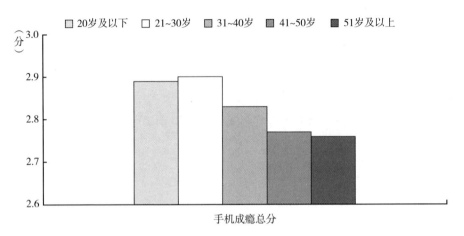

图 2　不同年龄段居民手机成瘾的总分

不同年龄段的居民在突显行为上差异显著（$F = 6.85$，$p < 0.001$）。事后比较分析显示，40 岁及以下年龄段的居民突显行为更多，手机占据了他们更多的思维和行为活动中心。

不同年龄段的居民在社交安抚上差异显著（$F = 8.24$，$p < 0.001$）。事后比较分析显示，30 岁及以下年龄段的居民社交安抚更多，手机在 30 岁及以下年龄段居民的社交活动中所起的作用较大。

不同年龄段的居民在消极影响上差异显著（$F = 11.11$，$p < 0.001$）。事后比较分析显示，30 岁及以下年龄段居民因过度使用手机造成工作、学习效率下降的情况更严重。

不同年龄段的居民在 App 使用上差异显著（$F = 10.80$，$p < 0.001$）。事后比较分析显示，40 岁及以下年龄段的居民使用手机应用程序更频繁。

不同年龄段的居民在 App 更新上差异显著（$F = 6.05$，$p < 0.001$），事后比较分析显示，21 ~ 40 岁年龄段的居民对手机应用程序更新的关注更多。

总体上，年龄越小，手机成瘾程度越高。其中，30 岁以下北京市居民的手机成瘾情况最为严重。同《北京社会心态分析报告（2019 ~ 2020）》手机成瘾的研究结果一致，手机成瘾呈现年轻化趋势。

3. 北京市已婚居民的手机成瘾程度比其他婚姻状况居民更低

婚姻状况不同，居民经历的孤独和获得的支持也是不同的，而孤独和缺少社会支持是手机成瘾的影响因素①。本研究通过单因素方差分析检验北京市居民的手机成瘾在不同婚姻状况下是否存在显著差异（见图3）。结果显示，不同婚姻状况的居民在手机成瘾总分上差异显著（$F = 6.56$，$p < 0.001$），事后比较分析显示，已婚的居民手机成瘾程度较低。

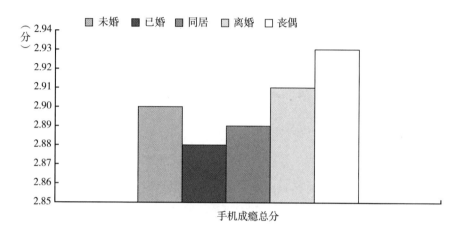

图3　不同婚姻状况居民的手机成瘾总分

不同婚姻状况的居民在戒断行为上差异显著（$F = 4.74$，$p = 0.001$）。事后比较分析显示，已婚的居民戒断行为更少，当不能使用手机时，已婚的居民负面反应更少。

不同婚姻状况的居民在突显行为上差异显著（$F = 5.23$，$p < 0.001$）。事后比较分析显示，已婚的居民突显行为更少，手机更少占据已婚居民思维和行为活动的中心。

不同婚姻状况的居民在社交安抚上差异显著（$F = 4.57$，$p = 0.001$）。事后比较分析显示，已婚的居民社交安抚更少，手机在已婚居民的社交活动中所起的作用较小。

不同婚姻状况的居民在消极影响上差异显著（$F = 12.02$，$p < 0.001$）。

---

① 张亚利、李森、俞国良：《孤独感和手机成瘾的关系：一项元分析》，《心理科学进展》2020年第11期，第1836～1852页。

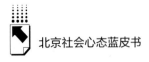

事后比较分析显示，已婚居民较少因为使用手机造成工作和学习效率下降。

不同婚姻状况的居民在 App 使用上差异显著（$F = 7.50$, $p < 0.001$），事后比较分析显示，已婚的居民更少使用手机应用程序。

不同婚姻程度的居民在 App 更新上差异不显著（$F = 0.56$, $p = 0.690$）。

未婚居民同已婚居民相比，获得的社会支持更少，体验更多的孤独，通过手机消遣时间，这可能是未婚居民手机成瘾比已婚居民严重的原因。

（三）不同社会经济地位特征北京市居民手机成瘾程度

本研究结合月收入、受教育程度等因素衡量个体的社会经济地位[1]。前人研究显示，社会经济地位会影响手机成瘾[2]。因此，有必要通过统计分析方法检验社会经济学特征对北京市居民手机成瘾的影响。

1. 主观社会阶层为下层的居民在手机成瘾总体及其各维度上都比上层和中层的居民严重

主观社会阶层是指个体认为自己在社会中所处的位置。主观社会阶层在一定程度上能够反映个体的社会经济地位。本研究通过单因素方差检验来判断不同主观社会阶层北京市居民的手机成瘾状况是否存在显著差异。由于最上层和中上层的人数较少，且阶层相近，因此合并为上层。在手机成瘾总分、戒断行为、突显行为、社交安抚、消极影响、App 使用和 App 更新上进行不同主观社会阶层的方差分析，结果如图 4 所示。

不同主观社会阶层的居民在手机成瘾总分上差异显著（$F = 14.64$, $p < 0.001$）。事后比较分析显示，主观社会阶层为中下层和最下层的居民手机成瘾总体情况更严重。

不同主观社会阶层的居民在戒断行为上差异显著（$F = 13.47$, $p < $

---

① Jetta, C., " National Center for Educational Statistics". *Reference Reviews* 21 (2007): pp. 19 – 20.

② 王东方、江雯、陈春平、刘双金、高鹏程、刘剑群、杨新华：《大学生主观家庭经济地位人际适应家庭功能与手机成瘾的关系》，《中国学校卫生》2019 年第 9 期，第 1425 ~ 1427 页。

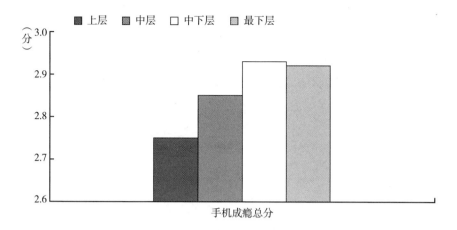

图4　不同主观社会阶层居民的手机成瘾总分

0.001）。事后比较分析显示，主观社会阶层为中下层和最下层的居民戒断行为更多，当不能使用手机时，负面反应更多。

不同主观社会阶层的居民在突显行为上差异显著（$F = 11.52$, $p < 0.001$）。事后比较分析显示，主观社会阶层为中下层和最下层的居民突显行为更多，手机更多占据他们思维和行为活动的中心。

不同主观社会阶层的居民在社交安抚上差异显著（$F = 13.80$, $p = 0.004$）。事后比较分析显示，主观社会阶层为中下层和最下层的居民社交安抚更多，手机在他们的社交活动中所起的作用较大。

不同主观社会阶层的居民在消极影响上差异显著（$F = 12.62$, $p < 0.001$）。事后比较分析显示，主观社会阶层为中下层和最下层的居民因过度使用手机导致工作和学习效率下降更多。

不同主观社会阶层的居民在 App 使用上差异显著（$F = 12.17$, $p = 0.005$）。事后比较分析显示，主观社会阶层为中下层和最下层的居民使用手机应用程序更多。

不同主观社会阶层的居民在 App 更新上差异显著（$F = 13.46$, $p = 0.012$）。事后比较分析显示，主观社会阶层为中下层和最下层的居民关注手机应用程序的更新更多。

通过上述分析可知，总体上，主观社会阶层为下层居民的手机成瘾情况较严重，在戒断行为、突显行为、社交安抚、消极影响、App 使用和 App 更新方面比主观社会阶层为上层和中层的居民更加明显。可能是因为他们的生活压力大，但经济条件又限制了他们消解压力的方式。而手机应用程序种类繁多、新鲜有趣，进一步增强了成瘾性，使得主观社会阶层为中下层和最下层的居民逐渐上瘾。因此，我们应重点关注主观社会阶层为中下层和最下层居民的手机成瘾问题。

2. 无收入和2000元及以下的居民因过度使用手机造成工作和学习效率下降的程度更高，月收入在15000~20000元的居民手机成瘾程度较低

个体的月收入作为社会经济地位的指标之一，也可能影响北京市居民的手机成瘾水平。因此，本研究通过单因素方差分析来判断不同月收入的北京市居民在手机成瘾方面差异是否显著（见图5）。

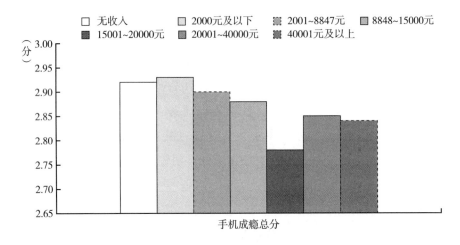

图5　不同月收入居民的手机成瘾总分

结果发现，不同月收入的居民在手机成瘾总分上差异显著（$F = 3.48$，$p = 0.003$）。事后比较分析显示，月收入在 15001~20000 元的居民手机成瘾程度较低。

不同月收入的居民在戒断行为上差异显著（$F = 3.42$，$p = 0.002$）。事后

比较分析显示，月收入在 15001 ~ 20000 元的居民戒断行为更少，当不能使用手机时，居民负面反应更少。

不同月收入的居民在突显行为上差异显著（$F = 3.55$, $p = 0.002$）。事后比较分析显示，月收入在 15001 ~ 20000 元的居民突显行为更少，手机更少占据他们思维和行为活动的中心。

不同月收入的居民在社交安抚上差异显著（$F = 3.36$, $p = 0.003$）。事后比较分析显示，月收入在 40000 元以上的居民社交安抚更少，手机在他们的社交活动中所起的作用较小。

不同月收入的居民在消极影响上差异显著（$F = 7.38$, $p < 0.001$）。事后比较分析显示，无收入和 2000 元及以下的居民因过度使用手机造成工作和学习效率下降更多。

不同月收入的居民在 App 使用上差异显著（$F = 2.91$, $p = 0.010$）。事后比较分析显示，月收入在 15001 ~ 20000 元的居民更少使用手机应用程序。

不同月收入的居民在 App 更新上差异显著（$F = 3.71$, $p = 0.001$）。事后比较分析显示，月收入在 15001 ~ 20000 元的居民更少关注手机应用程序的更新。

通过上述分析可知，月收入在 15001 ~ 20000 元的居民手机成瘾总体情况更好，戒断行为更少，当不能使用手机时，他们的负面反应更少，突显行为更少，手机更少占据他们思维和行为活动的中心，更少使用手机应用程序，更少关注手机应用程序的更新。月收入在 40000 以上的居民社交安抚更少，手机在他们的社交活动中所起的作用较小。无收入和 2000 元及以下的居民因过度使用手机造成更多的工作和学习效率下降。研究发现，手机成瘾水平和月收入水平有关。此次研究结果和《北京社会心态蓝皮书（2019 ~ 2020）》中关于北京市居民手机成瘾的研究结果基本一致。

3. 受教育程度越低，在手机成瘾总分及戒断行为、突显行为、社交安抚、消极影响、App 使用和 App 更新得分上越高

受教育程度作为社会经济地位的一项指标，也可以反映社会经济地位和

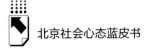
手机成瘾的关系。本研究通过单因素方差分析判断不同受教育程度北京市居民手机成瘾程度是否存在显著差异，结果见图6。

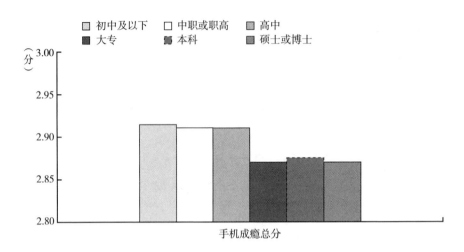

图6 不同受教育程度居民手机成瘾总分

结果发现，不同受教育程度居民在手机成瘾总分上差异显著（$F = 9.276$，$p < 0.001$）。事后比较分析显示，受教育程度为初中及以下、中职或职高和高中的居民手机成瘾总分显著高于受教育程度为大专、本科和硕士或博士的居民得分，即受教育程度为初中及以下、中职或职高和高中的居民手机成瘾状况总体上更严重。

不同受教育程度居民在戒断行为上差异显著（$F = 7.86$，$p < 0.001$）。事后比较分析显示，受教育程度为初中及以下、中职或职高和高中的居民戒断行为更多，当不能使用手机时，负面反应更多。

不同受教育程度居民在突显行为上差异显著（$F = 5.18$，$p < 0.001$）。事后比较分析显示，教育程度为初中及以下、中职或职高和高中的居民突显行为更多，手机更多占据他们思维和行为活动的中心。

不同受教育程度居民在社交安抚上差异显著（$F = 6.84$，$p < 0.001$）。事后比较分析显示，受教育程度为初中及以下、中职或职高和高中的居民社交安抚更多，手机在他们的社交活动中所起的作用更大。

不同受教育程度居民在消极影响上差异显著（$F = 10.15$，$p < 0.001$）。事后比较分析显示，受教育程度为初中及以下、中职或职高和高中的居民因过度使用手机，工作和学习效率下降更多。

不同受教育程度居民在 App 使用上差异显著（$F = 8.94$，$p < 0.001$）。事后比较分析显示，受教育程度为初中及以下、中职或职高和高中的居民使用手机应用程序更多。

不同受教育程度居民在 App 更新上差异显著（$F = 5.92$，$p < 0.001$）。事后比较分析显示，受教育程度为初中及以下、中职或职高和高中的居民关注手机应用程序的更新更多。

通过上述分析可知，受教育程度会影响北京市居民的手机成瘾程度，其中受教育程度为初中及以下、中职或职高和高中的居民手机成瘾情况最为严重，当不能使用手机时，负面反应更多，手机更多占据他们思维和行为活动的中心，手机在他们的社交活动中所起的作用更大，因过度使用手机，工作和学习效率下降更多，使用手机应用程序更多，关注手机应用程序的更新更多。此次研究结果与《北京社会心态分析报告（2019～2020）》的手机成瘾研究结果基本一致，说明了受教育程度对北京市居民的手机成瘾的影响较为稳定。

4. 户籍所在地为北京农村和外地农村的居民，手机成瘾总体更严重

本研究中将户籍所在地这一社会经济地位特征分为四个水平，即北京城市、北京农村、外地城市和外地农村。本研究通过单因素方差分析判断不同户籍所在地的居民手机成瘾程度是否存在差异，见图7。

结果发现，不同户籍所在地的居民在手机成瘾总分上差异显著（$F = 9.73$，$p < 0.001$）。事后比较分析显示，北京城市和外地城市居民手机成瘾总体情况更好。

不同户籍所在地的居民在戒断行为上差异显著（$F = 8.94$，$p < 0.001$）。事后比较分析显示，外地农村的居民戒断行为最多，当不能使用手机时，他们的负面反应更多。

不同户籍所在地的居民在突显行为上差异显著（$F = 11.03$，$p < 0.001$）。

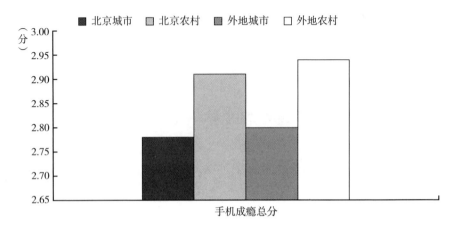

图7　不同户籍所在地居民的手机成瘾及其各维度得分

事后比较分析显示，外地农村和北京农村的居民突显行为更多，手机更多占据他们思维和行为活动的中心。

不同户籍所在地的居民在社交安抚上差异显著（$F = 7.08$，$p < 0.001$）。事后比较分析显示，外地农村和北京农村的居民社交安抚更多，手机在农村居民的社交活动中所起的作用更大。

不同户籍所在地的居民在消极影响上差异显著（$F = 7.38$，$p < 0.001$）。事后比较分析显示，农村居民因过度使用手机造成更多的工作和学习效率下降。

不同户籍所在地的居民在 App 使用上差异显著（$F = 3.56$，$p = 0.014$）。事后比较分析显示，外地农村和北京农村居民更多使用手机应用程序。

不同户籍所在地的居民在 App 更新上差异显著（$F = 4.13$，$p = 0.007$）。事后比较分析显示，外地农村和北京居民更多关注手机应用程序的更新。

通过上述分析，我们可以发现户籍所在地为北京农村和外地农村的居民，手机成瘾情况更严重。这一结果与《北京社会心态分析报告（2019～2020)》中关于北京市居民手机成瘾的研究结果基本一致，农村居民手机成瘾水平较严重，应得到足够的重视。

四　对策与建议

根据研究结果，并结合国情，我们提出改善北京市居民手机成瘾情况的建议。

（一）加强宣传教育，普及手机成瘾的相关知识

喜欢用智能手机和手机成瘾是两个概念，在手机、iPad 等移动设备日益普及下，正常的使用在所难免。北京安定医院精神科郑毅主任制定了手机依赖的具体诊断标准：一是对手机的滥用，不该用的时候也频繁使用；二是手机过多地影响生活、工作和学习等日常功能；三是手机关机或不在身边时，表现出一系列消极的心理和生理反应[1]。

居民自身应当多学习有关手机成瘾的知识，预防和及早干预手机成瘾。政府方面可利用北京市的社会心理服务站点加强手机成瘾相关知识的宣传。

（二）监管手机应用程序开发商

在关注手机成瘾时，我们往往倾向于责备手机使用者，却忽视了一个重要的现实：手机界面设计的初衷便是让人上瘾，一大群专业人士和设计师的术业之专攻、工作之目的、利益之来源，便是用户对他们产品的沉迷和投入。正如"脸书"的首任 CEO 肖恩·帕克所说，他们开发应用时，所内置的思维就是我们如何做，才能最大限度地消耗你们的时间和注意力。因此手机开发商应该承担一定的社会责任，并适度降低应用程序的成瘾性。例如，针对容易手机成瘾的青年和少年，应开发预防上瘾的设置。许多科技公司声称为防止青少年手机成瘾，设置了"青少年模式"，然而"青少年模式"全

---

[1]　胡珊珊：《大学生控制源、社交焦虑与手机成瘾倾向的关系研究》，北京理工大学硕士学位论文，2015。

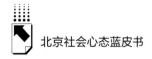

由用户自主选择，并没有强制措施。在没有监护的情况下，未成年人完全可以选择不进入。

政府方面需提高对于设计道德和科技伦理的监管。中宣部等联合发布《关于严格规范网络游戏市场管理的意见》，以开展针对网络游戏违法违规行为和不良内容的集中专项行动。但是仍然缺少监管科技公司和防止手机成瘾的规定或政策。值得注意的是，成瘾和趣味是相关的，彻底杜绝成瘾性，这样的应用程序能否给我们枯燥的生活带来趣味性也值得思考。

（三）关注特殊群体手机成瘾问题

重点关注年轻人、低收入人群、离婚人群、低学历人群和农村居民的手机成瘾问题。首先，应当大力发展经济，增加就业岗位，解决年轻人就业难、收入低的问题。其次，应提供培训，提高低学历居民的专业技能。最后，应大力发展文娱行业，提供更丰富、多样化的休闲娱乐方式。

（四）干预和预防青少年手机成瘾

此次研究发现了手机成瘾的年轻化特点，支持了预防青少年手机成瘾的呼声。青少年沉迷于网络可能是因为无法正常应对现实生活的问题或压力，也有可能是因为他们在家庭中得不到足够的陪伴，只能在网络中获取温暖。一旦禁止使用，他们就会出现"手机中毒综合征"，变得焦躁不安、情绪低落、郁郁寡欢。甚至手机没电都会造成他们的不安和焦虑。因此，预防和干预青少年的手机成瘾非常重要。

对于父母而言，作为孩子最亲近的人，应该多陪伴孩子，多和孩子交流，关心他们的生活、烦恼，倾听孩子心声，帮助孩子疏解不良情绪。对于互联网企业，必须把青少年的保护放在最高优先级，设置"防沉迷"系统。对于政府，应制定相关政策，用于监督互联网企业是否真的做到了"将青少年的保护放在最高优先级"。

（五）预防老年人手机成瘾

国家和地区进入老龄化的国际标准是 65 岁以上人口占总人口的比重达到 7%，目前中国的老年人口已达到这一比重。2019 年我国 65 周岁及以上人口达 17603 万人，占总人口的 12.6%。根据中国老龄协会 2019 年编印的《奋进中的中国老龄事业》，2035 年前后，中国老年人口占总人口的比例将超过 1/4，2050 年前后将超过 1/3，人口老龄化程度持续加深[①]。

智能手机作为信息时代的产物，逐渐进入老年人的世界。根据腾讯发布的《老年用户移动互联网报告》，2018 年国内老年网民数量占老年人口总数的 20%，高达 8028 万。随之而来的是老年人的手机使用问题。QuestMobile 发布的《2019 银发人群洞察报告》显示，截止到 2018 年 12 月，银发人群（年龄超过 50 岁的人群）移动互联网月人均使用时长超过 118 个小时。也就是说，"网瘾老年"们平均每天玩手机将近 4 个小时。

因此，应该关注老年人的手机使用情况，引导老人正确辨别手机各类资讯的真伪，告知老年人过度玩手机的危害，同时多关注老年人的情感、生活，帮助老年人培养兴趣爱好，丰富老年人的生活。

---

① 王飞、王彩杰、杨绍清：《老年人智能机使用、成瘾现状及认知功能研究》，《现代交际》2020 年第 10 期，第 38～40 页。

社会心理服务篇
Social Psychological Service

B.15
北京市社会心理服务供给现状调查

杨智辉　杨靖渊*

摘　要：　本研究对北京市常住居民进行问卷调查，了解了北京市社会
　　　　　心理服务供给现状，并将其与2019年北京市社会心理供给服
　　　　　务状况以及国内其他地区的社会心理服务建设现状进行比较
　　　　　和分析。研究主要发现：（1）社会心理服务站覆盖率较2019
　　　　　年有所增加，且设施齐全、服务形式及内容多样，工作人员
　　　　　的专业程度可满足大多数居民的需求，但仍有提高的空间。
　　　　　（2）相较于2019年，2020年北京市社会心理服务站的数量、
　　　　　规模、服务频率均呈上升趋势，其专业设施与服务形式更多
　　　　　样化。（3）相较于国内其他试点的社会心理服务体系建设现
　　　　　状，北京市社会心理服务体系建设的理念更为先进，各社会

---

* 杨智辉，博士，北京林业大学人文社会科学学院教授，博士生导师，主要研究方向为心理咨
询与治疗、生态环境与个体发展；杨靖渊，北京林业大学人文社会科学学院在读硕士。

心理服务站的服务内容更多元化。（4）相较于所在社区没有社会心理服务站的居民，可以享受到社会心理服务的居民心理健康水平相对较高。

关键词： 社会心理服务体系　社会心理服务供给　社会治理观

一　前言

党的十九大报告提出要"加强社会心理服务体系建设"。这一政策推动各级政府及相关部门积极探索本地区的社会心理服务体系建设工作。建设社会心理服务体系，首先应明确"社会心理服务"的内涵，目前学术界对社会心理服务的内涵有多种不同的观点。

（一）"社会心理服务"的含义

有学者认为社会心理服务是个体心理健康服务的整合与延续，其目的为通过心理健康服务提升个体的心理健康水平，进而促进社会稳定[1]；有的学者则着眼于社会治理，提出社会心理服务并不仅仅是个体心理健康服务的拓展，更应成为社会治理的方式[2]；还有学者认为上述的"心理健康服务观"与"社会治理观"并不冲突，社会心理服务在社会治理的范畴之内，社会心理服务可以为社会治理提供有效补充，良好的社会治理可以促进心理健康建设[3]。

---

[1]　陈雪峰：《用第三方评估促进社会心理服务体系建设》，《心理技术与应用》2018 年第 10 期，第 583～586 页。

[2]　辛自强：《社会心理服务体系建设的定位与思路》，《心理技术与应用》2018 年第 5 期，第 257～261 页。

[3]　王山：《社会心理服务的基层社会治理功能及其实现路径》，《安徽师范大学学报》（人文社会科学版）2020 年第 3 期，第 40～46 页。

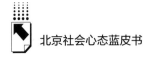
本研究立足于多重整合的视角①，认为社会心理服务体系建设既应为微观层面的个体心理健康服务，也应在宏观层面为引导社会心态和疏解社会情绪发挥作用，成为社会治理的重要组成部分。以社会心理服务体系的目标建设为例，其目标是促进人民幸福②，就个体层面而言，应积极提高居民的主观幸福感，但考虑到社会心理服务实践应然的情境性与高效性，社会心理服务体系还应将服务内容与组织范畴延伸到社会层面，关注宏观水平下社会成员的情绪体验、观念价值与意识规范，这样会最大化地发挥社会心理服务体系的价值。基于上述观点，下文将综合微观视角与宏观视角，就建设社会心理服务体系的必要性及北京市社会心理服务供给现状调查展开讨论。

（二）建设社会心理服务体系的必要性

首先，建设社会心理服务体系是新时代建立"共建共治共享"社会治理格局的必然要求。在"十三五"规划中，党明确提出创新社会治理，建设共建共治的社会治理格局。党的十九大在此基础上，创新性地添加了"共享"的社会治理理念。"共享"指共同享有治理成果。"共享"的社会治理格局与社会心理服务体系建立的联系主要为：有学者认为除享有经济成果、政治成果、生态成果、发展与科研成果外，还应确保人民享有精神文明成果等③，而完善社会心理服务体系有助于人民群众共享精神文明成果。因此，社会心理服务体系的建设极为重要。

其次，建设社会心理服务体系是实现由传统社会管理向现代社会治理转型的重要前提，目前社会治理转型面临诸多困难，而关键是解决"人"的

---

① 王俊秀：《多重整合的社会心理服务体系：政策逻辑、建构策略与基本内核》，《心理科学进展》2020 年第 1 期，第 55～61 页。

② 王俊秀：《OECD 的幸福指数及对我国的借鉴意义》，《民主与科学》2011 年第 6 期，第 69～71 页。

③ 张广利、濮敏雅：《新时代"共建共治共享"社会治理格局的内涵解析及构建途径》，《人民论坛·学术前沿》2020 年第 7 期，第 108～111 页。

问题①。关于"人"的问题主要包含两个方面：其一，提高个体参与社会治理的主动性。受历史与现实原因的影响，个体并未做好参与社会治理与建设的心理准备，他们存在归属感较低、公共事务参与意愿偏低等问题。其二，促进个体自身和谐、形成与他人的良性互动，参与现代社会治理的主体应具有良好的心理品质、稳定的人格状态与较强的情绪稳定性，优化个体的心理状态与品质对推进现代化社会治理有积极作用。因此，在稳定情绪、培养心态等方面具有促进作用的社会心理服务体系就成为现代社会治理中不可或缺的一环。

再次，建设社会心理服务体系是基层社会治理主体化的迫切需要。近年来，由心理问题引发的社会问题数量呈上升趋势，作为地方政府基层社会治理的补充，社会心理服务可以专业而有效地补充地方政府治理工作，进而促进社会的和谐与稳定。

最后，建设社会心理服务体系是培养理性平和、积极向上社会心态的题中应有之义。在 2020 年初的新型冠状病毒肺炎疫情期间，出现了社会层面理性缺失的问题。如在疫情突发的初始阶段，中老年人不顾劝阻，依旧如常进行聚众活动；部分人员擅自封路，破坏交通设施；部分人员侵犯个人隐私，曝光有湖北旅居史人员的行踪、家庭住址和联系方式等信息，这些都与"理性平和，积极向上"的社会心态相悖，因此如何促进社会理性，进而培养积极向上的社会心态就成为一大议题。有学者认为社会理性的达成可以从两方面入手：其一，通过助推、促进等方式调整个体的认知，增进"个体"的集体理性和社会理性；其二，创设集体理性和社会理性的涌现机制②，这就为社会心理服务体系的建设提出了要求。

本文将基于上述理论与现实之必要性，探究北京市社会心理服务供给现状及社会心理服务体系的建设与居民心理健康间的关系。

---

① 辛自强：《社会治理中的心理学问题》，《心理科学进展》2018 年第 1 期，第 1～13 页。
② 辛自强：《理性的达成：社会治理心理学的思考》，《中州学刊》2020 年第 3 期，第 7～13 页。

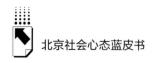
二 北京市社会心理服务供给现状调查

（一）研究目的

基于理论研究的必要性及回应现实的迫切性，本研究通过对北京市社会心理服务供给的现状调查，探究北京市社会心理服务体系建设现状。具体而言，本调查主要：（1）查明北京市社会心理服务供给的总体特征；（2）查明相比于 2019 年，2020 年北京市的社会心理服务供给是否发生变化；（3）比较北京市与和国内其他地区的社会心理服务建设现状；（4）探究社会心理服务体系建设与居民心理健康间的关系。

（二）研究方法

1. 调查对象

本研究采取随机抽样法，以北京市 16 个区的 18 ~ 85 岁常住居民为调查对象。通过网络平台 Credamo、问卷星和面对面的方式发放问卷。共收集样本 1810 个，有效样本 1758 个，有效回收率为 97. 13%。样本基本信息见表 1。

表 1 调查样本的基本信息

单位：人，%

人口学变量	类别	人数	百分比
性别	男	869	49. 4
	女	889	50. 6
年龄	18 ~ 25 岁	259	14. 7
	26 ~ 35 岁	359	20. 4
	36 ~ 45 岁	282	16. 0
	46 ~ 85 岁	858	48. 9
婚姻状况	未婚	286	16. 3
	已婚	1421	80. 8
	同居	12	0. 7
	离异	26	1. 5
	丧偶	13	0. 7

续表

人口学变量	类别	人数	百分比
工作状态	正式工作	1236	70.3
	临时工作	105	6.0
	无业、失业或下岗	57	3.2
	离退休	228	13.0
	学生	132	7.5
月收入	无收入	74	4.2
	2000 元及以下	152	8.6
	2001～8847 元	860	48.9
	8848～15000 元	468	26.6
	15001～20000 元	137	7.8
	20001～40000 元	51	2.9
	40001 元及以上	16	0.9
政治面貌	共产党员	557	31.7
	共青团员	445	25.3
	民主党派	12	0.7
	群众	744	42.3
所在市辖区	昌平区	160	9.1
	朝阳区	165	9.4
	大兴区	170	9.7
	东城区	80	4.6
	房山区	78	4.4
	丰台区	159	9.0
	海淀区	160	9.1
	怀柔区	70	4.0
	门头沟区	70	4.0
	密云区	83	4.7
	平谷区	75	4.3
	石景山区	79	4.5
	顺义区	78	4.4
	通州区	165	9.4
	西城区	96	5.5
	延庆区	70	3.9

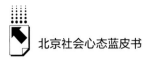

续表

人口学变量	类别	人数	百分比
信仰	中国特色社会主义	1224	69.6
	命运	41	2.3
	无信仰	365	20.8
	基督教	21	1.2
	佛教	86	4.9
	其他	21	1.2
文化程度	初中及以下	123	7.0
	中专或职高	217	12.3
	高中	221	12.6
	大专	319	18.1
	本科	764	43.5
	硕士及以上	114	6.5
职业	国企员工	325	18.5
	教师	103	5.9
	自由职业者	74	4.2
	机关干部或公务员	105	6.0
	服务业工作人员	134	7.6
	医务工作者	59	3.3
	外企职员	75	4.2
	私企职员	451	25.7
	其他	432	24.6
户籍所在地	北京城市	897	51.0
	北京农村	221	12.6
	外地城市	474	27.0
	外地农村	166	9.4
家庭所在地	城区	1365	77.6
	农村	198	11.3
	郊区	195	11.1
子女数	一个孩子	1127	64.1
	两个孩子	298	17.0
	三个及以上孩子	18	1.0
	未生育	315	17.9

续表

人口学变量	类别	人数	百分比
主观社会阶层	上层	135	7.7
	中层	883	50.2
	下层	740	42.1
民族	汉族	1699	96.7
	满族	21	1.2
	回族	9	0.5
	其他	29	1.6

2. 研究工具

调查问卷共包括三个部分：人口统计学信息、《社会心理服务供给调查量表》、心理健康量表。

人口统计学信息主要包括性别、年龄、民族、信仰、婚姻状况、文化程度、工作状态、职业、月收入、政治面貌、家庭所在地、户籍所在地、子女数以及所在区。

本调查采用自编的《社会心理服务供给调查量表》测量北京市社会心理服务供给现状，该量表共7个项目。

本研究采用自测健康评定量表中的自测心理健康评定子量表测量北京市居民的心理健康状况。该量表由许军等人编制，共15个项目，包括三个维度：正向情绪（条目1、2、3、4、5）、心理症状与负向情绪（条目6、7、8、9、10、11、12，全部反向计分，即心理症状与负向情绪越少，分数越高）和认知功能（条目13、14、15）。采用11点计分，从"非常差"到"非常好"分别记0~10分，各项目的原始分相加即总分，总分范围为0~150分，分数越高则表示个体心理健康状况越好。本研究中，该量表的Cronbach's alpha系数为0.90。

3. 研究结果

（1）北京市社会心理服务供给现状。

关于"北京市居民所在社区是否有社会心理服务站"一题的调查结果显示，79.0%的居民报告其所在社区有社会心理服务站，21.0%的居民报告

303

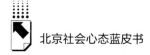

其所在社区没有社会心理服务站（见图1）。

通过数据分析可发现两个问题：其一，部分居民对于社会心理服务站的了解程度还有待提高，他们可能将社区的其他服务室也理解为社会心理服务站，如属于社区居委会的心理健康宣传部门、部分经常在社区举行相关活动的非政府组织（Non-Governmental Organizations）或社区书记及社区工作人员与居民谈心谈话的活动室等。从这一角度看，应加大社会心理服务站的宣传力度，发挥其更大的作用与价值。其二，部分社区存在社会心理服务站缺失的问题，就此应当提高社会心理服务站的覆盖率。

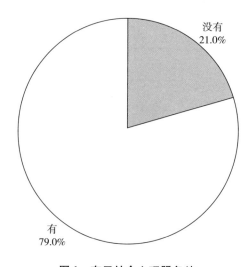

图1　有无社会心理服务站

关于"您参与社区心理服务站的相关活动或前往社区心理服务站寻求帮助的频率"一题的调查结果显示，0.9%的居民报告从不参与社区心理服务站的相关活动或前往社区心理服务站寻求帮助，6.5%的居民报告偶尔参与社区心理服务站的相关活动或前往社区心理服务站寻求帮助，16.6%的居民报告有时参与社区心理服务站的相关活动或前往社区心理服务站寻求帮助，40.4%的居民报告经常参与社区心理服务站的相关活动或前往社区心理服务站寻求帮助，16.9%的居民报告总是参与社区心理服务站的相关活动或前往社区心理服务站寻求帮助。

由上述数据可知，约60%的居民参与社区心理服务站的相关活动或前往社区心理服务站寻求帮助的频率较高，但仍有约40%的居民参与程度较低。除了加强宣传外，社会心理服务站还应主动向参与程度较低的居民提供服务，以促进其了解、丰富其体验，进而间接提高居民参与社区心理服务站的相关活动或前往社区心理服务站寻求帮助的频率及主动性。

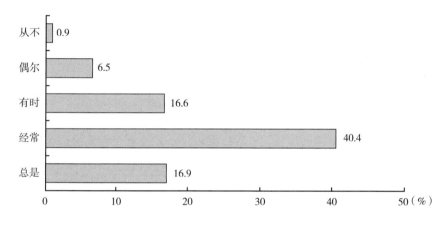

图2 关于参与活动、寻求帮助的频率

关于"所在社区心理服务站的工作人员专业程度"一题的调查结果显示，0.7%的居民认为其所在社区心理服务站的工作人员非常不专业，2.9%的居民认为其所在社区心理服务站的工作人员比较不专业，25.2%的居民认为其所在社区心理服务站的工作人员专业程度一般，55.9%的居民认为其所在社区心理服务站的工作人员比较专业，15.2%的居民认为其所在社区心理服务站的工作人员非常专业（见图3）。

这一结果表明，大部分居民对心理服务站内工作人员的专业程度较为满意，但仍有约30%的居民认为其专业程度无法满足自身需求，仍需提升从业人员的专业素养。

关于"所在社区心理服务站的专业设施有哪些"一题的调查结果显示，81.6%的居民报告其所在社区心理服务站有心理咨询室，40.2%的居民报告其所在社区心理服务站有心理测量工具，55.6%的居民报告其所在社区心理

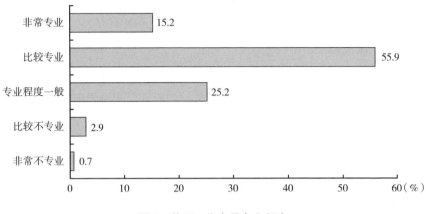

图3 关于工作人员专业程度

服务站有音乐治疗和放松仪器，34.4%的居民报告其所在社区心理服务站有
情绪发泄室，65.4%的居民报告其所在社区心理服务站有心理图书借阅室，
56.8%的居民报告其所在社区心理服务站有心理热线，41.6%的居民报告其
所在社区心理服务站有讲座教室与讲堂（见图4）。

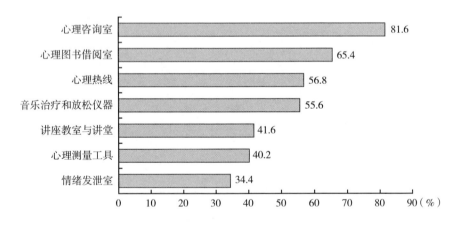

图4 关于所在社区心理服务站的专业设施

北京市委社会工委、市民政局制定的《2019年在全市街道社区开展社
会心理服务站点建设的工作方案》中提到，各个心理服务站"将开设个人
心理咨询区和团体心理服务区等，并设置沙盘治疗设备、音乐治疗椅、宣泄

墙、辅导工具包等。"根据政策要求,各站均应具备上述专业设施,但本调查结果显示并非如此,这可能是因为某些设施使用频率较低或并无必要存在,如情绪发泄室,也可能是因为居民对心理学专业设施了解不多,如心理测量工具。

关于"社区心理服务站开展的心理服务形式"一题的调查结果显示,70.0%的居民报告所在社区开展"心理疾病的预防、早期识别等相关知识"的教育指导,67.2%的居民报告所在社区开展"如何协调家庭关系、处理家庭矛盾"的心理讲座或相关活动,55.2%的居民报告所在社区开展"如何排解不良情绪、缓解工作或学习压力"相关知识宣教或讲座,54.6%的居民报告所在社区开展"针对弱势群体(无业人群、老年人、妇女等)心理讲座或辅导",46.2%的居民报告所在社区开展"针对儿童、青少年、家长的性教育与性科普",44.9%的居民报告所在社区开展"心理健康促进、健康生活和行为方式"等信息的宣教,35.5%的居民报告所在社区开展"社区心理咨询及转诊"服务,32.9%的居民报告所在社区开展"儿童青少年心理发展和学习、交往等社会适应技能"的教育指导,30.8%的居民报告所在社区开展"心理测验及心理疾病早期的筛查"服务,27.7%的居民报告所在社区开展"如何处理人际交往中出现的问题"的心理讲座或团体活动,15.0%的居民报告所在社区开展关于"亲子沟通方式"的指导(见图5)。

由上述结果可以看出,社区心理服务站开展疾病预防主题、协调家庭关系主题、缓解不良情绪及压力的相关活动较多,这可能与2020年初新型冠状肺炎疫情突发后采取居家隔离的强制措施,居民的情绪状态发生较大变化[①]、家庭成员之间矛盾频发有关。

关于"社区一般多久开展一次心理服务活动"一题的调查结果显示,15.8%的居民报告所在社区每周开展一次心理服务活动,21.9%的居民报告

---

① 奥登、王振杰、唐婧:《新冠肺炎疫情下北京市大学生的心理状况调查及人口学因素分析》,《人口与发展》2020年第5期,第122~128页。

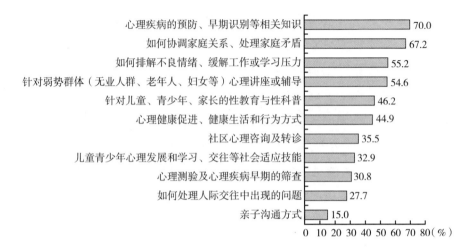

图5　社区心理服务站开展的心理服务形式

所在社区隔周开展一次心理服务活动，6.8%的居民报告所在社区三周开展
一次心理服务活动，21.9%的居民报告所在社区一个月开展一次心理服务活
动，2.9%的居民报告所在社区一年开展一次心理服务活动，29.5%的居民
报告所在社区开展心理服务活动的时间不固定（见图6）。

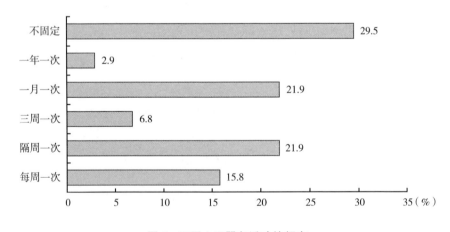

图6　开展心理服务活动的频率

　　由数据可得知，各个社区开展心理服务活动的频率不等，但各社会心理
服务站开展服务的频率可能与上述结果无法完全对应。造成这一结果的原因

可能有两个方面：首先，居民对"心理服务活动"的概念不清，可能将其他社会工作者举办的社区活动也囊括其中；其次，居民对社区活动的认识程度不高，主要表现为对社区活动频率的感知程度不一，例如可能存在某一社区举办活动的频率较高，但社区内居民参与其中的频率较低，居民就会认为社区举办活动较少。而这也从侧面反映出与社会心理服务相关活动的吸引力，吸引力越强，参与人数越多，个体感知到的活动举办频率就越高。

关于"对社区心理服务站有哪些改进建议"一题的调查结果显示，62.0%的居民希望能完善社区心理服务站的设施，51.5%的居民希望能扩大社区心理服务站的规模，64.9%的居民希望能增加社区心理服务站的专业人员数量，57.1%的居民希望能增加社区心理服务站的服务形式，50.8%的居民希望能增加社区心理服务站举办活动的频率（见图7）。通过后续访谈，研究人员了解到居民还有加强宣传、主动与居民联系等相关诉求。

这说明现存的社区心理服务站目前还无法较好地满足居民需求，还需要在硬件条件（如设施、规模）和软件服务（如专业人员、服务形式、活动数量）等方面继续改进。

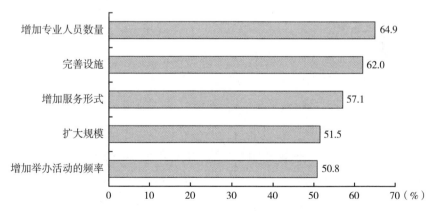

图7　对社会心理服务站的改进建议

（2）相较于2019年，2020年北京市社会心理服务供给现状变化。

相较于2019年的调查结果，2020年的调查结果显示：报告所在社区有

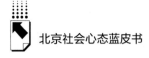

社会心理服务站的居民人数占比同比增长了 42.6%，这可能说明 2020 年建设社会心理服务站的力度有所增加，从规模和数量上来看取得的成效较为显著；但居民也可能将疫情期间的社会心理服务热线与社会心理服务站相混淆，因此社会心理服务站的实际增长率还有待查证，这也可以从侧面说明大多数居民对社会心理服务站的理解存在偏差，还需加强宣传，提高参与度。

值得注意的是，就社区心理服务站工作人员的专业程度而言，认为工作人员相对专业的居民占比同比增加了一倍多，认为工作人员不专业的居民占比同比下降了 33.3%。这可能有以下两方面原因：首先，新型冠状病毒肺炎疫情带给居民较大的心理冲击，但疫情突发初期，各社会组织与相关部门立即开展了较大力度的培训，因此工作人员凭其能力与知识储备足以进行与疫情相关的危机心理干预；其次，北京市在社会心理服务体系建设上，在注重扩大规模与增加数量的同时，重视提升质量与工作人员培训、提高相关从业人员的素质。

关于社会心理服务站的专业设施，报告有"心理热线"和"心理咨询室"的居民占比均同比增长了 1 倍多，报告有"心理图书借阅室"的居民占比增长了 88.7%。根据需求问卷调查结果，76.5% 的居民希望有免费心理咨询的服务，61.5% 的居民希望提供心理热线服务，因此从数据上来看，这一增长趋势符合居民对心理服务站的需求。

就社会心理服务站开展的服务形式来看，服务类别呈现多样化、丰富化、复杂化的趋势，且相较于 2019 年，社区心理服务站的服务形式变化较大。2019 年居民报告服务形式占前三位的分别为：儿童青少年心理发展和学习、交往等社会适应技能（50.2%），亲子沟通方式（47.3%），如何处理人际交往中出现的问题（43.7%）；2020 年的服务形式占前三位的分别为：心理疾病的预防、早期识别等相关知识（70.0%），如何协调家庭关系、处理家庭矛盾（67.2%），如何排解不良情绪、缓解工作或学习压力（55.2%）。

这一变化可以潜在说明社会心理服务站的工作取向逐渐由"心理服务观"转变为"社会治理观"，即工作重点从聚焦于解决个体心理健康问题转变为解决宏观层面的社会心态培养和社会情绪疏导问题，这样的转变可能是疫情下居民心态产生的变化所致，从社会治理的维度来看，这一转变是一大进步，且有较大的积极意义；但同时也应意识到，这一转变与大多数居民希望有一对一个体心理咨询服务的需求之间还存在差距，如何平衡两者的比重就成为应讨论的课题。

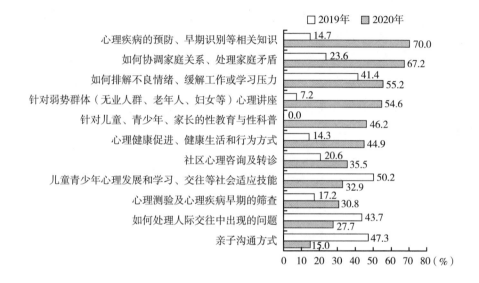

图8　2019年与2020年社会心理服务站开展的心理服务形式比较

通过对比2019年的数据发现，2020年社会心理服务站举办活动的频率显著增加，报告每周举办一次活动的人数占比同比增长71.9%，报告至少半个月举办一次活动的居民人数占比同比增长了60.3%，报告至少一个月举办一次活动的人数占比同比增长了51.0%。这一趋势可以看出社会心理服务站正在逐渐发挥自身的影响力与优势，越来越多地进入人民群众的日常生活中。

（3）北京市社会心理服务供给现状与国内其他地区的"社会心理服务体系建设"现状的比较。

池丽萍等人选择了2016年被中央综治办指定为"社会心理服务体系建设"联系点的12个地区作为评估样本地区，在"百度"、"长安网"、专项

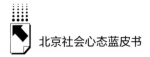
网站、"中国知网"和试点地区的合作单位网站对"社会心理服务"等相关主题词进行检索，收集到文本资料后对其进行评估指标编码，最终针对12个试点地区的组织架构、工作模式、平台建设情况、服务对象与服务内容、队伍建设以及建设效果评估等六个方面进行了讨论，得出各试点地区工作内容更偏向于"心理健康"且整体上看更注重"风险防控"等结论①。下文将基于该文献探究北京市社会心理服务供给与其他社会心理服务体系建设的试点地区的供给现状的异同。

从平台建设的情况来看，北京市社会心理服务站的软件建设较为单一，主要为心理健康量表，而其他试点地区会提供情绪疏导软件和针对特殊群体的风险评估矫正系统和预警系统；北京社会心理服务站硬件建设具有较强的优势，大多数社会心理服务站都会提供心理咨询室、心理图书借阅室、音乐治疗和放松仪器等设施，而其他试点地区的街道、社区等站点仅建设了心理咨询室。

从面向公众的服务内容来看，大多数试点地区服务内容包括心理健康状况测评、心理健康知识宣教、心理咨询，而北京大多数站点都会提供识别并预防心理疾病、协调家庭关系、排解不良情绪及压力、针对弱势群体开展的心理讲座与心理咨询等服务。因此北京地区提供服务的种类更多，更具广泛性。

整体而言，北京市社会心理服务站点的服务内容同样对"心理健康"方面有所侧重，但逐渐向更宏观层面的社会心态建设、社会情绪疏导过渡，具有较强的先进性。从文献来看，全国其他试点地区的"风险防控"工作所占比重较大，但从实证数据来看，北京地区更注重即时解决现有冲突，并对积极向上和理性平和的社会心态做有效倡导与引领，这一点值得其他试点地区借鉴。

仍要注意的是，受限于量化研究的缺陷，本研究中对于北京市社会心理服务供给的现状调查并不完善，未考虑到其他服务的设施及可能形式，仍需

---

① 池丽萍、辛自强：《社会心理服务体系建设的应然与实然：基于全国12个试点地区的评估》，《心理科学》2019年第4期，第978~987页。

在后续的研究中补充、拓展。

（4）北京市社会心理服务供给与居民心理健康间的关系。

心理健康是指个体的心理活动处于正常状态，有利于适应生活、学习、工作和社会环境的发展与变化。[1] 为了说明建设社会心理服务站的必要性，本研究拟通过独立样本 t 检验和相关分析来探讨社会心理服务供给与居民心理健康之间的关系。

通过采用独立样本 t 检验可知，相较于所在社区没有社会心理服务站的居民，可享受到社会心理服务的居民心理健康水平较高（$t = 10.00$，$p < 0.001$），正向情绪维度分数较高（$t = 10.71$，$p < 0.001$），负向情绪维度分数较低（$t = 6.10$，$p < 0.001$），认知功能维度分数较高（$t = 9.54$，$p < 0.001$）。

相关研究显示，北京市居民心理健康水平与年龄、婚姻状况、受教育程度、户籍所在地、月收入水平及子女数等人口学变量相关[2]，因此上述变量均可作为控制变量。除此之外，有研究表明肥胖是导致成年人心理健康状况不良的危险因子[3]，因此本研究也将体重纳入控制变量的范畴中。

通过偏相关分析可知，社会心理服务站与居民心理健康水平呈正相关、（$r = 0.18$，$p < 0.001$），与心理健康水平中的正向情绪维度（$r = 0.23$，$p < 0.001$）、认知功能维度（$r = 0.18$，$p < 0.001$）呈正相关。相关分析表明是否存在社会心理服务站与居民心理健康水平及其各维度均正相关。

三 结论

第一，北京市内社会心理服务站的覆盖率正在升高，且工作人员的专业

① 宋专茂编著《心理健康测量》，暨南大学出版社，2005，第 111～116 页。
② 北京市社会心理服务促进中心编《北京社会心态分析报告（2019～2020）》，社会科学文献出版社，2020，第 286～304 页。
③ Sanchez-Villeqas A., Field A. E., O'Reilly E. J., et al., "Perceived and Actual Obesity in Childhood and Adolescence and Risk of Adult Depression", *Epidemiol Community Health*, 67 (2013): pp. 81－86.

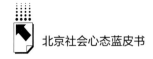

程度可满足大多数居民的需求。

第二，大多数社会心理服务站均配备心理咨询室、心理图书借阅室、心理热线等设施及服务方式；预防及识别心理疾病、协调家庭关系、排解不良情绪及工作压力是社会心理服务站主要的服务形式。

第三，大多数社会心理服务站都可保证一个月至少一次的服务频率，但无论从频率、形式还是设施的完善度来看，还无法完全满足居民需求，有较大的进步空间。

第四，相较于 2019 年，北京市社会心理服务站的数量、规模以及服务频率均呈增加趋势，其专业设施与服务形式也更多样化，且工作理念由"心理服务观"逐渐向"社会治理观"转变。

第五，整体看来，北京市社会心理服务供给比国内社会心理服务体系建设的其他试点地区的服务供给更加全面多样，且注重解决现实冲突，并注重倡导积极向上和理性平和的社会心态。

第六，社区是否存在社会心理服务站与居民的心理健康程度存在显著相关性，即可以享受到社会心理服务的居民心理健康水平更高。

四　政策建议

（一）社会心理服务体系建设应由被动变为主动，加强基层社会心理服务体系建设

我国的社会心理服务大多属于"被动式"服务，即当居民发出求助信号后，社会心理服务机构或组织再提供相应的干预与支持，这种服务模式缺乏主动性，因此尚存有一些弊端[①]。在此次实证研究的过程中发现，北京市居民对社会心理服务站的改进建议包括加强宣传、主动联系等，这在一定程度上说明变"被动"为"主动"符合人民的需求，具有较大的现实意义。

主动提供服务的方式主要包括以下三点：第一，加大对于社区心理服务

---

① 荆秋慧：《社会心理服务建设要变被动为主动》，《人民论坛》2020 年第 24 期，第 74~75 页。

站所开展活动的宣传力度，丰富宣传方式，优化宣传内容，增强活动的前期吸引力；第二，加强对心理健康知识的普及，通过社区公众号、社区心理服务站网站等线上渠道发布有关心理健康教育的科普文章，通过定期举办活动、讲座等线下方式增强民众对相关信息理解的形象化、深刻化，形成"线上＋线下""理论＋实践"的知识宣传普及网络；第三，建立居民心理卫生健康档案，对于存在心理问题的居民主动帮扶，并定期回访。这些举措不仅有利于强化居民的求助意识，还有利于提高居民对于社区的满意度，进而增强社区归属感①，形成"理性平和"的社会心态。

（二）拓宽社会心理服务领域，设立覆盖全体居民的"三级系统"

通过"社区心理服务站开展的心理服务形式"一题的调查数据可看出，北京市社会心理服务站针对青少年群体开展的相关服务内容还有待拓展，大多数服务都聚焦于居民的共性问题，缺乏针对特殊对象、特殊问题的定向精准支持与帮助。有学者已提出相关解决方案：划分出"三级心理服务"系统②，综合调查结果，本研究对该系统进行了调整。

一级社会心理服务的对象包括已产生消极社会行为、存在消极社会心理的成员，如焦虑、抑郁量表得分较高的人群，及处于恢复期的精神疾病患者等，主要的服务方式为提供个体心理咨询，预防疾病的复发；二级社会心理服务的对象主要为产生特定问题的特定群体，如产生考试焦虑的青少年群体、具有抑郁情绪的孕妇群体、因孩子学习问题引发焦虑情绪的家长群体等，主要服务方式包括提供个体心理咨询服务、以小组形式举办团体活动、帮助其建立家庭或社区支持系统等；三级社会心理服务的对象包括全体居民，主要服务方式包括普及心理健康知识、宣传积极健康的社会心态等。

---

① 单菁菁：《社区归属感与社区满意度》，《城市问题》2008 年第 3 期，第 58 ~ 64 页。

② 葛明贵、高函青：《中国特色社会心理服务体系建设的路径分析》，《心理科学》2020 年第 1 期，第 200 ~ 205 页。

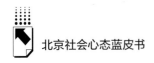

（三）规范心理服务行业的发展，提高社会心理服务人员的专业素养

有学者指出，具备良好专业素养的相关从业人员是有效开展社会治理的根本保障[①]，但本次调查研究发现，仍有约30%的北京市居民认为自己所在社区心理服务站的工作人员专业程度不符合自身期待。在2017年9月国家职业资格认证的心理咨询师考试被取消后，受利益驱动，社会各大机构、公司等都推出各种相关证书，各类证书的含金量参差不齐，持有各类证书的从业人员也水平不一，规范心理服务行业的发展难题亟待解决，而规范心理服务行业的发展是提高从业人员专业素养的保障，如何设置符合社会需求与专业特点的人才筛选标准，就成为应讨论的议题。建议有关部门通过合理的行政手段规范心理服务行业的发展，同时以行业自律机制为辅助，形成高质量、多渠道、系统化的规范体系。

（四）利用大数据提供更高效的社会心理服务

针对"社区心理服务站开展的心理服务形式"一题的"其他"选项中，北京市居民并未填写任何社会心理服务站针对2020年新型冠状肺炎疫情的相关服务，由此可以得出下述假设：社会心理服务站开展"疫情期间心理建设及疏导、情绪调节、认知改善等"相关服务较少，影响力较小，及时性较差，这一问题的解决可从大数据的角度获取灵感。

大数据是指用传统的 IT 技术等工具对各时间、空间的数据进行搜集、获取、管理、编码和服务的数据集合[②]，其具有四方面特征：容量规模化、

---

① 薛瑞汉：《新时代打造共建共治共享的社会治理格局研究》，《中州学刊》2018年第7期，第68~72页。

② 李国杰、程学旗：《大数据研究：未来科技及经济社会发展的重大战略领域——大数据的研究现状与科学思考》，《中国科学院院刊》2012年第6期，第647~657页。

来源多样化、更新快速化、潜在价值巨大①。各社区可建立居民的电子心理信息现状及需求档案库，再将此汇总到街道，街道再汇总到各区，各区统一整理以后报市级管理机构。市级管理机构取得数据后可对数据进行相应的分析与编码，搭建一套完整的社会心理服务框架。该框架的优势在于可以根据数据的变化及时调整政策方案以应对居民的心态变化，不断推动社会心理服务满足居民的实时需求与现实需要。

（五）基于基础社会动机建立合理有效的评估指标与体系

由本研究的数据结果可看出，约40%的北京市居民参与社区心理服务站相关活动或前往社区心理服务站寻求帮助的频率较低，造成居民低参与度的原因可能是社会心理服务站的活动形式与内容无法满足居民的需求。基于这一假设，本研究提出以下应对方案：建立合理的评估体系以提高社会心理服务的质量，进而提高居民的参与度。有效的评估体系也应以满足人民需求为导向，有学者认为基于基础社会动机的社会心理服务评估体系是科学有效的②。基于进化心理学理论，国外学者提出了基础社会动机体系，该动机体系包括四个方面：自我保护、疾病防御、地位寻求、伴侣寻求、伴侣维系和家庭关爱③。基础社会动机是否被满足，会影响居民的获得感、幸福感、安全感，而提升上述"三感"为社会心理服务的重要目标之一，因此立足于基础社会动机建立的心理服务评估体系具有一定的可行性与科学性。

（六）完善硬件建设的同时加强软件建设

通过对比北京市社会心理服务供给现状与国内其他地区的"社会心理

---

① 郑建君：《大数据背景下的社会心理建设》，《哈尔滨工业大学学报》（社会科学版）2019年第4期，第8~13页。

② 陈雪峰等：《基础社会动机与社会心理服务体系建设》，《心理科学进展》2020年第1期，第17~25页。

③ Kenrick, D. T., Griskevicius, V., Neuberg, S. L., et al., "Renovating the Pyramid of Needs: Contemporary Extensions Built upon Ancient Foundations," *Perspectives on Psychological Science*, 5 (2010): pp. 292-314.

服务体系建设"现状可知，北京市社会心理服务站硬件建设在全国范围内具有较大的优势，但软件建设较为单一。例如，并未提供情绪疏导软件以及针对特殊群体的风险评估矫正系统和预警系统。因此在完善硬件设施建设的同时，应根据居民需求增加软件设施的数量、种类，如开发专门的应用软件，与高校或专业机构合作，设置系列课程，进行社会心理健康的宣传与普及；设置奖励机制邀请居民在应用软件中上传减压或纾解情绪相关主题的小视频，不仅可以增强趣味性、扩大受众面，还可促成资源共享；在应用程序中建立纾解情绪、青少年教育、处理人际关系等与社会心理主题有关的论坛，并邀请领域内专家进驻，使关注该主题的居民在专家的指导下交流讨论各自的经验并相互借鉴。

B.16
北京市居民社会心理服务需求现状调查

杨智辉 李正仁 杨舒雅*

摘 要： 本调查以1775名18~70岁北京市常住居民为研究对象，考察了北京市居民社会心理服务满意度、社会心理服务需求以及应对心理问题的态度与行为，探讨了性别、年龄、婚育状况、受教育程度、工作状态与月收入、家庭所在地、户籍所在地、所在市辖区以及主观社会阶层等群体差异。并与2019年社会心理服务需求状况进行对比。主要结论如下：北京市居民对社会心理服务满意度较高，相比于2019年有所提升。其中，60~70岁居民的社会心理服务满意度显著高于40~59岁；城区居民对社区的社会心理服务满意度显著高于郊区居民；北京户籍居民的满意度显著高于非京户籍居民；主观社会阶层为上层的居民的满意度显著高于中层、下层，中层显著高于下层。北京市居民对社会心理服务站的需求较为强烈，对心理咨询室、免费心理咨询的需求最高，对精神卫生专业类、个人成长类、亲子教育类服务的需求频率集中在一月一次及更高。北京市居民应对心理问题的态度与行为较为积极，在应对心理问题求助态度上居民的求助意愿处在较高水平，接近90%的居民持有积极的求助态度，相比于2019年大大提升，在婚育状况、户籍所在地、受教育程度、工作状态

---

* 杨智辉，博士，北京林业大学人文社会科学学院教授，博士生导师，主要研究方向为心理咨询与治疗、生态环境与个体发展；李正仁，北京林业大学人文社会科学学院在读硕士研究生；杨舒雅，北京林业大学人文社会科学学院在读硕士研究生。

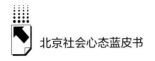
与月收入、主观社会阶层等维度上存在显著差异。

关键词： 社会心理服务需求　社会心理服务站　求助态度与行为　北
京市民

一　引言

党的十九大以来，党和国家高度重视人民群众日益增长的社会心理服务
需求，着力建设社会心理服务体系。2017年10月，习近平总书记在党的十
九大报告中明确指出，要"加强社会心理服务体系建设，培育自尊自信、
理性平和、积极向上的社会心态"①。2018年8月，习近平总书记出席全国
卫生与健康大会并发表重要讲话，指出要加强心理健康问题基础性研究，做
好心理健康知识和心理疾病科普工作，规范发展心理治疗、心理咨询等心理
健康服务。2018年11月16日，国家卫生健康委、中央政法委、民政部等
印发《全国社会心理服务体系建设试点工作方案》。2019年11月，党的十
九届四中全会通过的《中共中央关于坚持和完善中国特色社会主义制度
推进国家治理体系和治理能力现代化若干重大问题的决定》强调"健全社
会心理服务体系和危机干预机制"②。同时，在疫情背景下，习近平总书记
高度重视疫情防控期间的心理疏导工作，强调要"动员各方面力量全面加
强心理疏导工作"。2020年3月10日，习近平总书记在湖北省考察新冠肺
炎疫情防控工作时再次强调，"要加强心理疏导和心理干预"。心理疏导与
心理干预成为疫情常态化防控阶段社会心理服务的重点工作③。

---

① 习近平：《决胜全面建成小康社会夺取新时代中国特色社会主义伟大胜利——在中国共产
党第十九次全国代表大会上的报告》，人民出版社，2017。
② 《中共中央关于坚持和完善中国特色社会主义制度　推进国家治理体系和治理能力现代化
若干重大问题的决定》，人民出版社，2019。
③ 刘畅、张翼：《加强社会心理服务体系建设　培育良好社会心态》，《当代工人》（C版）
2020年第4期，第94页。

因此，建设社会心理服务体系成为一项党和人民时刻关注的"国之大计"，2020 年 10 月 29 日中国共产党第十九届中央委员会第五次全体会议通过《中共中央关于制定国民经济和社会发展第十四个五年规划和二〇三五年远景目标的建议》，该建议指出要"重视精神卫生和心理健康……健全社会心理服务体系和危机干预机制"[①]。

2016 年，张斌等人的调查显示，18.9% 的北京市居民表示非常需要社区心理健康服务，只有 11.5% 的居民对社区心理健康服务非常满意[②]。李明林和刘敏岚指出新时代社会心理服务工作仍面临着多重困境[③]。在疫情防控常态化的背景下，社会心理服务体系建设工作刻不容缓，社会心理服务体系更应贴近人民群众的真实需求，更应把握心理服务一线的关键着力点[④]。

在北京市 100 个社会心理服务站试点工作的基础上，为更好地建设社会心理服务体系，本研究对北京市居民社会心理服务需求展开调查，为北京市社会心理服务体系的建设与完善提供数据参考。

二 研究方法

（一）研究对象

本调查通过网络平台 Credamo 和"问卷星"以及面对面等方式向北京市 18～70 岁常住居民发放问卷，共发放问卷 1905 份，收回有效问卷 1775份，有效回收率 93.18%。调查样本的人口学基本信息见表 1。

---

① 习近平：《关于〈中共中央关于制定国民经济和社会发展第十四个五年规划和二〇三五年远景目标的建议〉的说明》，《中国民政》2020 年第 21 期，第 22～25 页。
② 张斌、杨凤池：《北京城市居民社区心理健康服务需求及满意度调查》，《中国全科医学》2016 年第 7 期，第 848～852 页。
③ 李明林、刘敏岚：《新时代社会心理服务特征及其困境》，《黑河学刊》2019 年第 1 期，第 188～190 页。
④ 陈雪峰、傅小兰：《抗击疫情凸显社会心理服务体系建设刻不容缓》，《中国科学院院刊》2020 年第 3 期，第 256～263 页。

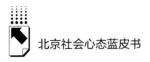

表1 调查样本的人口学基本信息

单位：人，%

人口学变量	类别	人数	百分比
性别	男	879	49.52
	女	896	50.48
民族	汉族	1716	96.68
	少数民族	56	3.15
	缺失	3	0.17
年龄	18~29岁	350	19.72
	30~39岁	326	18.37
	40~49岁	332	18.70
	50~59岁	390	21.97
	60~70岁	377	21.24
受教育程度	小学及以下	13	0.73
	初中	112	6.31
	中专或职高	218	12.28
	高中	225	12.68
	大专	323	18.20
	本科	768	43.27
	硕士	99	5.58
	博士	17	0.96
主观社会阶层	最上层	4	0.23
	中上层	134	7.55
	中层	890	50.14
	中下层	660	37.18
	最下层	87	4.90
子女数	一个孩子	1134	63.89
	两个孩子	304	17.13
	三个及以上孩子	20	1.13
	未生育	317	17.86
家庭所在地	城区	1380	77.75
	农村	200	11.27
	郊区	195	10.99
户籍所在地	北京城市	907	51.10
	北京农村	224	12.62
	外地城市	477	26.87
	外地农村	167	9.41

续表

人口学变量	类别	人数	百分比
工作状态	正式工作	1246	70.20
	临时工作	105	5.92
	无业、失业或下岗	57	3.21
	离退休	230	12.96
	学生	134	7.55
	其他	3	0.17
月收入	无收入	74	4.17
	2000 元及以下	155	8.73
	2001~7855 元	868	48.90
	7856~15000 元	469	26.42
	15001~20000 元	138	7.77
	20001~40000 元	53	2.99
	40001 元及以上	18	1.01
婚姻状况	未婚	288	16.23
	已婚	1435	80.85
	同居	13	0.73
	离婚	26	1.46
	丧偶	13	0.73
所在市辖区	东城区	80	4.51
	西城区	97	5.46
	朝阳区	165	9.30
	丰台区	162	9.13
	石景山区	81	4.56
	海淀区	165	9.30
	顺义区	78	4.39
	通州区	166	9.35
	大兴区	171	9.63
	房山区	78	4.39
	门头沟区	71	4.00
	昌平区	161	9.07
	平谷区	75	4.23
	密云区	84	4.73
	怀柔区	70	3.94
	延庆区	71	4.00

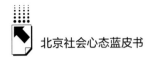

（二）研究工具

本次调查收集的人口学信息包括：性别、年龄、民族、婚姻状况、受教育程度、工作状态、月收入、家庭所在地、户籍所在地、子女数、主观社会阶层等。

参考李珂珂等人的《重庆市民心理服务需求问卷》[①]，本调查编制并发放《北京市社会心理服务需求情况调查问卷》，共 18 个项目，包括 4 个维度：居民应对心理问题的求助态度与解决途径、居民对现有社会心理服务的满意度、居民对社会心理服务站建设的需求、居民对社会心理服务站的具体需求。设置单选与多选相结合的题目进行测量。

（三）统计学处理

本研究使用 SPSS24.0 软件进行数据整理与分析。

三　研究结果

（一）北京市居民社会心理服务满意度分析

通过题目"您对所在社区开展的社会心理服务满意吗？"测量北京市居民的社会心理服务满意度。该题目设置"非常不满意""比较不满意""一般""比较满意""非常满意""无社会心理服务"6 个选项。

北京市居民的社会心理服务满意度现状见图 1。26.65% 的居民报告对社区开展的社会心理服务"非常满意"，38.86% 的居民报告"比较满意"，20.85% 的居民报告"一般"，4.17% 的居民报告"比较不满意"，1.30% 的居民报告"非常不满意"，8.17% 的居民报告"无社会心理服务"。相比于

---

① 李珂珂、黄小琴、陈红、李祚山：《重庆市民心理服务需求问卷的初步编制》，《重庆教育学院学报》2011 年第 3 期，第 118～122 页。

2019 年北京市社会心理服务需求状况，报告"非常满意"（19.81%，2019）、"比较满意"（22.66%，2019）的居民比例增高，报告"无社会心理服务"（7.88%，2019）的比例基本持平。

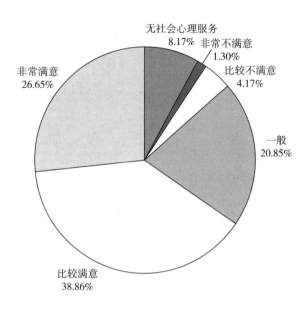

图 1　北京市居民社会心理服务满意度现状

结果显示，对社会心理服务表示满意（非常满意和比较满意）的居民比例是 65.51%，对社会心理服务表示不满意（非常不满意、比较不满意和一般）的居民比例是 26.32%。

进一步考察北京市居民社会心理服务满意度的性别、民族、年龄、家庭所在地、户籍所在地、所在市辖区以及主观社会阶层的差异，结果显示，男性（3.95±0.91）与女性居民（3.91±0.91）对社区开展的社会心理服务满意度无显著差异（$t=0.83$，$p>0.05$）；汉族居民（3.94±0.901）与少数民族居民（3.74±1.07）的满意度无显著差异（$t=1.22$，$p>0.05$）；北京市居民对社区开展的社会心理服务满意度存在年龄差异［$F(4,1625)=2.44$，$p<0.05$］，60~70 岁居民的社会心理服务满意度显著高于 40~59 岁的居民；北京市居民对社区开展的社会心理服务满意度存在家庭所在地差异

$[F (2, 1774) = 3.35, p < 0.05]$，城区居民的社会心理服务满意度显著高于郊区居民；北京市居民对社区开展的社会心理服务满意度存在户籍所在地差异 $[F (3, 1774) = 22.46, p < 0.001]$，北京户籍居民对社区开展的社会心理服务满意度显著高于非京户籍居民；所在市辖区维度无显著差异 $[F (15, 1774) = 1.17, p > 0.05]$；本调查把主观社会阶层分为五类：最上层、中上层、中层、中下层和最下层，将最上层与中上层合并为上层、最下层与中下层合并为下层进行差异检验，结果得出北京市居民对社区开展的社会心理服务满意度存在主观社会阶层差异 $[F (2, 1774) = 52.98, p < 0.001]$，上层显著高于中层、下层，中层显著高于下层。

（二）北京市居民社会心理服务需求分析

1. 北京市居民对社会心理服务站的建设需求

本调查通过 4 个题目测量北京市居民对社会心理服务站的建设需求。

第 1 个题目为"您认为有必要在社区开设社会心理服务站吗？"，采用李克特 5 点量表计分，1 表示非常没必要，2 表示可能没必要，3 表示一般，4 表示可能有必要，5 表示非常有必要。

第 2 个题目为"您认为社区的社会心理服务站应该开展哪种形式的服务？"，该题目共 10 个选项，包括"心理健康讲座""免费心理咨询""宣传手册""心理热线""宣传栏""心理测验与评估""心理团体活动""网络心理咨询""计费心理咨询""其他"。

第 3 个题目为"在接受社区的社会心理服务时，您更倾向于选择哪些服务工作者？"，该题目共 6 个选项，包括"专业心理学工作者""阅历丰富的长者""社区干部""社区志愿者""社区卫生服务站医务人员""其他"。

第 4 个题目为"您认为社区的社会心理服务站应该配备哪些设施？"，该题目共 8 个选项，包括"心理咨询室""心理测量工具""音乐治疗和放松仪器""情绪发泄室""心理图书借阅室""心理热线""讲座教室与讲堂""其他"。

北京市居民社会心理服务站建设需求现状见图2。55.16%的居民报告在社区开设社会心理服务站"非常有必要",34.54%的居民报告"可能有必要",6.76%的居民报告"一般",2.08%的居民报告"可能没必要",1.46%的居民报告"非常没必要"。北京市社会心理服务建设状况2019年调查中报告"非常有必要"的比例为28.04%,报告"可能有必要"的居民比例为28.78%,均比2020年低;报告"一般"(24.69%)、"可能没必要"(13.28%)、"非常没必要"(5.22%)的居民比例比2020年高。

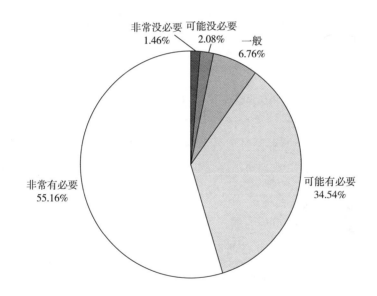

图2 北京市居民社会心理服务站建设需求总体分布比例

结果显示,认为有必要在社区开设社会心理服务站(非常有必要和可能有必要)的居民比例是89.70%,认为没必要在社区开设社会心理服务站(非常没必要、可能没必要和一般)的居民比例是10.30%。

居民对社会心理服务站配备设施的期望情况见图3。调查结果显示,选择社会心理服务站配置心理咨询室的比例最高,有76.06%的居民选择;65.75%的居民期待配备音乐治疗和放松仪器,60.39%的居民期望配有心理图书借阅室，57.13%的居民期望配置心理热线，55.49%的居民期待配备心理测量工具，52.23%的居民期待配备情绪发泄室，41.63%的居民期望配有讲座教室与讲堂。

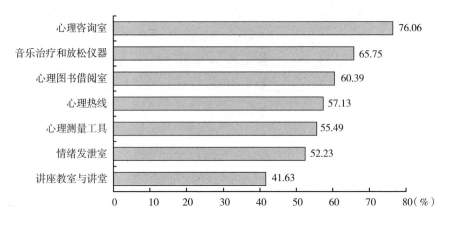

图3　北京市居民对社会心理服务站配备设施的期望情况

居民对社会心理服务站开展各类服务的期望情况见图4。选择免费心理咨询的占比最高，有76.51%的居民选择。同时，66.87%的居民期望开展心理健康讲座，61.52%的居民期望开设心理热线，53.58%的居民期望开展心理测验与评估，44.00%的居民期待提供网络心理咨询，分别有41.92%与34.99%的居民期待配备心理宣传手册和心理宣传栏，34.87%的居民期待开展心理团体活动，9.63%的居民期待开展计费心理咨询。

2. 北京市居民对社会心理服务站的具体需求

本调查通过矩阵量表题测量北京市居民对社会心理服务站的具体需求。该矩阵量表题的题干为"您认为社区的社会心理服务站开展如下服务的频率应是?"，服务包括精神卫生专业类、个人成长类、亲子教育类等三种类型。其中，精神卫生专业类题目3个："心理疾病的预防、早期识别等相关知识的教育指导""心理测验及心理疾病早期的筛查服务""社区心理咨询及转诊服务"；个人成长类题目4个："心理健康促进、健康生活和行为方式等信息的宣教""如何排解不良情绪、缓解工作或学习压力相关知识宣教

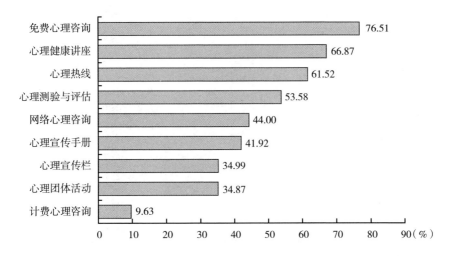

图4　北京市居民对社会心理服务站开展各类服务的期望情况

或讲座"如何处理人际交往中出现的问题的心理讲座或团体活动""针对弱势群体（无业人群、老年人、妇女、儿童等）心理讲座或辅导"；亲子教育类4个："亲子沟通方式的指导""针对儿童、青少年、家长的性教育与性科普讲座""儿童青少年心理发展和学习、交往等社会适应技能的教育指导""如何协调家庭关系、处理家庭矛盾的心理讲座或相关活动"。各题目选项为"每周一次""两周一次""每月一次""半年一次""一年一次""不开展"。

（1）北京市居民对社会心理服务站的精神卫生专业类需求。

a. 心理疾病的预防、早期识别等相关知识教育指导。

北京市居民对社会心理服务站开展心理疾病的预防、早期识别等相关知识教育指导的需求情况调查结果见图5。调查结果显示：21.18%的居民希望开展频率为每周一次，23.61%的居民希望每两周开展一次，39.94%的居民希望每月一次，12.06%的居民希望半年一次，2.76%的居民希望一年一次，0.45%的居民希望不开展。

b. 心理测验及心理疾病早期筛查服务。

北京市居民对社会心理服务站开展心理测验及心理疾病早期筛查服务的

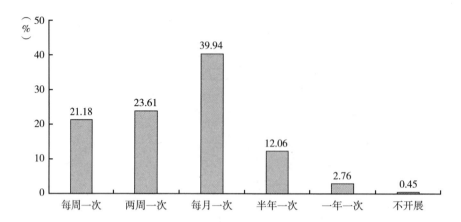

图5 心理疾病的预防、早期识别等相关知识教育指导的需求情况

需求情况调查结果见图6。调查结果显示:14.82%的居民希望开展频率为每周一次,19.55%的居民希望每两周开展一次,34.81%的居民希望每月一次,22.82%的居民希望半年一次,7.32%的居民希望一年一次,0.68%的居民希望不开展。

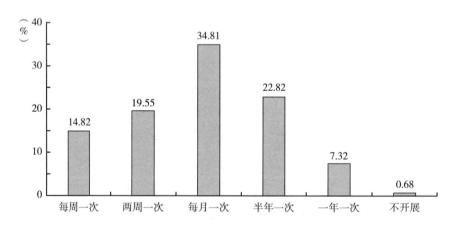

图6 心理测验及心理疾病早期筛查服务的需求情况

c. 社区心理咨询及转诊服务。

北京市居民对社会心理服务站开展社区心理咨询及转诊服务的需求情况

调查结果见图7。调查结果显示：23.66%的居民希望开展频率为每周一次，23.44%的居民希望每两周开展一次，34.37%的居民希望每月一次，14.08%的居民希望半年一次，3.44%的居民希望一年一次，1.01%的居民希望不开展。

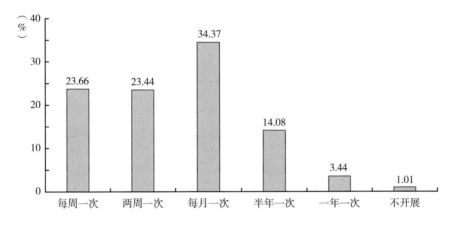

图7　社区心理咨询及转诊服务的需求情况

（2）北京市居民对社会心理服务站的个人成长类需求。

a. 心理健康促进、健康生活和行为方式等信息宣教。

北京市居民对社会心理服务站开展心理健康促进、健康生活和行为方式等信息宣教的需求情况调查结果见图8。调查结果显示：18.70%的居民希望开展频率为每周一次，23.89%的居民希望每两周开展一次，38.09%的居民希望每月一次，14.25%的居民希望半年一次，4.17%的居民希望一年一次，0.90%的居民希望不开展。

b. 排解不良情绪、缓解工作或学习压力相关知识宣教或讲座。

北京市居民对社会心理服务站开展排解不良情绪、缓解工作或学习压力相关知识宣教或讲座的需求情况调查结果见图9。调查结果显示：23.49%的居民希望开展频率为每周一次，26.14%的居民希望每两周开展一次，34.21%的居民希望每月一次，12.73%的居民希望半年一次，2.42%的居民希望一年一次，1.01%的居民希望不开展。

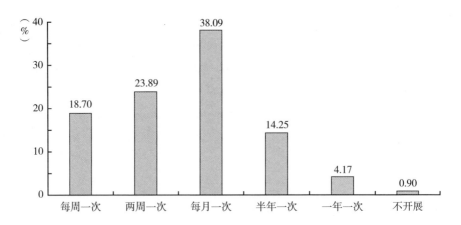

图 8　心理健康促进、健康生活和行为方式等信息的宣教的需求情况

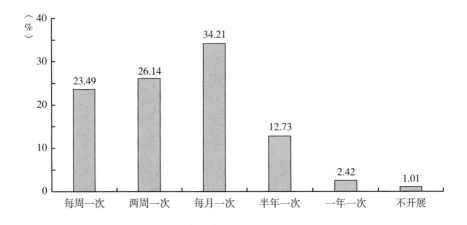

图 9　排解不良情绪、缓解工作或学习压力相关知识宣教或讲座的需求情况

c. 处理人际交往问题的心理讲座或团体活动。

北京市居民对社会心理服务站开展处理人际交往问题的心理讲座或团体活动的需求情况调查结果见图 10。调查结果显示：14.42% 的居民希望开展频率为每周一次，22.37% 的居民希望每两周开展一次，38.02% 的居民希望每月一次，18.93% 的居民希望半年一次，5.13% 的居民希望一年一次，1.13% 的居民希望不开展。

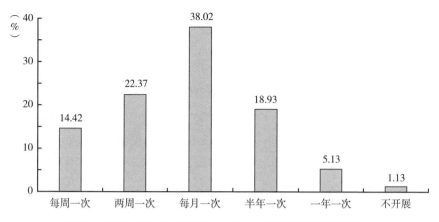

图 10 处理人际交往问题的心理讲座或团体活动的需求情况

d. 针对弱势群体开展心理讲座或辅导。

北京市居民对社会心理服务站针对弱势群体（无业人群、老年人、妇女、儿童等）开展心理讲座或辅导的需求情况调查结果见图 11。调查结果显示：22.65%的居民希望开展频率为每周一次，25.97%的居民希望每两周开展一次，34.65%的居民希望每月一次，13.24%的居民希望半年一次，2.87%的居民希望一年一次，0.62%的居民希望不开展。

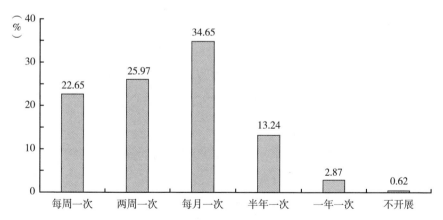

图 11 针对弱势群体（无业人群、老年人、妇女、儿童等）
开展心理讲座或辅导的需求情况

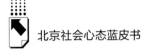

（3）北京市居民对社会心理服务站的亲子教育类需求。

a. 亲子沟通方式的指导。

北京市居民对社会心理服务站开展亲子沟通方式指导的需求情况调查结果见图12。调查结果显示：26.87%的居民希望开展频率为每周一次，26.37%的居民希望每两周开展一次，30.99%的居民希望每月一次，11.66%的居民希望半年一次，3.04%的居民希望一年一次，1.07%的居民希望不开展。

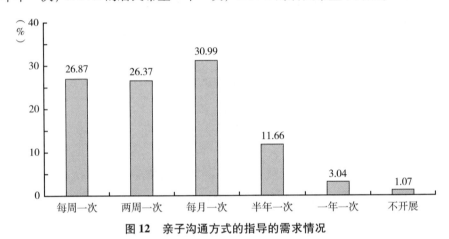

图 12　亲子沟通方式的指导的需求情况

b. 针对儿童、青少年、家长的性教育与性科普讲座。

北京市居民对社会心理服务站针对儿童、青少年、家长开展性教育与性科普讲座的需求情况调查结果见图13。调查结果显示：22.03%的居民希望开展频率为每周一次，22.18%的居民希望每两周开展一次，35.04%的居民希望每月一次，16.51%的居民希望半年一次，4.34%的居民希望一年一次，0.90%的居民希望不开展。

c. 儿童青少年心理发展和学习、交往等社会适应技能教育指导。

北京市居民对社会心理服务站开展儿童青少年心理发展和学习、交往等社会适应技能教育指导的需求情况调查结果见图14。调查结果显示：19.66%的居民希望开展频率为每周一次，24.45%的居民希望每两周开展一次，34.77%的居民希望每月一次，16.56%的居民希望半年一次，3.66%的居民希望一年一次，0.90%的居民希望不开展。

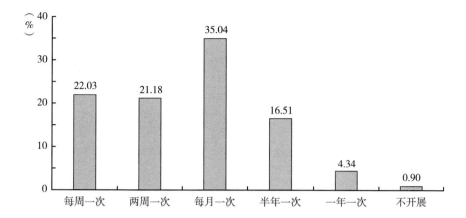

图 13　针对儿童、青少年、家长的性教育与性科普讲座的需求情况

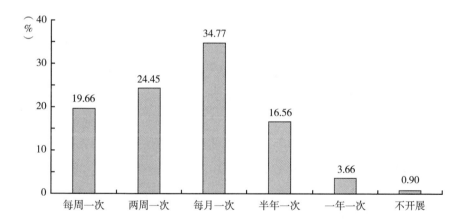

图 14　儿童青少年心理发展和学习、交往等社会适应技能教育指导的需求情况

d. 协调家庭关系、处理家庭矛盾的心理讲座或相关活动。

北京市居民对社会心理服务站开展协调家庭关系、处理家庭矛盾的心理讲座或相关活动的需求情况调查结果见图 15。调查结果显示：18.37% 的居民希望开展频率为每周一次，25.35% 的居民希望每两周开展一次，38.82% 的居民希望每月一次，13.97% 的居民希望半年一次，2.76% 的居民希望一年一次，0.73% 的居民希望不开展。

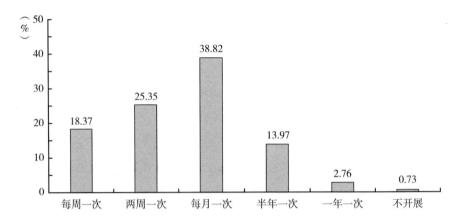

图15 协调家庭关系、处理家庭矛盾的心理讲座或相关活动的需求情况

综上所述,对于社会心理服务站提供的精神卫生专业类、个人成长类、亲子教育类等服务,居民的需求频率集中在每月一次及更高,其中,每月一次的频率在各类服务需求中均为最高。在精神卫生专业类服务中,39.94%的居民对心理疾病的预防、早期识别等相关知识的教育指导的需求频率为每月一次,34.82%的居民对心理测验及心理疾病早期的筛查服务的需求为每月一次,34.37%的居民对社区心理咨询及转诊服务的需求为每月一次,均显著高于其他频率。在个人成长类服务中,38.08%的居民对心理健康促进、健康生活和行为方式等信息的宣教需求为每月一次,34.20%的居民对排解不良情绪、缓解工作或学习压力相关知识宣教或讲座的需求为每月一次,38.03%的居民对处理人际交往问题的心理讲座或团体活动的需求为每月一次,34.65%的居民对针对弱势群体开展心理讲座或辅导的需求为每月一次。在亲子教育类服务中,30.99%的居民对亲子沟通方式的指导的需求为每月一次,35.04%的居民对针对儿童、青少年、家长的性教育与性科普讲座的需求为每月一次,34.76%的居民对儿童青少年心理发展和学习、交往等社会适应技能的教育指导需求为每月一次,38.82%的居民对协调家庭关系、处理家庭矛盾的心理讲座或相关活动的需求为每月一次。

因此，社会心理服务站开展各类活动应维持在每月一次的频率，以满足居民对社会心理服务站的具体需求，达到供需平衡。

（三）北京市居民应对心理问题态度与行为分析

1. 北京市居民应对心理问题求助态度分析

本调查通过题目"如果出现心理问题，您会求助吗？"测量北京市居民应对心理问题的求助态度，该题目包括"肯定不求助""可能不求助""不知道""可能会求助""肯定会求助"5 个选项。

北京市居民应对心理问题的求助态度调查结果见图 16。35.61% 的居民报告"肯定会求助"，49.58% 的居民报告"可能会求助"，8.28% 的居民报告"不知道"，5.69% 的居民报告"可能不求助"，0.85% 的居民报告"肯定不求助"。相比于 2019 年北京市居民应对心理问题的求助态度，本次调查中报告"肯定会求助"（24.26%，2019）、"可能会求助"（30.92%，2019）的居民比例增高，报告"不知道"（25.35%，2019）、"可能不求助"（14.60%，2019）、"肯定不求助"（4.87%，2019）的比例降低。

结果显示，出现心理问题会求助（肯定会求助和可能会求助）的居民比例是 85.18%，出现心理问题不求助（肯定不求助、可能不求助和不知道）的居民比例是 14.82%。

进一步比较北京市居民应对心理问题求助态度在性别、民族、年龄、婚姻状态、生育情况、户籍所在地、月收入、工作状态、受教育程度与主观社会阶层上的差异后发现：

男性居民（4.09 ± 0.88）与女性居民（4.18 ± 0.82）应对心理问题的求助态度无显著差异（$t = -2.23$，$p > 0.05$）；汉族居民（4.14 ± 0.85）与少数民族居民（3.98 ± 0.924）的求助态度无显著差异（$t = 1.354$，$p > 0.05$）；在年龄维度上无显著差异 [$F_{(4, 1774)} = 2.20$，$p > 0.05$]。

北京市居民应对心理问题的求助态度在户籍所在地维度差异显著 [$F_{(3, 1774)} = 17.833$，$p < 0.001$]，北京户籍居民显著高于非京户籍居民。主观社会阶层维度差异显著 [$F_{(2, 1774)} = 19.46$，$p < 0.05$]，上层（含最

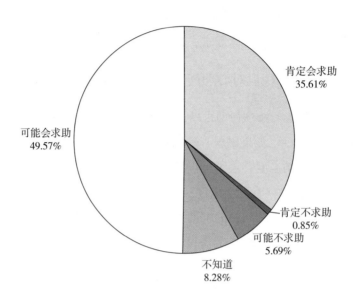

图16 北京市居民应对心理问题的求助态度分布比例

上层、中上层）显著高于中层、下层（包括中下层、最下层），中层显著高于下层（包括中下层、最下层）；婚育情况维度差异显著，未婚居民显著低于已婚居民，离婚的居民显著低于已婚的居民 $[F(4，1774)=7.470，p<0.001]$，育有两个以上孩子的居民显著高于育有一个孩子和未生育孩子的居民，育有一个孩子的居民显著高于未生育孩子的居民 $[F(3，1774)=9.56，p<0.001]$。月收入维度差异显著 $[F(6，1774)=5.943，p<0.001]$，月收入高于2000元的居民显著高于无收入与月收入2000元及以下的居民；北京市居民应对心理问题的求助态度存在工作状态差异 $[F(5，1774)=6.490，p<0.001]$，正式工作人员、临时工作与离退休人员显著高于学生；受教育程度上，将初中与小学及以下合并，将硕士与博士合并进行分析，北京市居民应对心理问题的求助态度存在受教育程度差异 $[F(4，1774)=7.470，p<0.001]$，其他学历层次的居民显著高于中专或职高居民。

2. 北京市居民应对心理问题求助行为分析

本调查通过题目"如果出现心理问题，您会采用哪种方式求助?"测量北京市居民应对心理问题的求助行为，采用多选设置，包括"寻求亲朋好友倾诉""综合医院的心理门诊""社区卫生服务中心心理咨询""私人心理服务机构""教育部门的心理服务机构""精神专科医院""政府部门的心理服务机构""社区居委会调解员""民间心理援助志愿者""其他"10个选项。

北京市居民出现心理问题时所选择的求助方式的调查结果见图17。63.49%的居民选择寻求亲朋好友倾诉，59.89%的居民选择社区卫生服务中心心理咨询，51.38%的居民选择综合医院的心理门诊，32.62%的居民选择去私人心理服务机构获取帮助，27.83%的居民选择教育部门的心理服务机构，22.31%的居民选择找社区居委会调解员，18.65%的居民选择政府部门的心理服务机构，13.41%的居民选择民间心理援助志愿者，12.90%的居民选择去精神专科医院。

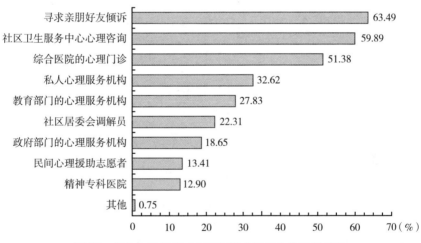

图17 北京市居民应对心理问题求助行为的选择情况

3. 北京市居民应对心理问题求助对象分析

本调查通过题目"在接受社区的社会心理服务时，您更倾向于选择哪些服务工作者?"测量北京市居民应对心理问题的求助对象，采用多选设置，包括"专业心理学工作者""阅历丰富的长者""社区干部""社区志愿者""社区卫生服务站医务人员"5个选项。

北京市居民应对心理问题时所选择的求助对象的调查结果见图18。

83.66%的居民选择向专业心理学工作者求助，58.82%的居民选择向阅历丰富的长者求助，45.13%的居民选择向社区卫生服务站医务人员求助，32.17%的居民选择向社区志愿者求助，23.89%的居民选择向社区干部求助。

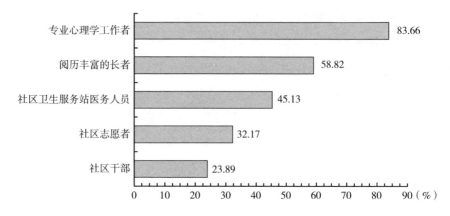

图 18　北京市居民应对心理问题求助对象的选择情况

四　结论

本调查显示，北京市居民对社会心理服务的满意度较高。相比于2019年北京市社会心理服务建设状况（表示满意的居民占比42.47%），本次调查中北京市居民对社会心理服务表示满意的居民占比65.52%，满意度有所提高，说明北京市100个社会心理服务站试点落实取得了基本成效，社会心理服务体系进一步建立、完善①。北京市居民对社会心理服务的满意度存在年龄、家庭所在地、户籍所在地、主观社会阶层的差异。

北京市居民对社会心理服务站的需求较为强烈。在对社会心理服务站的建设需求上，居民对心理咨询室、免费心理咨询的配置呼声最高，占比达到甚至超过76%；在对社会心理服务站的具体需求上，居民对社会心理服务

---

① 北京市社会心理服务促进中心：《北京社会心态分析报告（2019～2020）》，社会科学文献出版社，2020。

站如"社区心理咨询及转诊服务"等精神卫生专业类需求、"心理健康促进、健康生活和行为方式等信息的宣教"等个人成长类需求、"亲子沟通方式的指导"等亲子教育类需求较高，大多数居民选择的各类服务开展频率集中在一月一次及更高。

北京市居民应对心理问题时的态度与行为较为积极。在应对心理问题求助态度上居民求助意愿处在较高水平，接近90%的居民持有积极的求助态度。相比于2019年（持积极态度的居民占比55.18%），本次调查中北京市居民持有积极态度的居民比例提高了，原因可能包括居民心理健康意识的提高，以及新冠肺炎疫情促使群众提升了对心理健康的关注水平[1]。北京市居民应对心理问题求助态度在户籍所在地、主观社会阶层、生育情况、月收入、工作状态、受教育程度等维度上存在显著性差异。在应对心理问题求助行为与求助对象上，过半数的居民会寻求亲友等社会支持与心理咨询等专业帮助，超过80%的居民会选择专业心理学工作者。

五　建议

第一，继续贯彻落实习近平新时代中国特色社会主义思想，在"十四五"规划和2035年远景目标的指导下，在疫情防控常态化的时代背景下，从多元化、专业化、公益化、时代化出发，紧密结合群众社会心理服务需求，建设"高覆盖、高普及、高质量"的社会心理服务体系，不断提高居民对社会心理服务的满意度。

第二，社会心理服务形式、设施、模式多元化，积极回应各行各业、男女老少等各个人群的心理服务诉求。社会心理服务形式多元化，以心理咨询为主要形式，以心理热线、心理讲座、团体活动为辅；社会心理服务设施多元化，健全社会心理服务站基础设置，增设人民群众喜闻乐见的设施设备；

---

① 王潇雨、王倩：《呵护全民心理健康 构建新型传播生态》，《健康报》2020年12月10日第03版。

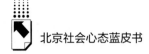

社会心理服务模式多元化，线下结合线上，充分满足不同群体的需求①。

第三，社会心理服务制度、管理、团队专业化，形成统一、有效的社会心理服务体系，合力打造人民信赖、专业性强的心理服务队伍。注重社会心理服务制度的规范性，进一步规范人事管理、档案管理、服务管理；注重社会心理服务管理的保密性，增强人民群众对社会心理服务的信任感；注重社会心理服务团队的专业性，注重社会心理服务人员培养，增强心理服务人员的专业能力。保证社会心理服务开展的高标准与有效性②③。

第四，社会心理服务目标、内容、措施公益化，努力探寻深入群众生活、针对群众需求的心理服务重心。大力开展公益性免费心理服务，为人民群众寻求专业帮助提供强有力的公益平台；大力开展心理危机干预工作，关注少数群体心理健康状况，采用公益形式与专业手段降低排斥感；大力开展心理健康宣传教育，从群众的精神卫生专业类、个人成长类与亲子教育类需求入手，合理规划社会心理科普工作。④

第五，社会心理服务建设、拓展、架构时代化，建立健全覆盖面广、群众需要、实用有效的社会心理服务体系。结合疫情防控常态化时代背景，不断强化人民群众的心理健康意识，让社会心理服务走进人民群众的日常生活，切实满足人民群众的真实需要；结合5G、大数据与人工智能等科技前沿，促进社会心理服务获取的便捷化，进一步扩大社会心理服务的覆盖面；结合"十四五"规划与2035年远景目标，在中国共产党的坚强领导下，不断建立健全社会心理服务体系。

① 张小梨：《加强社会心理服务体系建设的对策探讨》，《心理月刊》2020年第18期，第235～236页。

② 乔志宏、赵丽：《健全社会心理服务体系正当时》，《法制日报》2020年3月23日，第04版。

③ 张赛宜：《社会心理服务人才培养思路探析》，《中国人口报》2019年6月10日第003版。

④ 马洁桃、陈淑琦、金沈珏、王志鸿、张朋、殷冰迪、王茗茗、孙钰根：《健康中国行动背景下的公益性心理健康服务长效机制探讨——以江苏昆山某公益心理咨询机构为例》，《江苏预防医学》2020年第2期，第227～228、230页。

Abstract

This book is the eighth "Blue Book of Beijing Social Mentality" organized by the research group of Beijing Social Psychological Service Promotion Center under the guidance of the relevant leaders of the Civil Affairs Bureau of the Social Work Committee of the Beijing Municipal Committee. This book consists of four sections: General Report, Social Mentality, Mental Health, and Social Psychological Service. In the General Report section, we clarify the definition of social mentality, the current status of social mentality among Beijing residents, and the disadvantages of cultivation of social mentality. In the Social Mentality section, we examine the current status of subjective well-being, social security, sense of acquisition, environmental protection awareness, evaluation of prevention and intervention of Coronavirus Disease, social anxiety, the collectivist values, prosocial behaviors, pro-environmental behaviors, and the epidemic prevention volunteerism. In the Mental Health section, we explore the levels of mental health and mobile phone addiction among Beijing residents. In the Social Psychological Service section, we explore the current status of the need and supply of social psychological service in Beijing.

Based on the mentioned research, we expect to systematically understand the current status of social mentality and mental health among Beijing residents, explore the current status of the construction of social psychological service system in Beijing in order to provide theoretical basis for building social psychological service system and cultivating social mentality.

Keywords: Social Mentality; Mental Health; Social Psychological Service; Beijing

Contents

I General Report

Abstract: The construction and cultivation of social mentality has been an important part of China's promotion and development. This study summarizes and sorts out Beijing's social mentality from four aspects. Firstly, it clarifies the content and structure of social mentality. The second is to discuss the status quo of social mentality among Beijing residonts. The third is to further understand and explore the status quo of social psychological service construction that is a guarantee for the cultivation and construction of social mentality. Finally, targeted suggestions are put forward for the lack of normative evaluation criteria and theoretical framework, for the narrow focus on training practice, for the lack of research on the governance of negative social mentality, and for the serious shortage of professional staff.

Keywords: Beijing Residents; Social Mentality; Social Psychological Service

II   Social Mentality

Abstract: Social security is reflected in the individual's evaluation and feeling of social environment security. Social security can be used as a measure of public security, medical security, job security and so on. This survey consisted of 1756 permanent residents aged 18 to 70 Years old in Beijing, and investigated the status quo of the overall social security and public safety, family safety, occupational safety, social stability, public safety, and community safety of Beijing residents. This paper analyzed the differences of Beijing residents' social security in demographic information including gender, marital status, and job status, and the correlation between social security and residents' life satisfaction, positive emotion, and negative emotion. The results found that the levels of the social security of married and cohabiting residents were higher than that of unmarried, divorced or widowed residents. Men's social security was higher than women's; Residtnts who have formal jobs or retired had higher social security than those who have temporary jobs or are unemployed; The influence of family monthly income and educational background on social security is less obvious. In addition, the social security of Beijing residents had significant positive correlation with life satisfaction, positive emotion, and mental health, and had significant negative correlation with negative emotion.

Keywords: Social Security; Life Satisfaction; Positive Emotion; Negative Emotion; Beijing

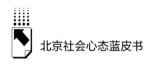
B.3　The Current Situation and Related Factors of Subjective

Well-Being of Beijing Residents　　　*Lei Xiuya, Cui Wei* / 054

Abstract: The present study examined the current situation and related factors of subjective well-being among Beijing residents. We recruited 1797 Beijing residents to participate our study. Results found that the level of life satisfaction among Beijing residents was relatively high, the levels of positive and negative emotion were relatively low. The subjective well-being among Beijing residents was related with age, marital status, work status, occupation, monthly income, and subjective social class. In addition, there was the significant and positive relationship between general self-efficacy and subjective well-being among Beijing residents. Furthermore, this relationship was impacted by working status, occupation, education level, monthly income, and subjective social class. Our study clarified the current situations and related factors of subjective well-being among Beijing residents, and provided theoretical support for further intervention on subjective well-being.

Keywords: Subjective Well-Being; Life Satisfaction; Positive and Negative Emotion

B.4　A Survey of the Sense of Acquisition among Beijing Residents

Yang Zhihui, Li Zhengren and Liang Ke / 071

Abstract: In this survey, 1615 permanent residents aged from 18 to 70 years old in Beijing were investigated, and the awareness rate of social service, the general status of Beijing residents' sense of acquisition, and the status of 11 sub-dimensions were examined. The differences of gender, age, working status, occupation, domicile and municipal district in sense of acquisition were discussed. The main conclusions were as follows: Beijing residents' sense of acquisition was at a high level, their sense of acquisition was relatively higher in the elderly service and the disabled service, voluntary service, education service, and safety service, while their sense of acquisition in employment service, family planning service and environmental service was relatively lower. There were differences in Beijing residents' sense of acquisition in gender, working status and domicile. Male residents' sense of acquisition were significantly higher than those of female residents. Formal working and retired residents' sense of acquisition were significantt higher than that of temporary working, unemployed, unemployed or laid-off residents and students. Beijing residents' sense of acquisition was significantt higher than those of non-Beijing residents. The residents' awareness rate of social services need to be improved. The residents' awareness rate of family planning services, social security services, employment services, the elderly service and the disabled services was relatively higher, and the awareness rate of convenience services, safety services, environmental services and cultural and sports services was relatively lower.

Keywords: Sense of Acquisition; Social Service; Beijing Residents

B.5   Investigation on Environmental Protection Awareness

of Residents in Beijing   *Wang Guangxin, Dou Wenjing* / 094

Abstract: Objective: The purpose of this study is to understand the current situation of environmental protection awareness of Beijing residents and explore its influencing factors. Method: A total of 1753 Beijing residents were investigated by questionnaire, and the data were tested by independent sample t-test, one-way ANOVA and other statistical methods. Result: The average score of environmental protection awareness of Beijing residents was 82. 28. Beijing residents who are over 30 years old, married or cohabitating, have children, have a monthly income of more than 2001 yuan, and retired have higher levels of environmental protection awareness. The residents in Beijing, who are living in urban or sub − urban have higher levels of awareness of environmental protection than those living in other places. There were significant positive correlation between residents' environmental protection awareness and collectivist values, pro

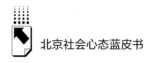
environmental behavior, and pro-social behavior. There was no gender and education differences in environmental protection awareness. Conclusion: Age, marital status, working condition, occupation, monthly income level, residential address, and numbers of children have an impact on the environmental protection awareness of Beijing residents. The more positive collectivist values, pro environmental behaviors and pro-social behaviors, the higher residents' environmental protection awareness.

Keywords: Environmental Protection Awareness; Collectivist Values; Pro-environmental Behaviors; Pro-social Behaviors; Beijing Residents

B.6　Survey on Evaluation of Prevention and Control Measures of New Crown Disease among Residents in Beijing

Pei Gaigai, Wu Jiakun / 114

Abstract: A questionnaire survey was conducted among 1376 residents in 16 districts of Beijing, to understand the residents' satisfaction with the prevention and control measures of the new coronavirus epidemic in Beijing and the impact of the epidemic on the lives of the residents in Beijing, so as to understand the residents' psychological state against the new coronavirus pneumonia epidemic and their confidence in the government's fight against the epidemic. The results show that Beijing residents have a high evaluation of the prevention and control measures taken by the party and government, and have enough confidence in fighting the epidemic; the epidemic has a great impact on the lives of residents, and some citizens are dissatisfied with the prevention and control measures. In this regard, this paper puts forward relevant suggestions on strengthening and improving epidemic prevention and control measures and creating a positive social mentality from the four aspects of prevention and control mechanism, measures, organization and confidence.

Keywords: New Rrown Disease; Prevention and Control Measures; Degree of Satisfaction; Beijing Residents

Contents

B.7 The Study on the Social Anxiety of Beijing Residents

Yang Zhihui, Li Luhan and Liu Jiawei / 134

Abstract: This study investigated the basic characteristics of social anxiety and explored the relationship between sense of life satisfaction, positive emotions, negative emotions, and pro-environmental behavior. The study consists of 1758 Beijing residents. Results showed that the social anxiety of Beijing residents was above middle level. Demographic characteristics (age, marital status, education level, current working status, monthly income, number of children, subjective economic status) had statistical significance on social anxiety of Beijing residents. Social anxiety was negatively correlated with life satisfaction, positive emotion, pro-environmental behavior, and positively correlated with negative emotion.

Keywords: Social Anxiety; Life Satisfaction; Positive Emotion; Beijing Residents

B.8 The Study on the Collectivist Values of Beijing Residents

Xia Yuxin, Li Luhan and Liu Jiawei / 148

Abstract: This study investigated the basic characteristics of collectivist values and explored the relationship between sense of life satisfaction, self-esteem, prosocial behavior, proenvironmental behavior. The study consists of 1758 Beijing residents. Results showed that the collectivist values of Beijing residents were above middle level. Demographic characteristics (gender, age, marital status, current working status, monthly income, registored residence, family location, number of children, subjective economic status, occupation) has statistical significance on collectivist values of Beijing residents. Collectivist values were positively correlated with life satisfaction, self-esteem, pro-environmental behavior, prosocial behavior.

Keywords: Collectivist Values; Demographic Characteristics; Beijing Residents

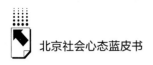北京社会心态蓝皮书

B.9　Study on the Current Situation of Prosocial Behaviors among

Beijing Residents　　　　　　　　　*Wu Baopei*, *Jin Siyu* / 167

Abstract：The purpose of this study is to understand the current situation of prosocial behavior of residents in Beijing and explore the influencing factors of prosocial behavior. A questionnaire survey was conducted among 1803 residents in Beijing. The data were analyzed by independent sample t-test, and one-way ANOVA. The results show that the prosocial behavior of Beijing residents is in the middle level. Among the six dimensions of prosocial behavior, the scores of openness, emotional dimension and urgency dimension were higher than the middle value of the scale, and the scores of anonymity, altruism and compliance are lower than the middle value of the scale. The marital status, educational level, working status, monthly income, registered residence and number of children had significant effects on the prosocial behavior. At the same time, prosocial behavior is positively correlated with life satisfaction, pro-environment behavior and collectivist value. The higher levels of life satisfaction, pro-environment behavior and collectivist value, the higher levels of pro-social behavior of residents. According to the above results, this study puts forward relevant suggestions and countermeasures to promote citizens' pro-social behavior and build a harmonious society.

Keywords：Prosocial Behavior；Harmonious Society；Beijing Residents

B.10　Survey Report on Pro-environmental Behavior among

Beijing Residents　　　　　　　　　*Tian Hao*, *Li Qiuyi* / 191

Abstract：In this study, the self-rating scale of pro-environmental behavior was used to investigate the status of pro-environmental behavior of Beijing residents. The results found that the environmentally-friendly behavior of Beijing residents is at the upper middle level. The level of pro-environmental behavior has significant differences in some demographic variables. Specifically, women's level of pro-environmental behavior in the private sector is significantly higher than that of men; residents under the age 30 years old have significantly lower levels of pro-environmental behavior than those over 30 years old; the level of pro-environmental behavior of unmarried or divorced residents is significantly lower than that of married residents; the level of pro-environmental behavior of residents living in urban and suburban areas is significantly higher than that of rural residents; the level of pro-environmental behavior is the highest among the residents in upper subjective social class; the level of pro-environmental behavior is the highest among those who have two children. In addition, the pro-environmental behaviors of Beijing residents are significantly positively correlated with life satisfaction, environmental awareness, and values.

Keywords: pro-environmental Behavior; Life Satisfaction; Environmental Awareness; Beijing Residents

B.11　Research Report on the Epidemic Prevention Volunteerism
—*Take the Joint Action of Beijing & Hubei iWill Volunteers*
as an Example　　　　　　　　*Zhai Yan, Yang Tuan* / 212

Abstract: Based on the action research on the epidemic prevention volunteering of "the joint action of Beijing & Hubei iWill volunteers" in early 2020, it is found that the volunteers are "Contrarian" for free service to Hubei in the major epidemic situation. They reflect a positive social mentality and the epidemic prevention volunteerism with multiple internal needs. The cross-border joint mechanism and social support system of platform social organizations are the necessary conditions to guarantee and encourage the epidemic prevention volunteerism.

Keywords: Epidemic Prevention; Volunteer Mentality; Volunteerism; Platform Social Organization

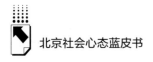

北京社会心态蓝皮书

B.12　Report on the Living Demands of the Elderly
　　　in Community During the Epidemic Period

Chen Shan, Zhao Yida / 252

Abstract: In order to help the elderly overcome the impact of the COVID −19 epidemic, Beijing Social Psychological Service Promotion Center conducted a survey in 48 streets of the city in June 2020 to explored the main difficulties and living demands of the elderly in the community. The survey results are as follows: The elderly in the community most expect to move and shop safely; The elderly in the community, especially those in poor health, expect safe and convenient medical services; The elderly living alone have the strongest psychological comfort needs. The report suggests building community elderly service support network; Reducing the risk in the process of medical treatment by modern science and technology; The social psychological service station (Center) actively carries out the psychological service for the elderly; Accelerate the integration of social psychological service into the community elderly care service system.

Keywords: Elderly in the Community; Living Demands; Epidemic Period; Beijing

Ⅲ　Mental Health

B.13　A Study on the Mental Health of Residents in Beijing

Gao Jing, Yu Kaili and Xu Aoming / 260

Abstract: 【Objectives】 The purpose of this study is to understand the current mental health status of Residents in Beijing and explore the factors that influence the mental health of residents. 【Methods】 In this study, 1756 Beijing residents were surveyed by the Self-assessed Mental Health Rating Scale , General Self-efficacy Scale and Prosocial Behavior Measurement Questionnaire. 【Results】 (1) The average mental health score of Beijing residents is 67.94, which is above the medium level. (2) The level of mental health of Beijing residents is affected by demographic variables such as age, marital status, educational level, domicile place, monthly income level and subjective social class. (3) Stepwise regression analysis shows that prosocial behavior and general self-efficacy can significantly predict mental health, namely, the higher the levels of prosocial behavior and general self-efficacy, the higher the level of mental health.

Keywords: Beijing Residents; Mental Health; Prosocial Behaviors; General Self-efficacy

B. 14 A Survey of Mobile Phone Addiction among Residents in Beijing *Li Peiling, Yu Kaili and Xu Aoming* / 278

Abstract: The purpose of this study is to understand the current degree of mobile phone addiction of Beijing residents and the factors that influence the degree of mobile phone addiction of Beijing residents. We surveyed 1756 permanent Beijing residents, and the data were tested by independent sample T-test, one-way ANOVA and other statistical methods. Results found: (1) Beijing residents' mobile phone addiction is at a medium level, withdrawal behavior, highlight behavior, social comfort, negative influence and App updating are at a lower level, and App using is at a higher level. (2) The level of mobile phone addiction of Beijing residents is affected by demographic variables such as age, marital status, educational level, domicile place, monthly income level, number of children and subjective social class.

Keywords: Beijing Residents; Mobile Phone Addiction; Smartphones

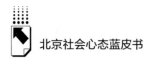

Ⅳ　Social Psychological Service

B . 15　Investigation of Social Psychological Service Supply

in Beijing　　　　　　　　　　　*Yang Zhihui*, *Yang Jingyuan* / 296

Abstract: The study explored the current situation of the social psychological service supply among Beijing residents. The study compared and analysed the status of psychosocial services in Beijing in 2019 and the construction of psychosocial services in other parts of the country. The study found that: (1) The coverage rate of social psychological service stations with complete facilities and abundant forms of service is raised by the last year. The professional level of the staff can cater for the most demand of the most residents, but there is also a space to promote. (2) The quantity, scale and service frequency of the social psychological service station are all increased compared with the data of 2019. The professional facilities and service forms are also diversified. (3) The idea of the construction of Beijing social psychological service system is more advanced than the situations in other pilot areas. The content of the service in every social psychology service station are more diverse. (4) The mental health level of the residence could get access to social psychological service is higher than that of residence without the social psychological service station in their communities.

Keywords: Social Psychological Service System; Social Psychological Service Supply; Social Governance Concept

B . 16　A Survey of Social Psychological Service Demand among

Beijing Residents　*Yang Zhihui*, *Li Zhengren and Yang Shuya* / 319

Abstract: In this survey, 1775 permanent residents aged from 18 to 70 years old in Beijing were selected as research objects, in order to investigate their satisfaction with social psychological services and needs of social psychological service, attitudes and behaviors used to cope with psychological problems. The differences in gender, age, marriage and childbearing status, education level, work status and monthly income, occupation type, family residence, domicile, municipal district and subjective social class were discussed, and compared with the social psychological service needs in 2019. The main conclusions are as follows: Beijing residents had a higher level of satisfaction with psychosocial services, which was improved comparing with 2019. Among them, residents aged 60 −70 year old were significantly higher than those aged from 40 to 59, urban residents were significantly higher than suburban residents, and residents with Beijing household registration were higher than those without Beijing household registration. Subjective social stratum was significantly higher in the upper layer than in the middle and lower layer, and in the middle layer than in the lower layer. Beijing residents had a strong demand for social psychological service stations, the highest demand for psychological counseling rooms and free psychological counseling, and the frequency of demand for mental health professional services, personal growth services and parenting education services was concentrated once a month and higher; Beijing residents had a positive attitude and behavior in coping with psychological problems. Residents' willingness to help was at a high level in coping with psychological problems. Nearly 90% of the residents hold a positive attitude to help, which was higher than that in 2019. There were remarkably differences in the dimensions of marriage and childbirth, domicile, education level, working status and monthly income, and subjective social class.

Keywords: Social Psychological Service Demand; Social Psychological Service Station; Help-seeking Attitude and Behavior; Beijing Residents

皮 书

智库报告的主要形式
同一主题智库报告的聚合

❖ 皮书定义 ❖

皮书是对中国与世界发展状况和热点问题进行年度监测，以专业的角度、专家的视野和实证研究方法，针对某一领域或区域现状与发展态势展开分析和预测，具备前沿性、原创性、实证性、连续性、时效性等特点的公开出版物，由一系列权威研究报告组成。

❖ 皮书作者 ❖

皮书系列报告作者以国内外一流研究机构、知名高校等重点智库的研究人员为主，多为相关领域一流专家学者，他们的观点代表了当下学界对中国与世界的现实和未来最高水平的解读与分析。截至2021年，皮书研创机构有近千家，报告作者累计超过7万人。

❖ 皮书荣誉 ❖

皮书系列已成为社会科学文献出版社的著名图书品牌和中国社会科学院的知名学术品牌。2016年皮书系列正式列入"十三五"国家重点出版规划项目；2013~2021年，重点皮书列入中国社会科学院承担的国家哲学社会科学创新工程项目。

权威报告・一手数据・特色资源

皮书数据库
ANNUAL REPORT(YEARBOOK)
DATABASE

分析解读当下中国发展变迁的高端智库平台

所获荣誉

- 2019年，入围国家新闻出版署数字出版精品遴选推荐计划项目
- 2016年，入选"'十三五'国家重点电子出版物出版规划骨干工程"
- 2015年，荣获"搜索中国正能量 点赞2015""创新中国科技创新奖"
- 2013年，荣获"中国出版政府奖・网络出版物奖"提名奖
- 连续多年荣获中国数字出版博览会"数字出版・优秀品牌"奖

成为会员

通过网址www.pishu.com.cn访问皮书数据库网站或下载皮书数据库APP，进行手机号码验证或邮箱验证即可成为皮书数据库会员。

会员福利

- 已注册用户购书后可免费获赠100元皮书数据库充值卡。刮开充值卡涂层获取充值密码，登录并进入"会员中心"—"在线充值"—"充值卡充值"，充值成功即可购买和查看数据库内容。
- 会员福利最终解释权归社会科学文献出版社所有。

数据库服务热线：400-008-6695
数据库服务QQ：2475522410
数据库服务邮箱：database@ssap.cn
图书销售热线：010-59367070/7028
图书服务QQ：1265056568
图书服务邮箱：duzhe@ssap.cn

社会科学文献出版社 皮书系列
SOCIAL SCIENCES ACADEMIC PRESS (CHINA)

卡号：655611934997
密码：

基本子库
SUB DATABASE

中国社会发展数据库（下设 12 个子库）

整合国内外中国社会发展研究成果，汇聚独家统计数据、深度分析报告，涉及社会、人口、政治、教育、法律等 12 个领域，为了解中国社会发展动态、跟踪社会核心热点、分析社会发展趋势提供一站式资源搜索和数据服务。

中国经济发展数据库（下设 12 个子库）

围绕国内外中国经济发展主题研究报告、学术资讯、基础数据等资料构建，内容涵盖宏观经济、农业经济、工业经济、产业经济等 12 个重点经济领域，为实时掌控经济运行态势、把握经济发展规律、洞察经济形势、进行经济决策提供参考和依据。

中国行业发展数据库（下设 17 个子库）

以中国国民经济行业分类为依据，覆盖金融业、旅游、医疗卫生、交通运输、能源矿产等 100 多个行业，跟踪分析国民经济相关行业市场运行状况和政策导向，汇集行业发展前沿资讯，为投资、从业及各种经济决策提供理论基础和实践指导。

中国区域发展数据库（下设 6 个子库）

对中国特定区域内的经济、社会、文化等领域现状与发展情况进行深度分析和预测，研究层级至县及县以下行政区，涉及省份、区域经济体、城市、农村等不同维度，为地方经济社会宏观态势研究、发展经验研究、案例分析提供数据服务。

中国文化传媒数据库（下设 18 个子库）

汇聚文化传媒领域专家观点、热点资讯，梳理国内外中国文化发展相关学术研究成果、一手统计数据，涵盖文化产业、新闻传播、电影娱乐、文学艺术、群众文化等 18 个重点研究领域。为文化传媒研究提供相关数据、研究报告和综合分析服务。

世界经济与国际关系数据库（下设 6 个子库）

立足"皮书系列"世界经济、国际关系相关学术资源，整合世界经济、国际政治、世界文化与科技、全球性问题、国际组织与国际法、区域研究 6 大领域研究成果，为世界经济与国际关系研究提供全方位数据分析，为决策和形势研判提供参考。

法律声明